TOKYO
名建築案内

米山勇 監修
山内貴範 著

CULTURAL PROPERTIES OF
ARCHITECTURE IN TOKYO

朝日新聞出版

はじめに

本書は、東京にある国宝・重要文化財建造物を〝すべて〟紹介し、わかりやすく解説したはじめての書です。

「国宝」「重要文化財」と聞くと、気軽に楽しむような身近な存在ではないと感じ、敬遠する人が少なくないかもしれません。一昔前の国宝や重要文化財は、たしかにお寺や神社、城郭などの古建築が大半で、歴史に詳しくないとその魅力を理解するのはなかなか難しい存在でした。しかし、近年は明治以降の近代建築が指定の主な対象になり、今日では戦後の建築も重要文化財指定を受けるようになってきています。西洋文化の影響を受け、造られた近代以降の建築は、私たちにとってとても身近な存在です。それらを楽しんでからもう一度古建築を見てみれば、ぐっと親しみのある存在に感じられてくるでしょう。

また、最近は建物を使いながら残す「動態保存」という考え方もずいぶん浸透しました。自分でも知らないうちに利用していた〝現役〟の建物が、実は重要文化財だったなどということも、珍しくありません。身近にあって、自分が過ごす時間を

素敵に演出してくれる〝舞台〟として文化財を楽しむ、そんな時代になってきているのです。

文化庁によれば、日本全国の重要文化財建造物の件数は、令和6年3月1日現在で2574件、うち231件が国宝建造物です。東京についてみれば、88件の重要文化財建造物があり、うち2件が国宝に指定されています。

東京は、世界史的に見ても希少な「不死鳥都市」です。それまで日本の誰も見たことのなかった西洋建築を自国の文化にしようという空前絶後の企てを実現した明治という時代。1923（大正12）年に発生した関東大震災は、江戸以来の伝統的な町並みを焼き払うとともに、明治以降に造られた煉瓦造や石造の洋風建築をも崩壊させました。しかし、瞬く間に多くの復興建築が建てられ、震災以前よりもはるかに多彩で魅力的な〝モダン都市・東京〟が誕生しました。そのわずか約20年後に、再び東京は大空襲によって甚大な被害を受けることになりますが、不死鳥のごとき生命力がまたもや発揮され、東京は焼け野原から奇跡的な復興を果たしました。

江戸から明治、大正、昭和へ。劇的な変貌と喪失と復活を遂げた都市・東京に建てられた国宝と重要文化財建造物。それらをすべてご紹介し、美しいヴィジュアルと楽しい文章とともに、皆さんにお届けします。

建築史家　米山　勇

TOKYO文化財建築クロニクル

東京の国宝・重要文化財の魅力は、室町時代から戦後まで、幅広い年代の傑作が揃っていることにある。あらかじめ建築史を俯瞰しておけば、建築巡りが楽しくなる。

安土・桃山時代 ｜1608年｜

本門寺五重塔

本門寺五重塔は慶長年間（美術史では桃山時代として扱う）の建立だが、江戸時代に主流になる屋根の逓減率が低い（下層と上層の屋根の大きさがほぼ同じ）五重塔の先駆的な存在。五重塔は浅草寺や増上寺など東京の寺院に数多くあったが、戦災で失われたり、谷中天王寺のように放火で焼失したものもあるため、現存する塔自体が貴重。

室町時代中期

円融寺本堂

円融寺本堂は禅宗様の代表的な仏殿であり、教科書的な存在。鎌倉にある国宝・円覚寺舎利殿は年に数度の公開だが、円融寺本堂と正福寺地蔵堂は外観を見学するだけなら自由であり、しかも住宅街にあるのが素晴らしい。建築史上重要な建築が身近な場所にあるのが東京の重要文化財の魅力といえるが、その代表格である。

室町・安土桃山時代

都内に残る近世の建築は、旧十輪院宝蔵のように鎌倉時代まで遡るものもあるが、これは後の時代に移築されたもの。現地に建立された建築では、室町時代の正福寺地蔵堂や円融寺本堂などが知られる。当時関東一円で流行した純粋な禅宗様の仏殿であり、典型的かつ規範となる造りのため突出した価値がある。また、観音寺のように室町時代の山門、阿弥陀堂、本堂が揃って残る寺院もある。

桃山時代の建築では、本門寺五重塔が関東地方に残る最古の五重塔である。江戸時代の旧寛永寺五重塔よりも屋根の逓減率が低く、塔身が細いためより近世的といえる。移築されたものだが、書院造の護国寺月光殿（旧日光院客殿）も貴重な遺構だ。

江戸時代初期 | 1651年 |

東照宮社殿
本殿・幣殿・拝殿

通称“上野東照宮”で、日光の東照宮を大改築した徳川家光が建立。本殿・幣殿・拝殿が連結し、一つの社殿になった権現造は、江戸時代の神社建築を代表する建築様式。組物や彫刻を極彩色で華麗に飾るが、江戸末期になると幕府の財政事情も影響し、こうした建築は徐々に少なくなっていった。

江戸時代初期 | 1663年頃 |

旧江戸城外桜田門

大老・井伊直弼が暗殺された桜田門外の変の舞台として有名。江戸城には櫓門と高麗門を併せ持った城門が多く建ち、宮内庁管理のものを除く3件の門が重要文化財。加工した石材を隙間なく積んで石垣を造る切込接《きりこみはぎ》など、江戸時代に完成された築城技術が見られる。

江戸時代後期 | 1827年頃 |

旧加賀屋敷御守殿《ごしゅでん》門（赤門）

いわゆる東大の赤門。加賀藩第13代藩主・前田斉泰《なりやす》が、江戸幕府第11代将軍・徳川家斉《いえなり》の第21女である溶姫《やすひめ》を正室として迎えるために建立された。三位以上の大名が将軍家から姫君を迎える際、朱塗りの門を建てる習わしがあった。こうした大名家の風習を物語るうえでも貴重な文化財。

江戸時代

江戸幕府の拠点となった江戸城の建築は多くが失われたが、旧江戸城外桜田門などが現存する。また、幕府の援助を受けて江戸には数多くの寺院が建設された。徳川家の菩提寺《ぼだいじ》であったのが増上寺。増上寺三解脱門は壮麗さや規模の面でも希少な存在である。徳川家康を祀る権現造の東照宮社殿を筆頭に、徳川家霊廟など職人技の粋を結集した華麗な建築も建てられた。

　東京屈指の寺院といえば、上野公園に伽藍があった寛永寺である。旧寛永寺五重塔や、京都の清水寺に倣って命名された懸造の寛永寺清水堂は往時の壮大さを物語る建築。また、江戸に上屋敷を構えた大名家の遺構として、旧加賀屋敷御守殿門（赤門）なども現存する。

明治29 |1896| 年

旧岩崎家住宅洋館

コンドルの代表作であるだけでなく、和館を隣接して建てた明治の富裕層の生活様式を知るうえでも重要な作品。邸宅建築を得意としたコンドルのもっとも脂が乗った時期の傑作。ジャコビアン様式を採用し、階段周りの装飾が優れる。

明治8 |1875| 年

慶応義塾三田演説館

完全な形で残る明治初期の擬洋風建築。アメリカの建築をモデルにしたというが、なまこ壁が強烈な印象を与える。伝統的な技術を用いて壁を固めるために当時不可欠な技術であり、横浜居留地の擬洋風建築はなまこ壁だらけだった。

大正7 |1918| 年

旧渋沢家飛鳥山邸 晩香廬

煉瓦の焼き加減を一枚ずつ変えることで表面に変化をもたらし、工芸品的な趣を演出している。西洋建築の完成度の高い意匠を遮二無二追求してきた明治時代にはなかった、建築家の個性が濃厚に発揮された小建築である。

大正3 |1914| 年

東京駅丸ノ内本屋

日本銀行本店本館と双璧を成す、辰野金吾の代表作。赤煉瓦に白い花崗岩で装飾する意匠は"辰野式"と呼ばれ、明治〜大正時代の洋館に流行した。東京駅丸ノ内本屋はきわめて横長で、建築というより一つの都市のように映る。

明治

文明開化の風潮のもと、明治初期は慶応義塾三田演説館のような擬洋風建築が建った。ジョサイア・コンドルは旧岩崎家住宅洋館などの実作を残し、日本人建築家を育てた。弟子には旧東宮御所（迎賓館赤坂離宮）の片山東熊、東京駅丸ノ内本屋（竣工は大正）の辰野金吾がいる。

大正

旧渋沢家飛鳥山邸晩香廬のように、小ぶりながら手仕事を重視し、細部の意匠が洒落た建築が建った。建築界の転機になるのが1923（大正12）年の関東大震災。鉄筋コンクリート造が普及し、鉄骨鉄筋コンクリート造、煉瓦造や木造では不可能だった造形が可能になった。

昭和8｜1933｜年

旧朝香宮邸本館

設計は宮内省内匠寮であり、同集団の頂点といえる傑作。簡明で直線的な外観はモダニズムの影響を受けているが、内装はヨーロッパで流行したアール・デコのインテリアが乱舞する。

昭和9｜1934｜年

明治生命保険相互会社本社本館

日本人建築家が学習してきた様式建築の頂点。モダニズム建築が建ち始めた時期でも、圧倒的な存在感を示した。昭和初期は、岡田信一郎のように様式を自在に使いこなす建築家が誕生した。

昭和34｜1959｜年

国立西洋美術館本館

ル・コルビュジエは“近代建築の5原則”を1920年代に発表したが、それを網羅している建築である。モダニズム建築は合理的な機能主義が優先されがちだが、機能している光景すら美しいのがコルビュジエの建築。

昭和39｜1964｜年

代々木競技場第一体育館

丹下健三の類まれな才能がピークを迎えた時期の傑作。構造の力の流れが造形に表れ、屋根の装飾など日本建築を連想する意匠が随所にみられる。日本人だからこそ設計し得たモダニズム建築。

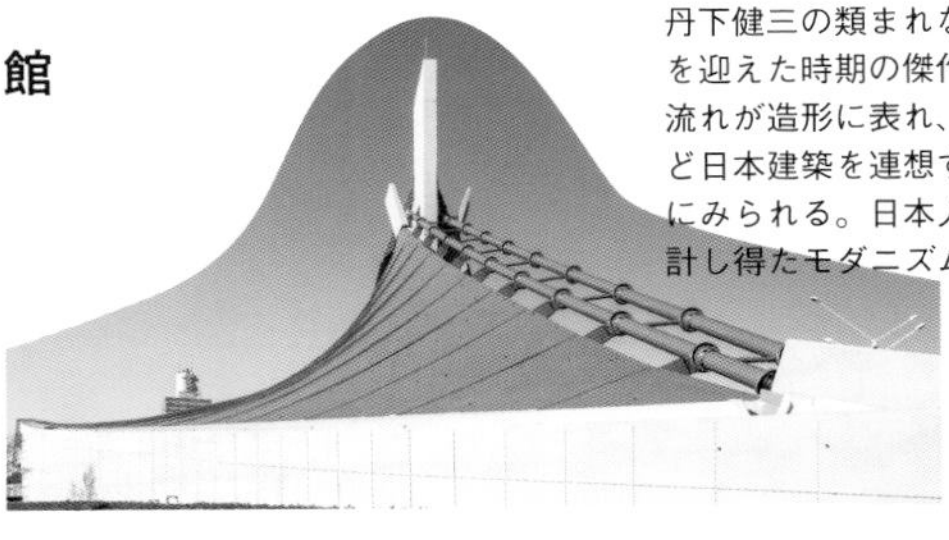

昭和戦前

建築家の設計技量の進化と、鉄筋コンクリート造などの技術の進化は、あらゆるスタイルの建築を可能にした。アール・デコの旧朝香宮邸本館、明治以来の古典主義の集大成の明治生命保険相互会社本社本館、インド風の築地本願寺本堂などが誕生している。

昭和戦後

高度経済成長期に突入し、前川國男の東京文化会館やル・コルビュジエの国立西洋美術館本館のような国際水準のモダニズム建築が誕生。丹下健三が設計した代々木競技場は構造と形態が合致した建築で、日本の建築のレベルを世界のトップに押し上げた記念碑である。

contents

はじめに 002
TOKYO文化財建築クロニクル 004

1章
千代田・中央・江東区 012

東京駅丸ノ内本屋 014
明治生命保険相互会社本社本館 020
法務省旧本館 024
旧江戸城外桜田門 026
旧江戸城清水門 028
旧江戸城田安門 029
日本ハリストス正教会教団復活大聖堂（ニコライ堂） 030
旧近衛師団司令部庁舎 034
勝鬨橋 036
永代橋 040
清洲橋 044
日本橋 048
三越日本橋本店 052
三井本館 056
日本銀行本店本館 060

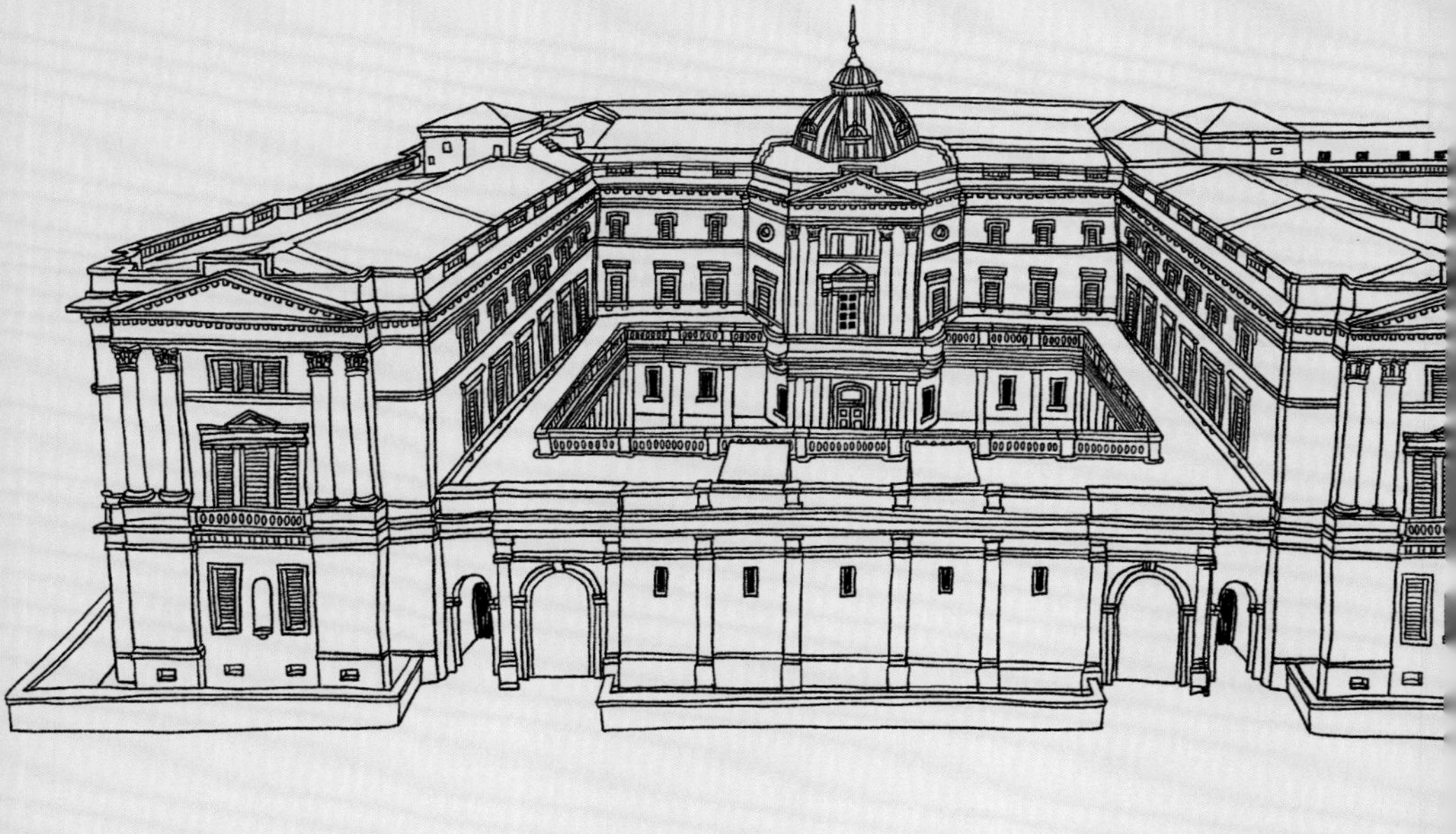

髙島屋東京店 066
築地本願寺本堂 072
旧弾正橋 080
明治丸 082
水準原点 083

2章 渋谷・港区 086

明治神宮 088
明治神宮宝物殿 098
旧東宮御所（迎賓館赤坂離宮） 104
代々木競技場 112
旧朝倉家住宅 118
慶応義塾図書館 122
慶応義塾三田演説館 127
旧久邇宮邸（聖心女子大学） 128
増上寺三解脱門 134
有章院霊廟二天門 136
旧台徳院霊廟惣門 137
明治学院インブリー館 138
旧朝香宮邸 140
武家屋敷門 146
瑞聖寺大雄宝殿 148

3章 目黒・品川・大田区 152

旧前田家本邸 154
尊經閣文庫／宝篋印塔（1）（2） 162
旧島津家本邸 164
円融寺本堂 170
本門寺五重塔 172
池上本門寺宝塔 173

4章 台東・荒川区 174

旧岩崎家住宅 176
浅草寺伝法院 184
浅草寺二天門 185
浅草神社 186
寛永寺清水堂 188
寛永寺旧本坊表門 189
旧寛永寺五重塔 190
厳有院霊廟勅額門及び水盤舎／厳有院霊廟奥院 192
常憲院霊廟勅額門及び水盤舎／常憲院霊廟奥院 193
東照宮社殿 194

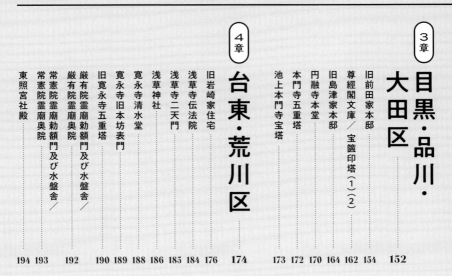

contents

5章 豊島・文京・北・新宿区

表慶館 200
旧東京帝室博物館本館 204
旧因州池田屋敷表門 208
旧十輪院宝蔵 209
旧東京科学博物館本館 210
国立西洋美術館本館 214
旧東京音楽学校奏楽堂 216
旧三河島汚水処分場喞筒場施設 218
豊島・文京・北・新宿区 224
自由学園明日館 226
根津神社 232
旧東京医学校本館 238
旧加賀屋敷御守殿門(赤門) 240
旧醸造試験所第一工場 242
旧渋沢家飛鳥山邸 244
聖徳記念絵画館 246
早稲田大学大隈記念講堂 250
護国寺 254
学習院旧正門 256
新宿御苑旧洋館御休所 257

6章 世田谷・杉並区・その他

世田谷・杉並区・その他 262
小林家住宅 264

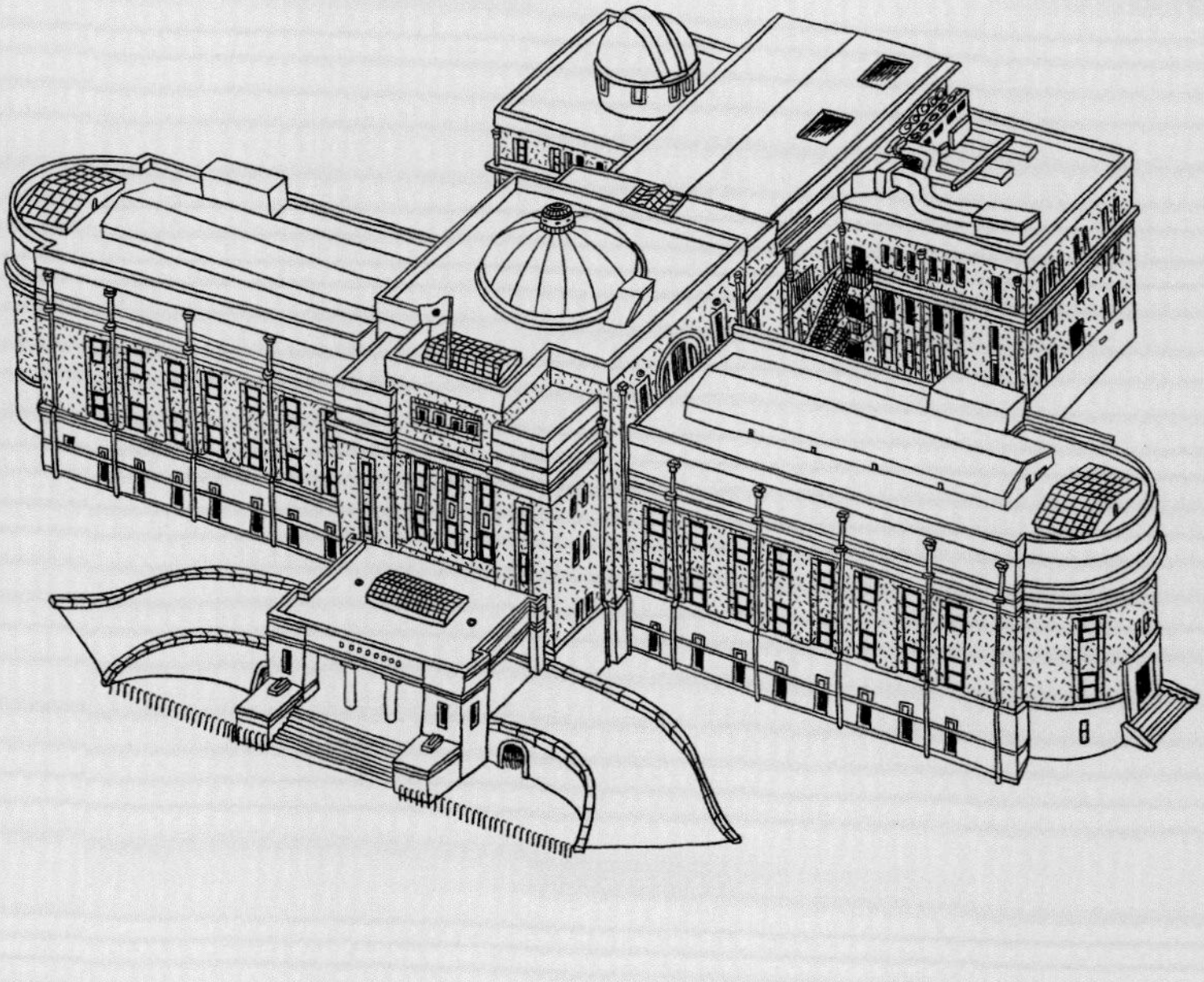

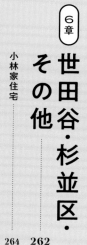

雑司ケ谷鬼子母神堂……258
旧磯野家住宅／旧馬場家牛込邸……260

観音寺……268
大場家住宅……270
妙法寺鉄門……272
正福寺地蔵堂……274
旧宮崎家住宅……276
旧永井家住宅……278
金剛寺……280
あとがき……286

TOKYO 建築を知る column

1 日本における国宝・重要文化財の指定基準……084
2 東京の文化財建築を楽しむ5つのポイント……150
3 東京の建築史に欠かせない建築家……222
4 残っていたら重要文化財候補だったかもしれない？建築集……282

【本書をご利用になる前に】
・本書に掲載したデータは2024年4月現在のものです。
・本書出版後、文化財の指定状況や最新の研究結果によって内容に変化が生じる場合がありますので、ご利用の際は最新情報をご確認ください。
・本書に掲載された内容による損害等は補償しかねますので、あらかじめご了承ください。

1章

千代田・中央・江東区

物件リスト

① 東京駅丸ノ内本屋
② 明治生命保険相互会社本社本館
③ 法務省旧本館
④ 旧江戸城外桜田門
⑤ 旧江戸城清水門
⑥ 旧江戸城田安門
⑦ 日本ハリストス正教会教団
東京復活大聖堂（ニコライ堂）
⑧ 旧近衛師団司令部庁舎
⑨ 勝鬨橋
⑩ 永代橋
⑪ 清洲橋
⑫ 日本橋
⑬ 三越日本橋本店
⑭ 三井本館
⑮ 日本銀行本店本館
⑯ 髙島屋東京店
⑰ 築地本願寺本堂
⑱ 旧弾正橋
⑲ 明治丸
⑳ 水準原点

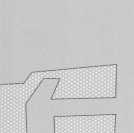

幕政の中枢となった江戸城、そして近代化を推進した明治以降の
中央官庁の遺構がある。都市文化の豊かさを伝える百貨店建築も多い。

No.01

首都東京の玄関口に
相応しい赤煉瓦の駅舎

東京駅
丸ノ内本屋

とうきょうえきまるのうちほんや

DATA
所在地：千代田区丸の内1-1-1
竣工：1914（大正3）年
設計：辰野金吾、葛西萬司《かさいまんじ》
（辰野葛西建築事務所）
構造：鉄骨煉瓦造
重文指定：2003（平成15）年

大正建築として「将来の国宝」最有力候補

辰野金吾は赤煉瓦に白い花崗岩で装飾するデザインを好んだ。これは18世紀初頭にイギリスで流行した、軽快なクイーン・アン様式を辰野がアレンジしたもの。辰野個人の作風の枠を超えて明治〜大正期の洋風建築で盛んに使われたため、"辰野式"と呼ばれる。

辰野金吾《たつのきんご》の最高傑作

東京駅丸ノ内本屋は首都・東京を象徴する建築のひとつであり、明治〜大正時代の建築界をリードした建築家・辰野金吾の代表作である。

東京駅は1914（大正3）年に「中央停車場」として開業した。当時、西へ向かう列車は新橋駅から、北へ向かう列車は上野駅から発着していたが、両駅の中間点に位置する駅として計画された。

竣工までには紆余曲折があり、様々なデザインが検討された。有名なものでは、明治半ばにドイツ人建築家のフランツ・バルツァーが提出した、寺院風の屋根を抱いた和風のデザインが知られる。しかし、明治天皇が洋風の駅舎を推したことから、「日本銀行本店本館」（P60〜65）

などを手掛け、実績もあった辰野の事務所に設計が依頼された。

当初は比較的中規模の駅舎を想定していたらしい。ところが、1905（明治38）年に日本が日露戦争に勝利すると、列強の仲間入りを果たしたという機運が国民の間に広がり、世界の大国にふさわしい駅舎を求める声が次第に大きくなっていく。

辰野が当初示した案には平屋の部分が多かったが、最終的には総3階建の大規模な駅舎となった。かくして開業にこぎつけた中央停車場だが、まだ周囲に建築はまばらであり、広大な荒野に巨大な駅舎が建っているような有様であった。

とにかく横に長い建築で、全長は約335mもある。正面を歩いていると、ある一つの街並みを歩いているように錯覚するほどだ。

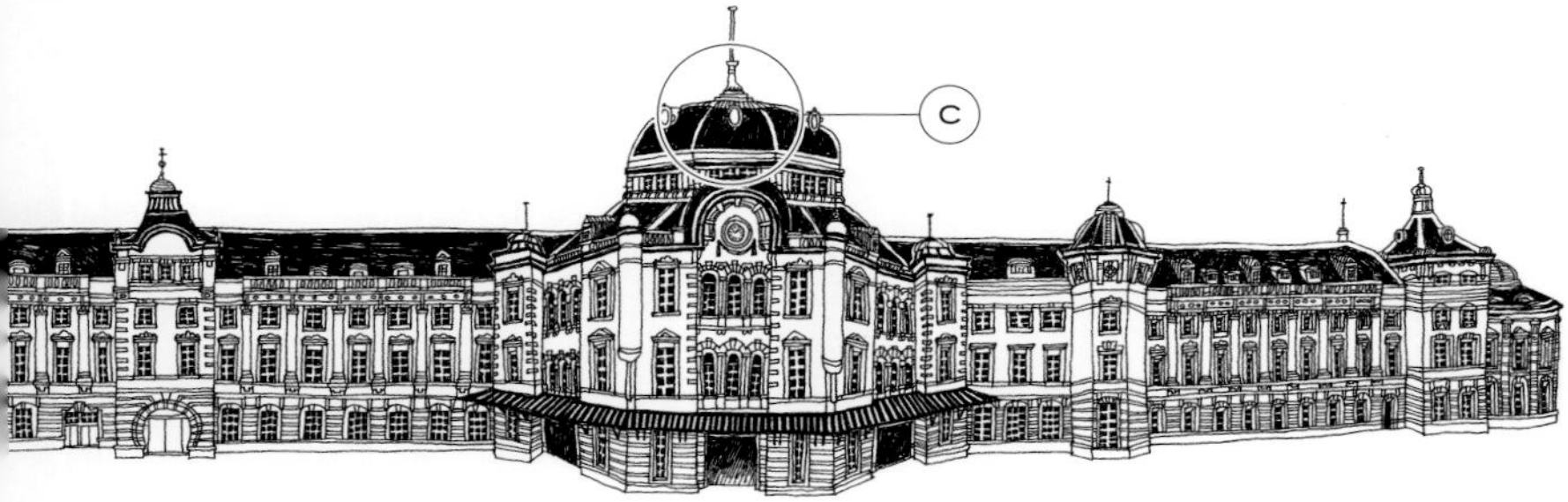

POINT

見どころ

1 辰野金吾が好んで用いた“辰野式”の集大成

2 ドームや内部が戦災で焼失するも復原

3 将来の“国宝”最有力候補

HISTORY

歴史

1880（明治20）年
中央停車場の建設計画が立ち上がる

1903（明治36）年
辰野金吾に設計が依頼される

1908（明治41）年
着工

1914（大正3）年
竣工

1923（大正12）年
関東大震災発生。被害はほとんどなかった

1945（昭和20）年
空襲により被災。ドームと3階部分などを焼失

1947（昭和22）年
ドームを寄棟屋根に改造し、主要部分を2階建にして復旧する

1958（昭和33）年
建て替え計画が発表されるも、実現せず

1977（昭和52）年
再び建て替え計画が発表。日本建築学会より保存要望書が提出

1999（平成11）年
復原計画が決定

2003（平成15）年
重要文化財に指定

2012（平成24）年
10月1日、復原工事が完成

STRUCTURE

図解

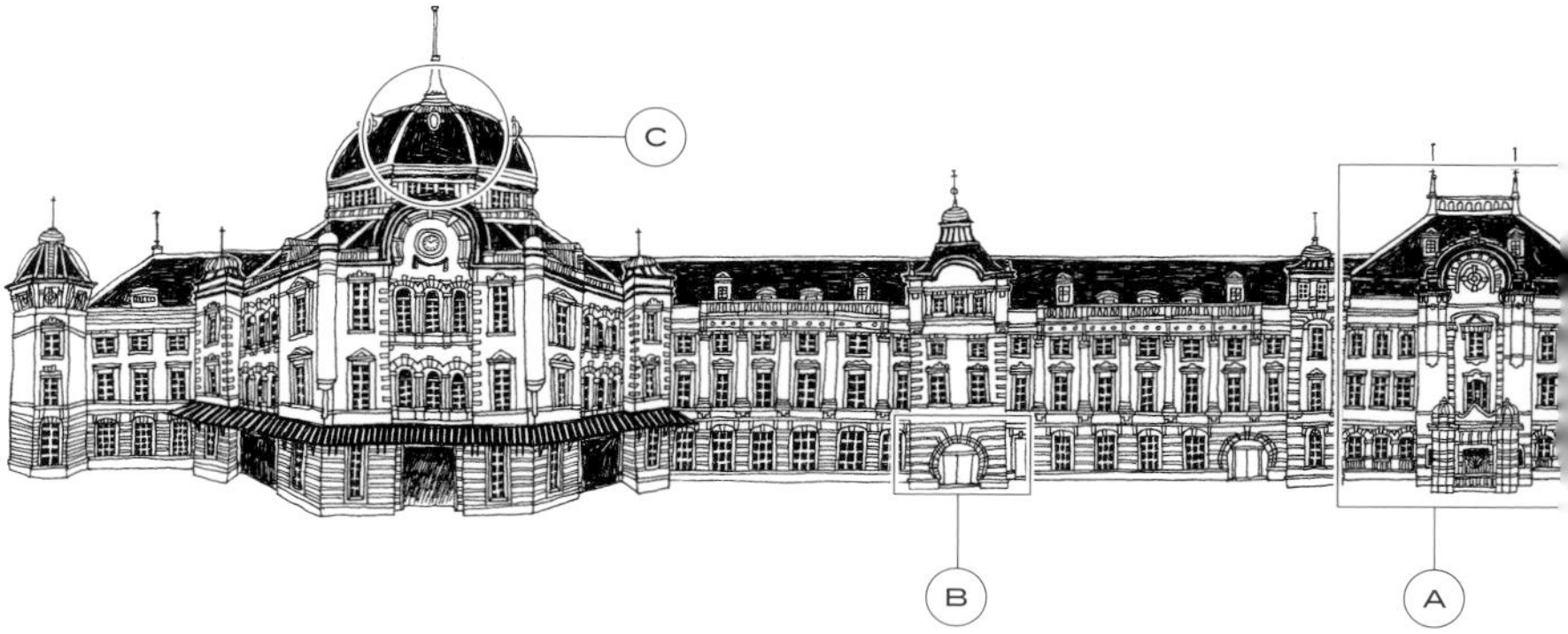

国産スレートのドーム

ドームや塔をこれでもかとたくさん載せるのも辰野式。屋根やドームに葺かれているのは、スレートという材。ドームなどの主要部には、宮城県石巻市雄勝産の国産スレートを使用している。

皇室専用の正面玄関

皇室専用の出入口であり、普段は使用されることがない。建築史家・藤森照信氏によると、団扇のようなモチーフをあしらった門扉は、建設現場で辰野が自らデザインしたという。

駅舎を印象づける赤煉瓦

赤煉瓦に白い花崗岩を帯状に巻き、華やかな意匠を創るのが辰野式の特徴。岩手県盛岡市の「岩手銀行旧本店本館」や、京都府京都市の「旧日本銀行京都支店」など同種の建築は多い。

復原されたドームの内部。羽ばたく鷲、干支、豊臣秀吉の兜をモチーフにした装飾がみられる。

世代を超えて愛される赤煉瓦の駅舎

1）2024（令和6）年に発行開始される1万円札の裏面にも描かれる。写真は同アングル。辰野の建築は紙幣と縁が深く、これまでに日本銀行本店、朝鮮銀行本店などが図案化された例がある。アムステルダム中央駅を模したという説は俗説とされている。2）復原された部分はレンガの色が異なっているのでわかりやすい。3）現在の南口は当初は乗車口専用、現在の北口は降車口専用で、非常に使いにくい駅だったという。

1

3 | 2

人々の声が駅舎を救った

中央停車場は民衆には好評だったが、辰野があちこちで建設してきた様式であり、真新しさを感じるものではなかった。当初は、既に導入例があった鉄筋コンクリート造で建設する計画だったが、辰野は慎重な姿勢を崩さず、使い慣れた赤煉瓦を採用した。デザイン的にも技術的にも保守的なイメージが拭えず、遠藤新《えんどうあらた》ら当時の若手建築家は批判的な意見を述べている。

しかし、堅実な辰野のおかげで耐震性も万全であり、1923（大正12）年の関東大震災ではほとんど被害を受けなかった。高度経済成長期には取り壊して高層化する意見もあったが、保存運動が起こり、2012（平成24）年には空襲前の姿に復原されて現在に至っている。

No.
02

昭和建築初の重要文化財
様式建築の最高傑作

明治生命保険相互会社本社本館

めいじせいめいほけんそうごがいしゃ
ほんしゃほんかん

DATA
所在地：千代田区丸の内2-1-1
竣工：1934（昭和9）年
設計：岡田信一郎、岡田捷五郎
構造：鉄骨鉄筋コンクリート造
重文指定：1997（平成9）年

近代建築が到達した頂点

皇居の外堀に面して建つ「明治生命保険相互会社本社本館」（以下：明治生命館）は、明治時代以来培われてきた日本の様式建築における最高傑作のひとつである。竣工した1934（昭和9）年前後は装飾性を除いた

流行を取り入れ、変化に富む内外装

右）南側に6本、西側に10本のコリント式の列柱が立つ様式建築である。鉄骨鉄筋コンクリート造で、表面には岡山県北木島産の花崗岩を貼る。左）営業室は2階分の吹き抜け。関東大震災後の耐震性を意識した設計で、柱には強固に鉄骨が埋め込まれ、重厚さと荘厳さを併せもつ空間となっている。

モダニズム建築が建てられるようになり、吉田《よしだ》鉄郎《てつろう》の「東京中央郵便局」などが誕生していた。時代遅れになりつつあった様式建築だが、明治生命館は傑出した完成度ゆえに際立った存在感を示していた。

ギリシャ神殿風の建築は昭和初期に数多く建設された。関東大震災後、安全、安心、普遍性をイメージする意匠が好まれたためだろう。意匠だけでなく耐震性も万全であり、構造設計は内藤《ないとう》多仲《たちゅう》が担当している。

設計した岡田信一郎は、和風から洋風まで、あらゆる様式を使いこなす建築家であった。病気がちで、生涯一度も海外旅行をしたことがなかったというが、これほどの意匠を手掛けられるのは天賦の才と言えるし、この時代に日本の建築教育の水準が高まっていた証拠でもあろう。

扉にあしわられた花の装飾

営業室の天井にも同様のモチーフがみられ、統一感をもたらす。

建築に合ったランタンも優美

壁面に取り付けられたランタンも、建築に合わせてデザインされた。もちろん現役で、夜になると街並みを優しく照らす。

神殿風の柱で普遍性を表現

柱は2階から6階を貫き、柱頭にはアカンサスというアザミの葉を模したコリント式の装飾が用いられる。

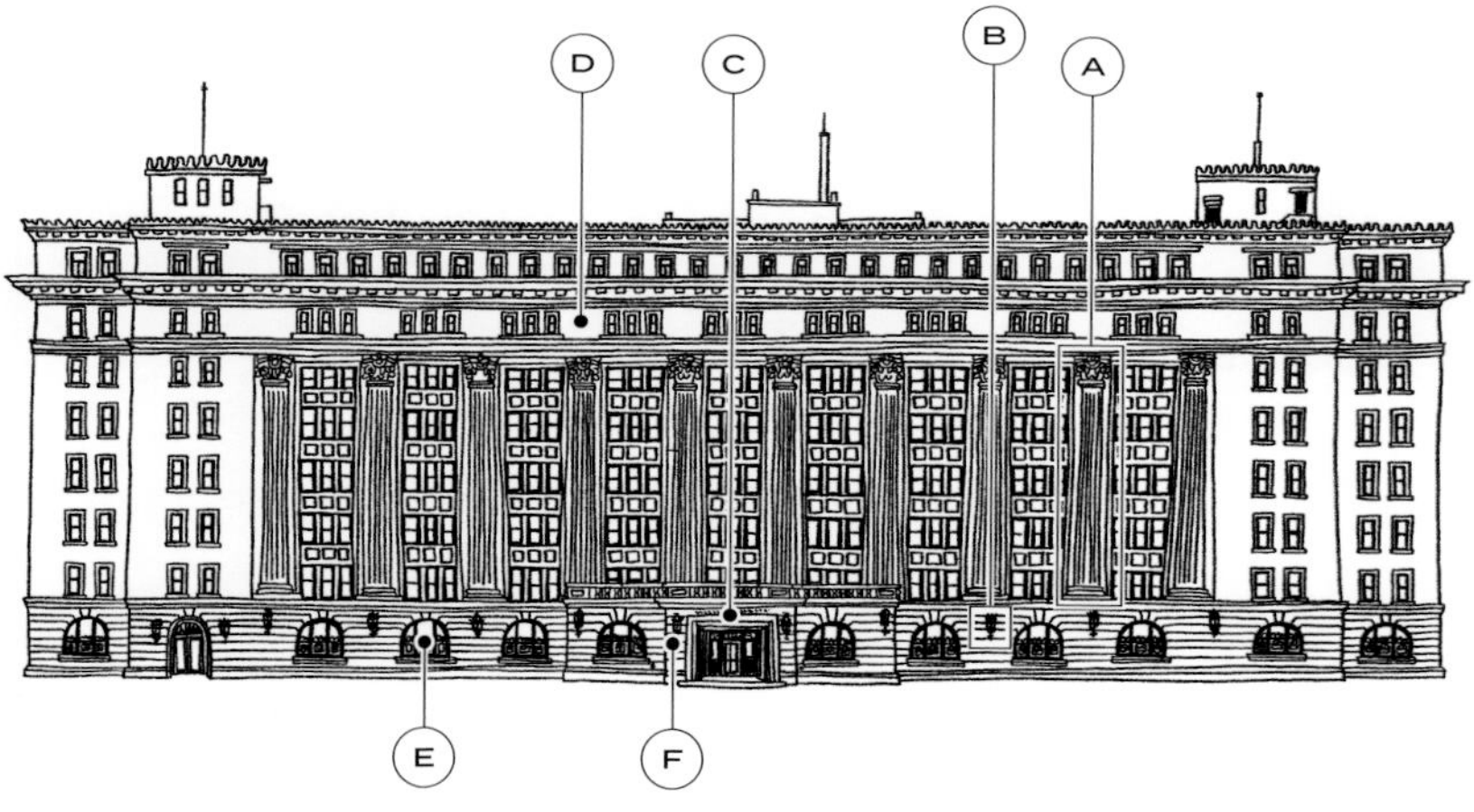

国旗を掲げるポール立て

出入口の扉の横にある一対の窪み。水道管のようにも見えるが、国旗を掲げるためのポール立てである。

華やかな意匠のグリルの装飾

1階の窓のグリルも華美。戦時中の金属供出によって取り外されてしまったが、修復工事に合わせて復元された。

庇にも花や獅子の彫刻

ただの直線の庇に見えるが、非常に細やかな装飾が均等に施されているのがわかる。獅子の彫刻も昭和初期に好まれた意匠。

様式建築の名手による充実した内装

2 1
3
4

1）柱頭や天井には大理石を削り出した彫刻がみられる。日本の様式建築に決定的に足りないのは内部空間の充実とされるが、岡田の設計は細部まで抜かりない完成度。2）天井の格間（コッファー）にある花をかたどった装飾。3）第一会議室は、1946（昭和21）年に日本の占領政策について、アメリカ、イギリス、中国、ソ連の4カ国の代表が話し合いを行った歴史的な部屋。4）執務室の暖炉にあしらわれた羊の彫刻。

コンドルの傑作を建て替え

明治生命館の計画が動き出したのは1928（昭和3）年である。この地には、ジョサイア・コンドルと曾禰達蔵の設計で1895（明治28）年に竣工した「三菱二号館」が建っていた。指名コンペ方式の設計競技で選ばれた岡田の案も、隣接して新社屋を建てる構想であった。しかし、明治生命は業務が拡大しつつあったため、三菱二号館を取り壊し、巨大な新社屋を建設する方針に転換する。

岡田は1930（昭和5）年に工事が始まると病に倒れ、現場の様子をスタッフに撮影させて病床から指示を出していたというが、建設の道半ばで亡くなってしまう。死後は弟の岡田捷五郎が引き継ぎ、完成をみたのであった。

No.
03

官庁集中計画の現存唯一の遺構

法務省旧本館

ほうむしょうきゅうほんかん

DATA

所在地：千代田区霞が関1-1-1
竣工：1895（明治28）年
設計：ヘルマン・エンデ、ヴィルヘルム・ベックマン（基本設計）、
河合浩蔵（実施設計）
構造：補強煉瓦造　重文指定：1994（平成6）年

霞が関の大改造計画

明治政府の課題は、江戸幕府から引き継いだ諸外国との不平等条約の改正であった。「鹿鳴館」の建設など、極端な欧化政策をとる外務大臣の井上馨《かおる》は条約改正を有利に進めるべく、東

右）1945（昭和20）年の東京大空襲で焼け落ちた屋根は、1994（平成6）年に復元。エンデとベックマンの指示のもと、埼玉県で焼かれた日本煉瓦製造の煉瓦を使用。左）正門と守衛室はのちに復元したもの。

かつては司法省と大審院が並び建っていた

京をパリのような近代都市に改造する構想を抱いた。こうして1886（明治19）年、官庁集中計画が立ち上がる。

当時の日本の官公庁舎は、棟梁が建てた擬洋風建築が多く、見劣りするものだった。そこで、井上はドイツからヘルマン・エンデ、ヴィルヘルム・ベックマンの2人を招き、本格的な西洋建築の導入を思い描く。かくして、ドイツ・ネオバロック様式の官庁建築として司法省庁舎（法務省旧本館）が竣工した。

ベックマンらによって国会議事堂の案や、築地から霞が関まで広がる都市計画が作成されたが、外務省から内務省に担当が移ると、財政難を理由に予算が縮小。司法省に隣接して大審院《だいしんいん》の庁舎も竣工したが、条約改正に失敗した井上の失脚とともに官庁集中計画は幻となった。

江戸城を訪れる大名が行き交った重要な門

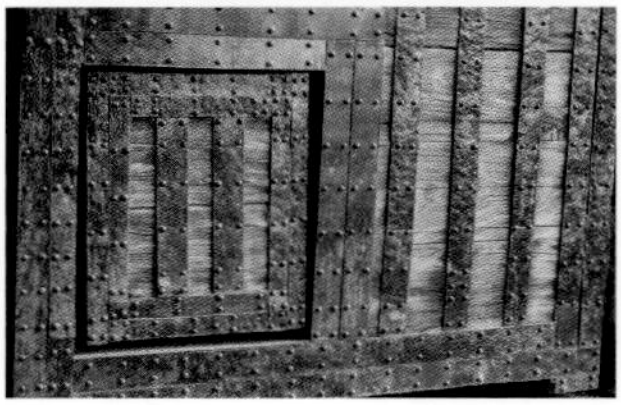

No.
04

大老・井《い》伊《い》直弼《なおすけ》が暗殺された
桜田門外の変の舞台

旧江戸城
外桜田門

きゅうえどじょうそとさくらだもん

DATA
所在地：千代田区北の丸公園
竣工：1663（寛文3）年
構造：木造
重文指定：1961（昭和36）年

1
2
3

1）渡櫓門《わたりやぐらもん》に載る鯱。鯱を載せた城門は特に格式が高い存在。2）城門は基本的に内開きで、扉の表面に鉄板を張り付けて防御を固める。3）旧江戸城の門は、文化財の指定の際に櫓門と高麗門の2棟をまとめて「外桜田門」のように扱っている。ただ、櫓門はそのまま「櫓門」だが、高麗門の方は固有名詞の「外桜田門」と呼称している。そのため、高麗門の方の文化財指定名称は「旧江戸城外桜田門外桜田門」となってしまい、非常に紛らわしい。なお、清水門（P28）と田安門（P29）も同様である。

江戸城西の丸を守る要

江戸城は江戸時代に幾度も火災に遭い、幕末の動乱や関東大震災、第二次世界大戦の戦災で遺構の多くが失われた。しかし、戦火や災害を乗り越えて現存する櫓や城門は、将軍家の居城にふさわしい規模と格式を誇るものが少なくない。

一般的に〝桜田門〟と呼ばれる外桜田門は、周辺一帯が桜田

郷と呼ばれていたことに由来する。江戸時代には大名の登城路に利用された門であり、1860（安政7）年には、この門の近くで水戸藩浪士らによる大老・井伊直弼の暗殺事件、いわゆる桜田門外の変が起こったことで知られる。なお、旧江戸城の桔梗門は〝内桜田門〟と呼ばれ、現存するが、皇室財産のため重要文化財に指定されていない。

外桜田門は江戸城の西の丸の防御の要として建てられた。門を2カ所に設け、その間に枡形という四角形の空間を造り、直角に曲がらなければ城内に入れない構造とした。枡形《ますがた》が本丸などの曲輪から突き出たものを外《そと》枡形《ますがた》と呼び、有事の際は敵を中に誘い込んで攻撃するようになっていた。枡形が広く造られた外桜田門は、旧江戸城の城門でも最大規模の遺構である。

外枡形を採用し、堅牢な縄張りを造る

清水門

櫓門

上）右の横長の門が櫓門（渡櫓門）、左の小規模な門が清水門（高麗門）。清水門の扉の金具に刻まれた年号から、建築された年が判明。下）櫓門の規模は壮大。重文指定された旧江戸城の城門で唯一、地面が舗装されていないため、江戸時代の雰囲気を色濃く残す。

No.
05

御三卿・清水家に縁の深い
江戸城の重要な遺構

旧江戸城清水門

きゅうえどじょうしみずもん

DATA
所在地：千代田区北の丸公園
竣工：1658（万治元）年
構造：木造
重文指定：1961（昭和36）

公武合体ゆかりの門

清水門は江戸時代の初期から存在していたといわれるが、名称の由来は判明していない。この地から清水が湧き出していたとか、清水寺という寺院が存在したためともいわれる。明暦の大火で焼失したのち、1658（万治元）年に再建されたものが現在見られる門で、櫓門と清水門（高麗門）の2棟からなる外枡形の形式をとる。

第9代将軍・徳川家重《いえしげ》の第二子にあたる重好《しげよし》は、北の丸の清水門の内側に屋敷を構え、清水家と名乗った。1862（文久2）年、幕末と朝廷の関係を回復すべく実施された公武合体に際し、第14代将軍・家茂《いえもち》に嫁いだ皇女・和宮《かずのみや》はこの清水門を通り、一時的に清水家の屋敷に入ったといわれている。

日本武道館の出入口としてもおなじみの門

No.
06

明暦の大火の前まで遡る
江戸城内で最古級の城門

旧江戸城田安門

きゅうえどじょうたやすもん

DATA

所在地：千代田区北の丸公園
竣工：1636（寛永13）年
構造：木造
重文指定：1961（昭和36）年

1
2
3

名称は神社にちなむ

田安門の名称は、この地が田安台と呼ばれ、田安明神の社が置かれたことにちなむ。1636（寛永13）年に建てられ、現存する旧江戸城の城門のうち、明暦の大火の前までさかのぼる唯一の建築である。現在は日本武道館に向かう人が行き交う。

1）田安門は曲輪の内側に枡形を造る内枡形という形式で、外桜田門、清水門の外枡形とは異なる。切込接《きりこみはぎ》の高度な技術で築かれた石垣の上に、櫓門（渡櫓門）が開かれる。2）櫓門に載る鯱。3）高麗門形式の田安門を枡形の方から見た様子。内側には冠木《かぶき》を渡した2本の鏡柱を立て、その上に切妻屋根の装飾を載せている。旧江戸城の他の高麗門も同様の形式で造られている。

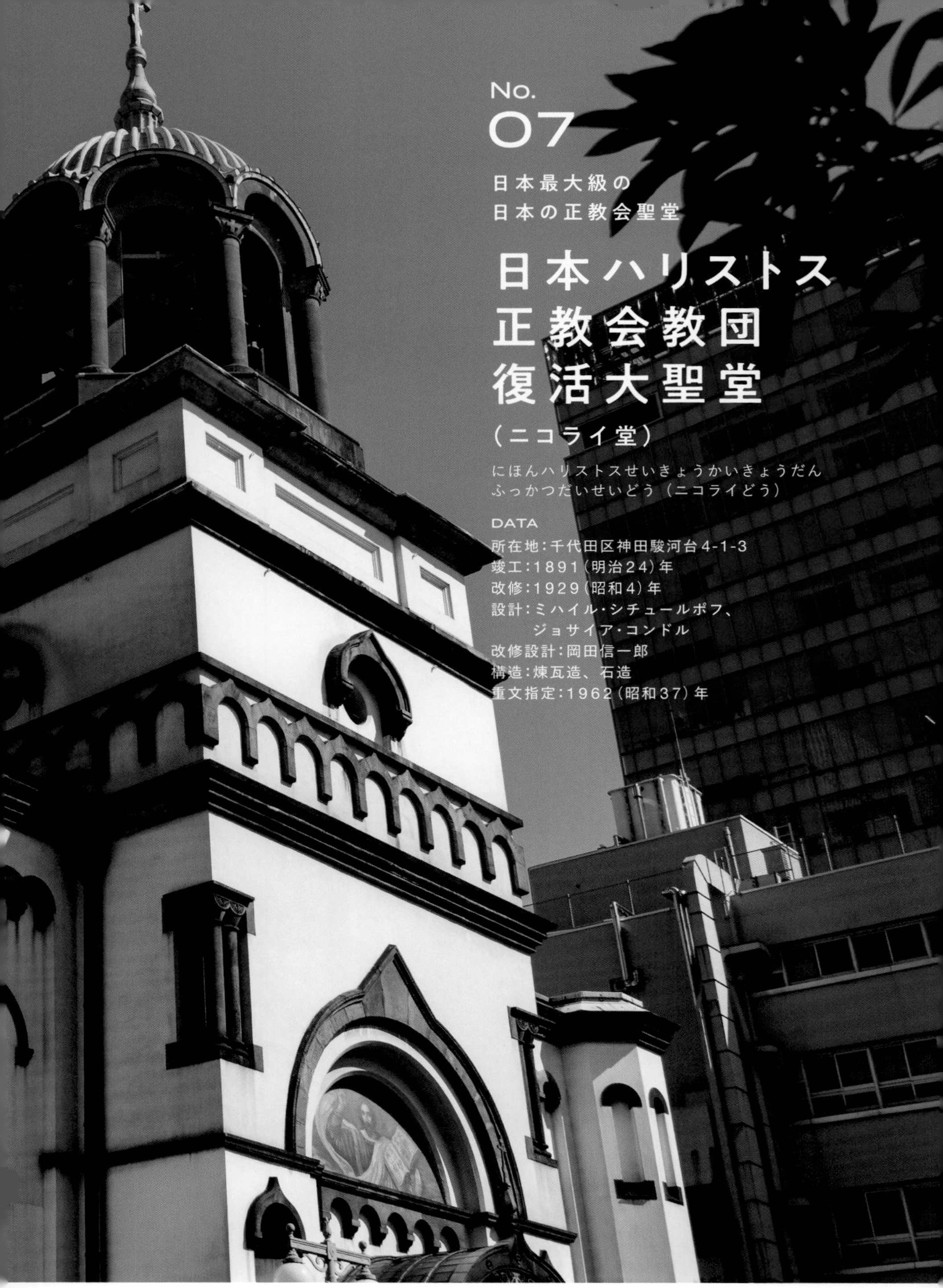

No.
07

日本最大級の
日本の正教会聖堂

日本ハリストス正教会教団復活大聖堂（ニコライ堂）

にほんハリストスせいきょうかいきょうだん
ふっかつだいせいどう（ニコライどう）

DATA
所在地：千代田区神田駿河台4-1-3
竣工：1891（明治24）年
改修：1929（昭和4）年
設計：ミハイル・シチュールポフ、
ジョサイア・コンドル
改修設計：岡田信一郎
構造：煉瓦造、石造
重文指定：1962（昭和37）年

屋根は銅板葺きで、ドームの頂部にある八端十字架は日本正教会などで用いられる。関東大震災後の修復工事で、一部は鉄筋コンクリートで補強された。

No.07（日本ハリストス正教会教団東京復活大聖堂（ニコライ堂））

〝聖橋〟の名の由来、神田駿河台のランドマーク

1）分厚い壁面と小さな窓はビザンティン様式の建築の特徴。壁面はモルタルで白く塗られ、灰色の部分は石材のように見えるが、モルタルを使って石のように仕上げた“擬石洗い出し”という技法を用いる。基礎に使われているのは小松石という安山岩の一種。2）鐘楼の高さは約37.7ｍ。復旧工事の際、ドームに合わせて岡田信一郎が設計。3）ステンドグラスのキリストが日本語の聖書を持っているのが面白い。

1
3 | 2

建築家たちの競演

明治維新以後、国内で本格的なキリスト教の伝道が始まった。ニコライ堂はロシアから日本に布教に訪れた聖ニコライが、1891（明治24）年に日本正教会の伝道の拠点として建設した聖堂である（ロシア皇帝のニコライ2世とは無関係である）。江戸時代、この地には現在でいう消防組織、定火消《じょうびけし》の屋敷があったという。周囲に高層建築がなかった時代は神田駿河台のランドマークであった。

原設計はニコライがロシア工科大学から招いたミハイル・シチュールポフが手掛け、実施設計をイギリス人建築家のジョサイア・コンドルが担当した。シチュールポフの原案がどのようなものだったのかはわかっておらず、日本史の教科書ではコン

上）日本正教会の聖堂に多くの作品を残した山下りんによるイコンが掲げられている。ドームの中はビザンティン様式の建築に見られる装飾的な要素が少なく、比較的簡素だが、約34.5ｍという高さと大空間が見事である。下）敷地内にある建物。建設年代は不明だが、見た目はかなり古い。

江戸東京博物館には、関東大震災で倒壊する前のニコライ堂の模型があるので必見。ドームや鐘楼の形状に現状と差異があるのがわかる。

ドルの代表作として紹介されることも多いが、あくまでも実施設計である点に注意したい。

巨大な八角形のドームを戴き、尖塔のある鐘楼を掲げるが、これはロシアの教会建築に多く用いられるビザンティン様式で、5～6世紀のビザンティン帝国で流行した。ビザンティン様式の聖堂としては日本最大級の規模である。

1923（大正12）年に起こった関東大震災で、ドームも崩れ落ち、内部も焼失してしまった。現在見られる姿は1929（昭和4）年に復旧されたもので、改修を担当したのは岡田信一郎である。近代建築の場合、重要文化財に指定されたのちに写真をもとにオリジナルの姿に戻すパターンが多いが、復旧後の姿のまま維持されている珍しい例である。

No.
08

質実剛健な意匠でまとめられた
明治を代表する官公庁舎

旧近衛師団司令部庁舎

きゅうこのえしだんしれいぶちょうしゃ

DATA
所在地:千代田区北の丸公園1
竣工:1910（明治43）年
設計:田村鎮
構造:煉瓦造
重文指定:1972（昭和47）年

上）正面中央の玄関部分に設けられた、八角形の塔屋。円形のメダリオンにはかつて菊の紋章があしらわれていた。下）垂直性を強調するゴシック様式。窓の上などを花崗岩で装飾し、屋根飾りも載るが、全体的に装飾は抑えられている。

簡潔な造りのゴシック様式

1891（明治24）年に組織された近衛師団は、天皇と皇居の警衛を行った陸軍の師団。その司令部の庁舎として北の丸公園の一角に建てられた建築である。設計者の田村鎮《たむらやすし》は陸軍の技師で、法務省旧本館（P24～

中央部と両翼部が正面に張り出す左右対称の2階建煉瓦造の建築で、要所に花崗岩を貼ってアクセントとし、屋根はスレート葺きとする。煉瓦は現在でこそ華やかに映るが、構造材を露出させた状態であり、石などを貼っていないため、簡素な仕上げと考えることができる。手前の下を首都高速道路が通る。

塔屋を載せ、赤煉瓦の質感が美しい軍の司令部庁舎

25）と並ぶ煉瓦造の官公庁舎の典型といえる。

戦後、北の丸公園の整備の一環で取り壊しが決まっていたが、1977（昭和52）年から東京国立近代美術館の工芸館として活用された。谷口吉郎《たにぐちよしろう》の設計で保存工事がなされた際、中央広間と階段周りは保存されたが、他は展示室に転用するために改修されている。

クァトレフォイル（四葉飾り）のメダリオン。煉瓦の積み方はイギリス積み。

No.
09

戦前日本の技術力を
結集した跳開橋

勝鬨橋

かちどきばし

DATA

所在地:中央区築地6、中央区勝どき1
竣工:1940(昭和15)年
設計:成瀬勝武、安宅勝
構造:シカゴ型双葉跳開橋(可動部)、
　　　鋼ソリッドリブタイドアーチ橋(固定部)
重文指定:2007(平成19)年

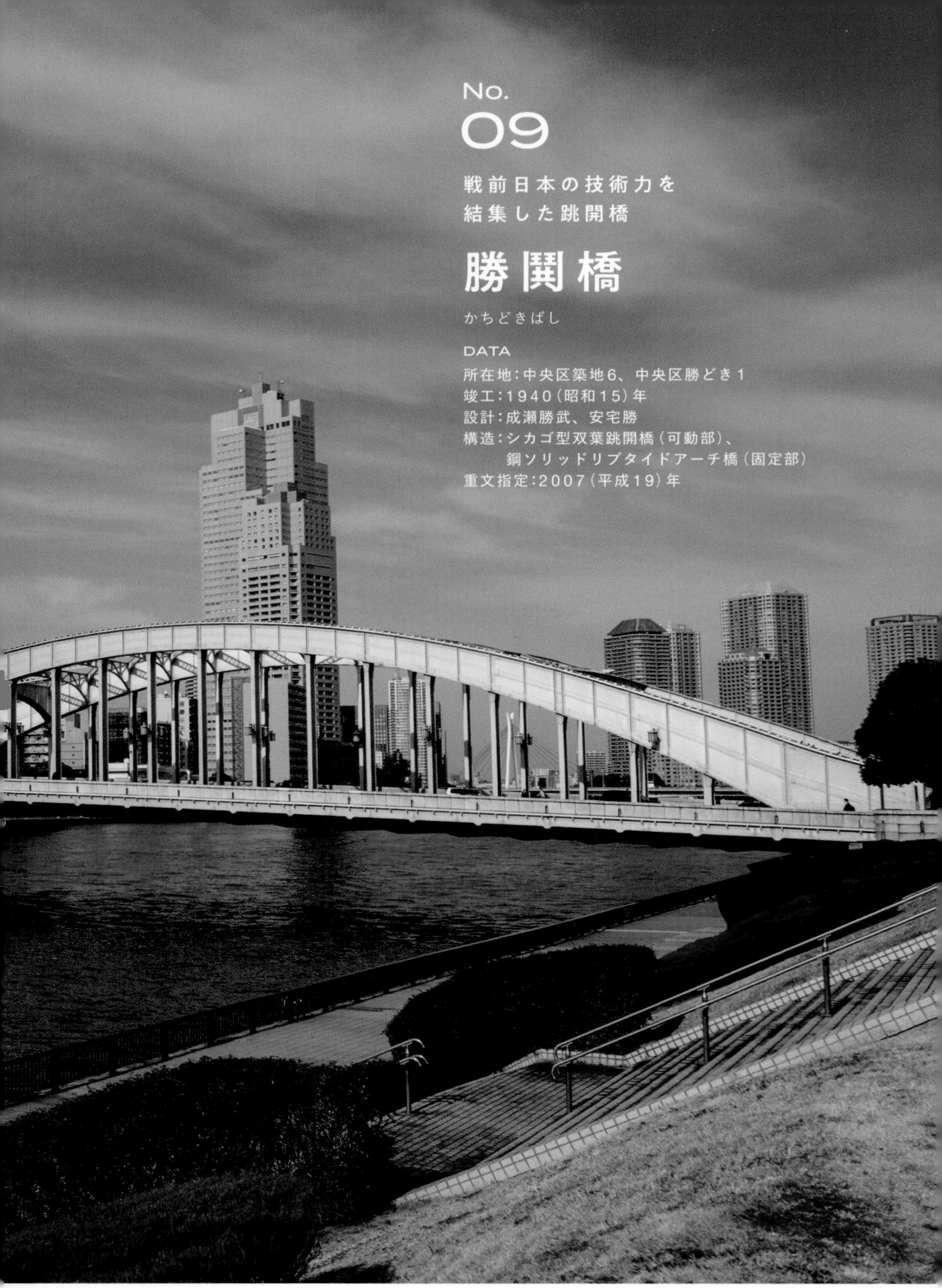

勝鬨橋は中央部分が可動桁となっていて、一定の時間ごとに跳開し、その間に大型の船が通行していた。両側は固定部分。橋脚と橋台は鉄筋コンクリート造。

戦争の足跡とともに
幻となった国家的行事のシンボル

戦前の橋梁技術の頂点

戦前まで盛んに用いられた“紀元”は神武天皇が即位した年を元年とする紀年法。1940（昭和15）年は紀元2600年にあたり、東京オリンピック、札幌オリンピック、そして万国博覧会など数々の国家的行事を一度に開催する計画が立てられていた。万国博覧会のメインゲートとして、日本の技術力を世界に誇示すべく建設が進んだのが勝鬨橋である。

勝鬨橋の名称は、1905（明治38）年に日露戦争の旅順《りょじゅん》陥落を記念し、有志が築地と月島の間に勝鬨の渡しを設けたことに起因する。1933（昭和8）年に着工し、日中戦争の勃発で資材不足に陥るなか、1940（昭和15）年に完成をみた。

勝鬨橋といえば、橋の中央が一定の時間に跳ね上がる可動橋として知られる。隅田川は物流の要衝として巨大な船が行き来していたため、9時、12時、15時の1日3回、1回にあたり約20分程度開いていた。海上交通と陸上輸送の共存を図るために、こうした構造の橋が考案されたといえる。しかし、戦後になると物流の中心は陸路に移り、橋の交通量の増加もあって、1970（昭和45）年には跳開は取りやめとなった。

3
4
2 | 1

1）鋼材につく照明。2）橋の中央部分。道にあるギザギザ状のシャーロックという境目から跳開し、全開になるまで約70秒かかったという。3）橋長約246mで、優美なアーチを持つ。4）中央部分の4カ所に塔屋があり、橋を跳開させる運転室、見張室、宿直室、倉庫室となっていた。左側には歩行者用の信号機が撤去されずに現存しており、床には歩行者の停止位置も示されていた。

橋長約184.7 m、幅員約25.6 mの規模を有する。永代橋の名は、橋が通じる江東区佐賀町付近がかつて永代島と呼ばれていたことにちなむ。

No.
10

関東大震災の復興事業で
架橋された豪壮な橋

永代橋

えいたいばし

DATA

所在地：中央区新川1（西岸）、
江東区佐賀1及び江東区永代1（東岸）
竣工：1926（大正15）年
設計：田中豊、竹中喜忠、山田守、山口文象
構造：下路式スチールアーチ橋（中央径間）、鋼桁橋（両側）
重文指定：2007（平成19）年

江戸時代以来の歴史をもつ名橋

国内最古のスチールアーチ橋であり、日本初の支間長100mを超えた道路橋でもある。ダイナミックなアーチを描く鋼板の表面に打ち付けられた丸い頭の部材はリベットという。永代橋が架設された当時は厚い鋼板を製造する技術がなく、薄い鋼板同士を重ね合わせてリベットで接合していた。

震災復興事業の先駆け

1923（大正12）年9月1日、昼食の時間帯に発生した関東大震災によって東京の下町は多くの地域が焼け野原となってしまった。発生の翌日、山本権《やまもとごん》兵衛《べえ》内閣のもとで帝都復興院が設立されると、後藤新平の指揮で帝都復興計画が立案される。その事業は復興院に継承され、震災復興事業として数々の公共事業が進められた。その代表的な事業が隅田川に架かる橋の建設であり、もっとも早く大正期に完成したものが永代橋である。

隅田川に架かる橋で重要文化財の指定を受けたのは3橋だが、歴史を江戸時代までさかのぼれるのは永代橋が唯一である。架橋年は諸説あるものの、1698（元禄11）年、江戸幕府が関東郡代の伊《い》奈《な》忠順《ただのぶ》を普請《ふしん》奉行《ぶぎょう》に

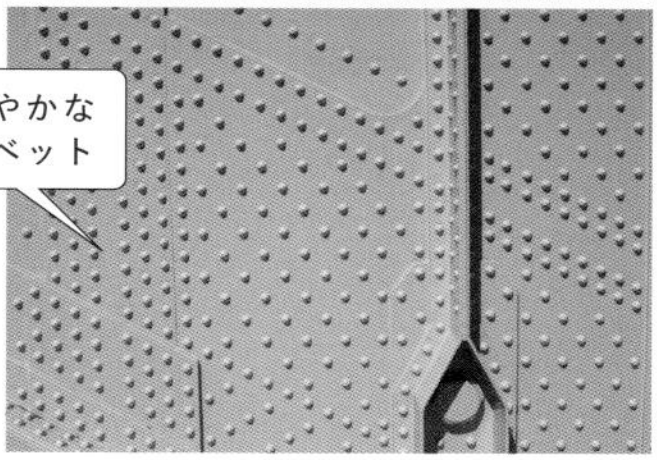
細やかな
リベット

上）正面に見える○や×の表示は、渋滞緩和を図るため、交通量が多い方向の車線を特定の時間に限って増やす交通規制。下）全体が重厚かつ豪放な造形ではあるが、均等に並んだリベットは緻密。橋のデザイン上のアクセントでもある。

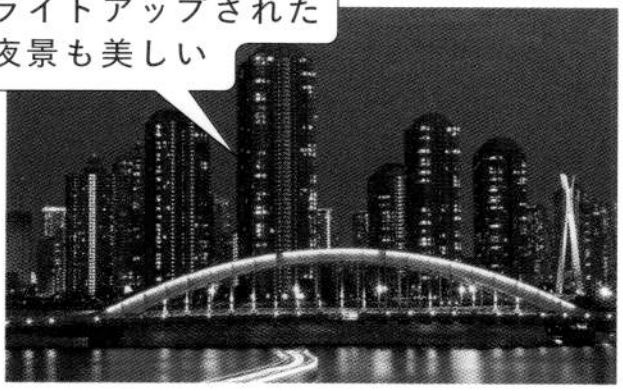
ライトアップされた
夜景も美しい

江戸時代から隅田川のランドマークであり続けている永代橋は、ライトアップによって現代でもシンボリックな存在。昼とは異なるロマンチックな情景を見せる。

命じ、それまで人力で渡っていた深川の大渡しに木橋を架けたことが始まりという。当時は現在地よりも約150m上流に位置していた。

　先代の橋は1897（明治30）年に架けられた鉄橋で、隅田川のランドマークとなっていたが、関東大震災で被害を受けたため、1926（大正15）年に改架されたのが現在の永代橋である。ドイツ・ライン川にあるルーデンドルフ鉄道橋をモデルにしてデザインが考案された。震災復興事業として隅田川に架けられた橋は意匠が千差万別であり、建築家や橋梁技術者のセンスが存分に発揮されたといえる。そのなかでも、永代橋は力学的合理性に基づく力強いアーチが魅力であり、近代的な橋梁美が見事に表現されている。

No.
11

“震災復興の華”と呼ばれる
隅田川屈指の優美な橋

清洲橋

きよすばし

DATA

所在地：中央区日本橋中洲（西岸）、
江東区清澄1（東岸）
竣工：1928（昭和3）年
設計：鈴木精一、山田守、山口文象
構造：自碇式鋼鉄製吊橋
重文指定：2007（平成19）年

清洲橋の向こうに東京スカイツリーを望む。橋長約186.2 m、幅員約25.9 mの規模を有し、震災復興事業で架橋された橋のなかでも突出した美しさを誇る。

鋼材を駆使して軽快さを表現した吊り橋

1）一般的に吊り橋に用いられるワイヤーではなく、吊鎖《つりぐさり》というチェーン状の部材を用いる。そのため重量感よりは軽さを感じさせる意匠。2）ガス灯を思わせる照明。3）吊鎖の接合部分。4）塔の塔頂部には、チェーンを直接ピンで固定。鋼材の先端は曲線的に仕上げている。

1
4　3｜2

ドイツの橋がモデル

隅田川に架けられた橋のなかで、特に美しい橋を挙げるとすれば清洲橋ではないだろうか。ライン川に架かるドイツの吊り橋・ヒンデンブルグ橋をモデル

にして設計され、繊細で優雅さがあると讃えられる吊り橋である。

江戸時代以来、この地では通称〝中洲の渡し〟と呼ばれる渡し舟が利用されてきたが、関東大震災後に実施された帝都復興事業の一環で、1928(昭和3)年に新しく橋が架けられた。これが清洲橋である。深川区清住町と日本橋区中洲町を結ぶため、町名からそれぞれ一文字をとり命名された。

清洲橋は永代橋のような重厚さよりも軽やかさが強調されるが、それは鋼板やアイバーなどの部材を重ねた、チェーンブリッジという構造で造られたためである。現在の吊り橋でも見られるワイヤーが使用される以前に用いられたもので、国内の吊り橋では清洲橋で唯一見ることができる。

No.
12

日本の道路の起点にして
東京を代表する橋

日本橋

にほんばし

DATA
所在地：中央区日本橋
竣工：1911（明治44）年
設計：米元晋一、樺島正義、妻木頼黄
構造：石造二連アーチ橋
重文指定：1999（平成11）年

日本橋川に架かる日本橋は石造二連アーチ橋で、橋長約49m、橋幅約28m。表面は石貼りで、側面には真壁石、アーチ部分や路面には稲田石を用いる。

日本橋は首都高速道路が覆いかぶさっている状態だが、橋に合わせて修景工事がなされている。

妻木頼黄による和洋折衷の装飾美

日本の道路の起点

１６０３（慶長８）年に架けられた日本橋は、江戸時代には東海道の起点として人々が行き交った地であり、現在も国道１号など７本の国道の起点となっている要衝である。日本橋は歌川広重の「東海道五十三次」に描かれた木造の太鼓橋であったが、１９１１（明治44）年に現在も見られるルネサンス風の橋に架け替えられた。初代から数えて20代目となる。このとき、都電を通すことを意図し、橋の横幅が広く造られた。

設計は東京市技師の米元晋一《よねもとしんいち》と樺島正義《かばしままさよし》が、細部の装飾は妻《つま》木頼黄《きよりなか》が担当した。橋の土台などはルネサンス様式で、煉瓦造ながら表面に石を張って重厚さを際立たせている。妻木が手掛けた装飾は和洋折衷の意匠とな

華やかさを演出する

1）日本の道路の起点を示す「日本国道路元標」は、日本橋の道路の中央部に1972（昭和47）年に設置。文字は当時の首相・佐藤栄作。2）橋柱の銘板にある「日本橋」の文字を揮毫したのは、江戸幕府第15代将軍・徳川慶喜。3）装飾はすべて青銅製。なかでも麒麟の像は象徴的存在で、花形のランプがついた柱も立つ。4）獅子が手にするのは東京市の紋章。奈良市にある手向山《たむけやま》八幡宮の狛犬をモデルにしたといわれる。

徳川慶喜によって
書かれた銘板

1
3
4
2

り、なかでも吉祥を象徴する麒麟や、獅子などの動物が有名。また、6基設けられた燈柱には、江戸時代の街道に置かれた一里塚に植えられた松や、榎《えのき》などをモチーフにした意匠が施されている。

　関東大震災では照明や装飾がダメージを受け、第二次世界大戦の空襲では日本橋にも焼夷弾が落とされたが、橋そのものは無事であった。しかし、表面の石が焼夷弾で焼け焦げた跡は随所に残されている。1963（昭和38）年、日本橋川に首都高速道路が築かれて以来、都市景観の観点からたびたび議論が起こってきた。現在、首都高の老朽化のため地下化が決定し、撤去工事が進んでいる。日本橋に空が戻ってくると歓迎する一方で、首都高も重要な文化遺産とする意見も少なくない。

1）竣工以来、増築や改修が繰り返されている。「MITSUKOSHI」の看板より右半分が1927（昭和2）年の竣工。左半分は、1956（昭和31）年の増築。壁面装飾も微妙に異なり、後の時代のほうが簡素。
2）本館中央ホールの5階分の吹き抜け。中央に立つのは彫刻家・佐藤玄々《げんげん》による木造彫刻「天女（まごころ）像」。

No.
13

日本の百貨店建築発展の象徴

三越
日本橋本店

みつこしにほんばしほんてん

DATA
所在地：中央区日本橋室町1-4-1
竣工（落成）：1927（昭和2）年
※その後も増築工事を実施
設計：横河工務所
構造：鉄骨鉄筋コンクリート造
重文指定：2016（平成28）年

百貨店では2件目の重文

三越の前身に当たる越後屋は1673（延宝元）年に日本橋で呉服屋として創業し、正札販売を先駆けて行ったことで知られた。1904（明治37）年にはいわゆる〝デパートメントストア宣言〟を行って日本初の百

増築に増築を重ねて創出された
大空間と装飾美が圧巻

貨店となり、大正時代には〝今日は帝劇、明日は三越〟のキャッチコピーが流行。1914（大正3）年には地上5階、地下1階建の壮麗な店舗を竣工させ、東京の名所となったが、関東大震災で打撃を受けた。

　被災した大正期の建築の鉄骨を再利用し、最新鋭の技術で修築し、増・改築を重ねたのが現在の本館である。鉄骨鉄筋コンクリート造で地上7階建、大正期のルネサンス様式の外側を踏襲しつつアーチは用いず、水平線、垂直線を強調する。また、当初から冷暖房が完備されていた。

　昭和初期の好景気により増床し、1935（昭和10）年に南側を増築。五層吹抜けの中央ホールもこの時に造られた。大正期から昭和の増築まで、設計を一貫して横河工務所（現・横河建築設計事務所）が担当する。

写真提供：株式会社三越伊勢丹

三越劇場は二層吹き抜けで、壁面や天井を大理石やステンドグラスで華やかに装飾する。

アール・デコの華やかさ

三越日本橋本店には、幾何学図形をもとにしたアール・デコの影響を受けた装飾が多くみられる。ニューヨークの摩天楼の尖塔を思わせる屋上に立つ高塔（金字塔）や、中央ホール、ハレの日を演出する特別食堂などがアール・デコの意匠がよく表れた部分である。正面の壁面は平面的であり、1階は花崗岩を張り、2階から5階までは白色のタイルを貼る。ただし、対のライオン像が置かれた出入口周りには装飾が集中しており、立体的な彫刻や照明などで飾り立てる。

館内の設備が充実しているのも特徴で、創建当時から三越ホール（現・三越劇場）という劇場が6階に設置された。大理石を使った場内は格調高い意匠で

今日は帝劇、明日は三越
都市生活者の憧れがここに

1）1914（大正3）年に正面玄関に置かれたライオン像は三越のシンボル。支配人の日《ひ》比《び》翁助《おうすけ》がイギリスで注文したもの。2）風除室内部は金色に塗られた彫刻や大理石が組み合わされ、特に華やかである。3）壁面の装飾は比較的簡素だが、入口周りは装飾が多く、上部に設置された像は商業の神・マーキュリーの像。高さ約2.7m。

2 | 1

3

設計されており、重要文化財指定の際も、劇場の意匠は高く評価された。1927（昭和2）年のこけら落としは歌舞伎舞踊の公演であり、同年に初代・水《みず》谷《たに》八《や》重《え》子《こ》によって日本初のファッションショーが行われたことでも有名である。

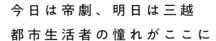

右）設計に際しては「壮麗」「品位」「簡素」の3点を重視。中央通り沿いの正面に4本、側面に14本のコリント式の列柱が並ぶ光景は壮麗であり、華美に走らないことで品位を生み出している。左）営業室はドリス式の柱が林立する荘厳な空間。大理石の清潔感、天井の高さも相まって神殿風と呼ぶにふさわしい。

No.
14

日本橋に威容を誇る
神殿風の壮麗なオフィスビル

三井本館

みついほんかん

DATA
所在地：中央区日本橋室町2-1-1
竣工：1929（昭和4）年
設計：トローブリッジ＆リヴィングストン事務所
構造：鉄骨鉄筋コンクリート造
重文指定：1998（平成10）年

普遍性を強調する意匠

明治以降、日本橋室町一帯の開発を担ったのが三井財閥である。1874（明治7）年に竣工した「為替バンク三井組ハウス」は文明開化の象徴とされた和洋折衷の建築で、錦絵にも描かれる名所となった。1902

写真提供：三井不動産

昭和初期に盛んに建てられた
アメリカ式ビルディングの最高峰

（明治35）年には早くもこれを改築し、最初期の鉄骨構造のオフィスビル「旧三井本館」が完成した。この本館は関東大震災で内部を焼失するも、構造には影響がなかった。だが、三井財閥の最高指導者・團《だん》琢《たく》磨《ま》はより堅牢な建築を求め、建て替えを決めた。こうして1929（昭和4）年に竣工したのが、現在見られる三井本館である。

関東大震災は鉄筋コンクリート造の建築が普及するきっかけを作るなど、技術的な面では言うまでもないが、建築の意匠面にも変革をもたらした。コリント式の列柱が街路に整然と並ぶ三井本館はギリシャ神殿を彷彿とさせるが、同種の建築は昭和初期に盛んに建てられた。銀行や保険会社は顧客の信頼度を高めるべく、普遍性を象徴する神殿風の意匠を採用したのだろう。

STRUCTURE

図解

重厚な玄関扉

機能に応じて数カ所ある玄関扉。いずれも細やかな装飾が施されている。

彫刻は財閥の業務内容にちなむ

三井財閥を構成する企業の業務内容や仕事の精神を表現した、浮き彫りの彫刻が12種類ある。東面にあるこの彫刻は、紡車、繭、桑枝を描き、生産、工業、絹業を表現している。

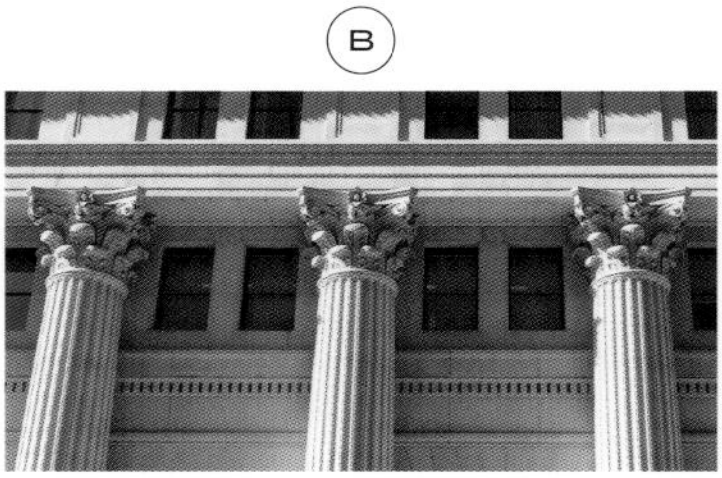

アカンサスの葉も立体的で大迫力

コリント式の柱は東面・西面・南面合わせて22本あり、稲田《いなだ》御影石《みかげいし》から削り出して造られた。柱頭のアカンサスの葉をモチーフにした装飾は設計者によって出来が変わるが、卓越した完成度。

鉄骨鉄筋コンクリート造だが表面に大理石を張り、重厚さを引き立てる。コリント式の柱頭も、力強く刻まれた葉の造形が見事である。

規模、意匠、構造、
そして全体の安定感
すべてが高度に完成されたオフィスビル

アメリカの技術を駆使

関東大震災の2倍の地震に耐えられるようにという團琢磨の意向に基づき、設計、施工は入念を極め、アメリカの会社に発注している。設計はトローブリッジ&リヴィングストン事務所、施工はジェームス・スチュワート社が選ばれた。結果、傑出した存在感をもつ古典主義のオフィスビルが誕生することになった。ちなみに、三井財閥は同時期に横浜や名古屋の支店の設計も両社に発注している。

地下大金庫用にアメリカのモスラー社に特注した円形扉は直径約2・5m、厚さ約0・55m、重量約50tという規格外の大きさであった。その重量ゆえに日本橋の通行が許可されず、船で新常盤橋の袂まで運搬したのちに陸揚げして運んだという。

No.
15

日本人建築家が初めて手掛けた
明治の国家的建築

日本銀行本店本館

にっぽんぎんこうほんてんほんかん

DATA
所在地:中央区日本橋本石町2-1-1
竣工:1896(明治29)年
設計:辰野金吾
構造:石積み煉瓦造
重文指定:1974(昭和49)年

辰野の設計と聞くと、東京駅丸ノ内本屋（P14～19）のような赤煉瓦の華やかな意匠を想像するが、日銀は壁面の仕上げも石積みで重厚な雰囲気がある。

STRUCTURE

図解

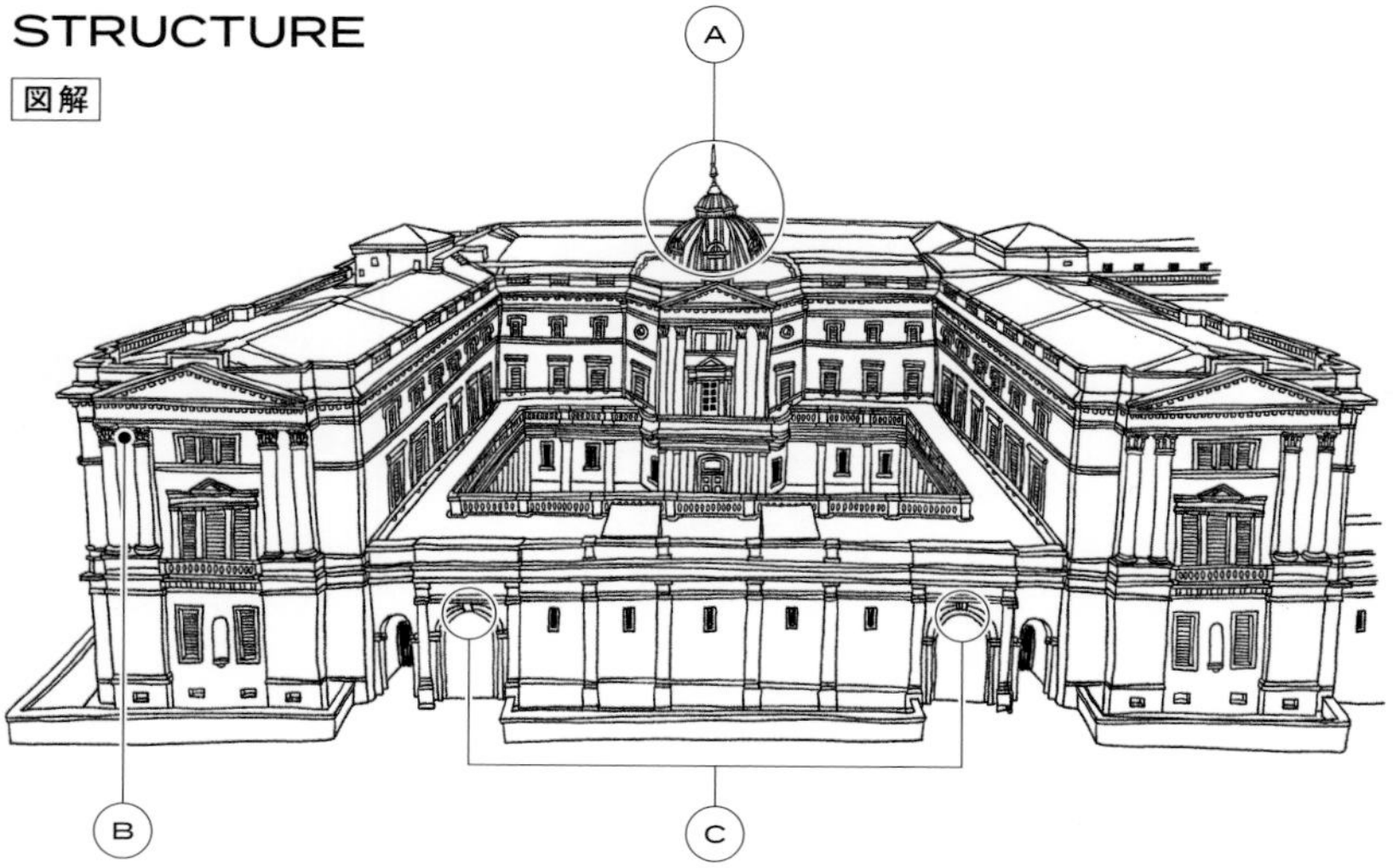

ドームは控えめであまり目立たない

辰野はドームを自作に好んで用いた。しかし、日本銀行本店本館のドームはこぢんまりとしており、街路に対しても主張しておらず、控えめな印象。石積みの壁面のインパクトの方が強い。

コリント式の柱はどこか弱々しい

コリント式の柱は、瀬戸内海の北木島から運ばれた一枚の岩から削り出されたもの。アカンサスという植物を意匠化した柱頭を備えるが、後世の建築家の意匠と比べると迫力に欠ける。

日本銀行を象徴する獅子のマーク

正面のアーチの上部には、紙幣にも印刷されている日本銀行の通称“めだま”マークを、6個の千両箱にのった2頭の獅子が抱えた紋章がある。青銅製で、彫刻家の菊地鋳太郎の作品。

POINT
見どころ

1 石を削り出して造られた贅沢な柱

2 表面が石貼りで堅牢かつ重厚な造り

3 辰野の作品にしてはドームが控えめ

HISTORY
歴史

1882（明治15）年 日本銀行が開業

1888（明治21）年 辰野金吾が本店建設のため欧米を視察

1890（明治23）年 着工

1891（明治24）年 濃尾地震発生。設計を一部変更

1893（明治26）年 竣工予定だったが工事が遅延

1896（明治29）年 竣工

1923（大正12）年 関東大震災で被災し、内部を焼失

1932（昭和7）年 長野宇平治の設計で増築。第1期工事竣工

1935（昭和10）年 第2期工事竣工

1938（昭和13）年 第3期工事竣工

1974（昭和49）年 重要文化財に指定

日本人建築家の記念碑

江戸時代に商店や市場が軒を連ねた日本橋室町周辺は、明治になると銀行や証券会社が集まる金融街へと発展を遂げた。その中心となるのが、日本の中央銀行、日本銀行本店である。

辰野金吾の代表作であり、ベルギーの中央銀行を参考にしたといわれる。それまでのお雇い外国人の手から離れ、日本人建築家によって設計された初の国家的な建築であり、明治建築界の記念碑として名高い。

石積みの外壁の内側に煉瓦を裏積みした構造で、重厚かつ堅牢な意匠でまとめあげている。目の前に立つと要塞のようだが、辰野は文明開化の華やかさではなく、近代国家として歩み始めた日本の中央銀行の権威を示そうとしたのだろう。

2階分の吹き抜けになっている旧営業場。天井から自然光が降り注ぎ、漆喰の白を基調とした清潔感ある空間であり、繊細な装飾も見られる。1923（大正12）年に起きた関東大震災でも構造は影響を受けなかったが、近隣で発生した火災を受けて内部が延焼したため、のちに修復されている。

欧米諸国を視察して構想

西南戦争の戦費に充てるべく乱造された不換紙幣の整理を目的として、1882（明治15）年、旧北海道開拓使物産売捌所《うりさばきじょ》の建物を利用して日本銀行が開業した。しかし、業務内容が拡大して早くも店舗が手狭になり、中央銀行にふさわしい社屋を建てることになった。このとき推薦されたのが工部大学校造家学科の一期卒業生であり、同校の教授となっていた辰野金吾である。辰野が起用された背景には、若手建築家に仕事を任せたいと考えた日銀総裁・川田《かわた》小一郎《こいちろう》の後押しがあったらしい。

設計に賭けた辰野の熱意は相当なものだった。着工に先立ち、辰野は欧米諸国の中央銀行の建築を視察し、原案はイギリス滞在中に練り上げたといわれる。

“辰野堅固”と呼ばれた辰野による堅牢な意匠

上）石の壁に囲まれ、厳かな雰囲気が創出された中庭はもっとも優れた空間。外壁に用いられた石は地下と1階は花崗岩で、2階以上は安山岩。右）ドームは関東大震災で焼損した後に復元したもの。内側の天井は八角形であり、コリント式の列柱が支える。

1890（明治23）年に着工し、竣工まで約7年の歳月が費やされた。建築材料は国産が多く用いられ、列柱や外壁の石は瀬戸内産、構造材の煉瓦は渋沢栄一が設立した埼玉県深谷の日本煉瓦製造で焼かれたものである。エレベーターや水洗便所など最新鋭の設備も取り入れた。

1974（昭和49）年、明治期に日本人建築家が設計した洋風建築では早い時期に重要文化財に指定され、〝明治建築で最重要な遺構〟と指定理由が述べられている。将来は国宝に指定されるべきだろう。

なお、隣接する2～3号館は辰野の弟子にあたる長野《ながの》宇平治《うへいじ》の設計であり、1938（昭和13）年の竣工。辰野のイメージを忠実に受け継いだ設計であり、師へのリスペクトの精神を感じ取ることができる。

No.16（髙島屋東京店）

重要文化財の百貨店第1号

贅を尽くした百貨店建築

1831（天保2）年に飯田《いいだ》新七《しんいち》が京都で開いた木綿商をルーツとする髙島屋は、関西資本の百貨店で東京進出を果たした先駆けといえる。東京一号店となった髙島屋東京店は、日本生命が日本生命館として1933（昭和8）年に建てたビルを借用する形で開業した。

鉄骨鉄筋コンクリート造、地上8階建、地下3階建で、設計者は設計競技で一等に当選した高橋貞《たかはしてい》太郎《たろう》である。設計競技の要綱には、東洋趣味を基調とした建築とするよう指示があった。昭和初期は公共建築に帝冠式が多様されるなど、日本趣味の意匠が隆盛した時期。洋風を基調としつつ、細部に和のモチーフを盛り込むなど、建築界の流行を色濃く伝えている。

No.
16

増築を重ねて完成した
昭和の百貨店の華

高島屋 東京店

たかしまやとうきょうてん

DATA
所在地：中央区日本橋2-4-1
竣工：1933（昭和8）年。
増築は1952（昭和27）年、
1954（昭和29）年、
1963（昭和38）年、
1965（昭和40）年
設計：高橋貞太郎、村野藤吾（増築）
構造：鉄骨鉄筋コンクリート造
重文指定：2009（平成21）年

最上部の軒先には寺院などの伝統建築に見られる垂木をイメージした意匠や、壁面には組物や蟇股《かえるまた》を思わせる装飾など和風の意匠が見て取れる。軒上パラペットの向こうに見える植物は屋上庭園のもの。写真右側、奥まった部分は村野藤吾による戦後の増築。

館内には1階から2階に及ぶ吹き抜けの大空間が広がり、大理石を貼った鉄筋コンクリート造の独立柱が林立する。柱の上部には社寺建築に見られる組物をモチーフにした装飾があり、天井は桃山時代の御殿を思わせる格天井とするなど、随所に和風の意匠が見られる。館内には大理石を多用し、柱、階段、エレベーター周りなど、場所によって石の種類を巧みに使い分けるなど贅を尽くす。

館内の設備にも最先端の技術が惜しげもなく投入された。〝東京で暑いところ、高島屋を出たところ〟という宣伝文句で一世を風靡したように、開業時から全館に冷暖房が備わっていた。他にも、エスカレーターやエレベーターを設置し、屋上庭園を設けるなど、数々の先進的な取り組みに驚かされる。

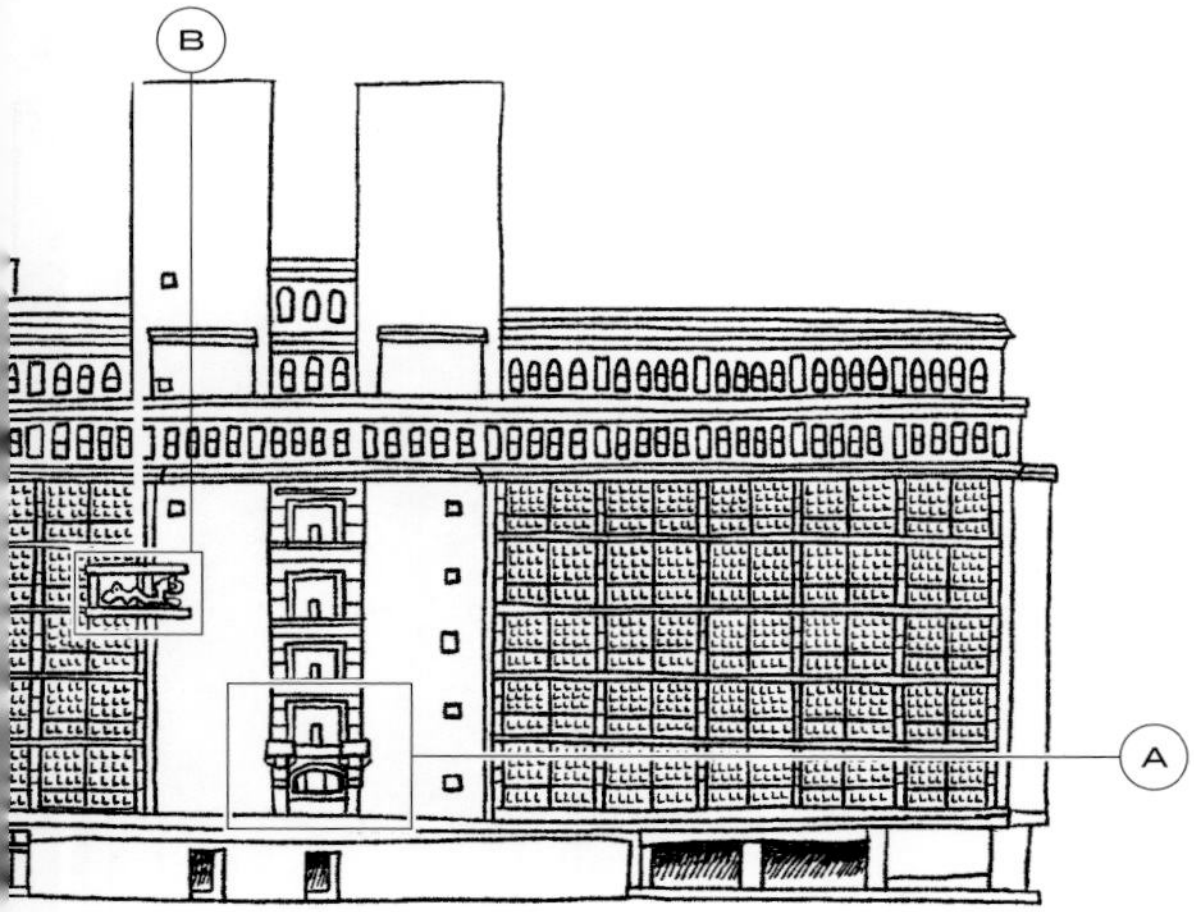

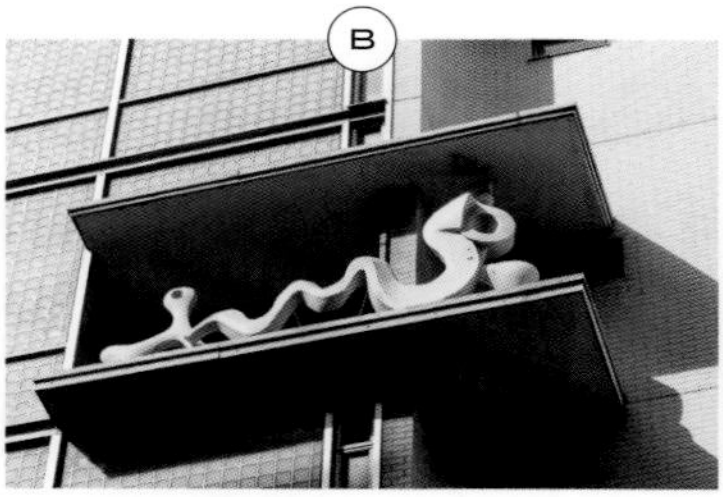

蛇のような彫刻

5階の壁面に、蛇を思わせる彫刻がアクセントとして置かれている。屋外彫刻を数多く手掛けた彫刻家・笠置《かさぎ》季男《すえお》の作品。村野は芸術家とのコラボを好み、自作に設置を依頼した。

戦前へのオマージュ

南側の壁面の多くは、村野藤吾の増築部分によって構成される。村野は戦前に高橋がデザインした造形を連想させる意匠を多く盛り込んだ。これは組物をモチーフにした装飾。

POINT

見どころ

1. 百貨店建築初の重要文化財
2. 和洋折衷の意匠を用いた戦前の建築美
3. 村野藤吾による見事な戦後の増築

STRUCTURE

図解

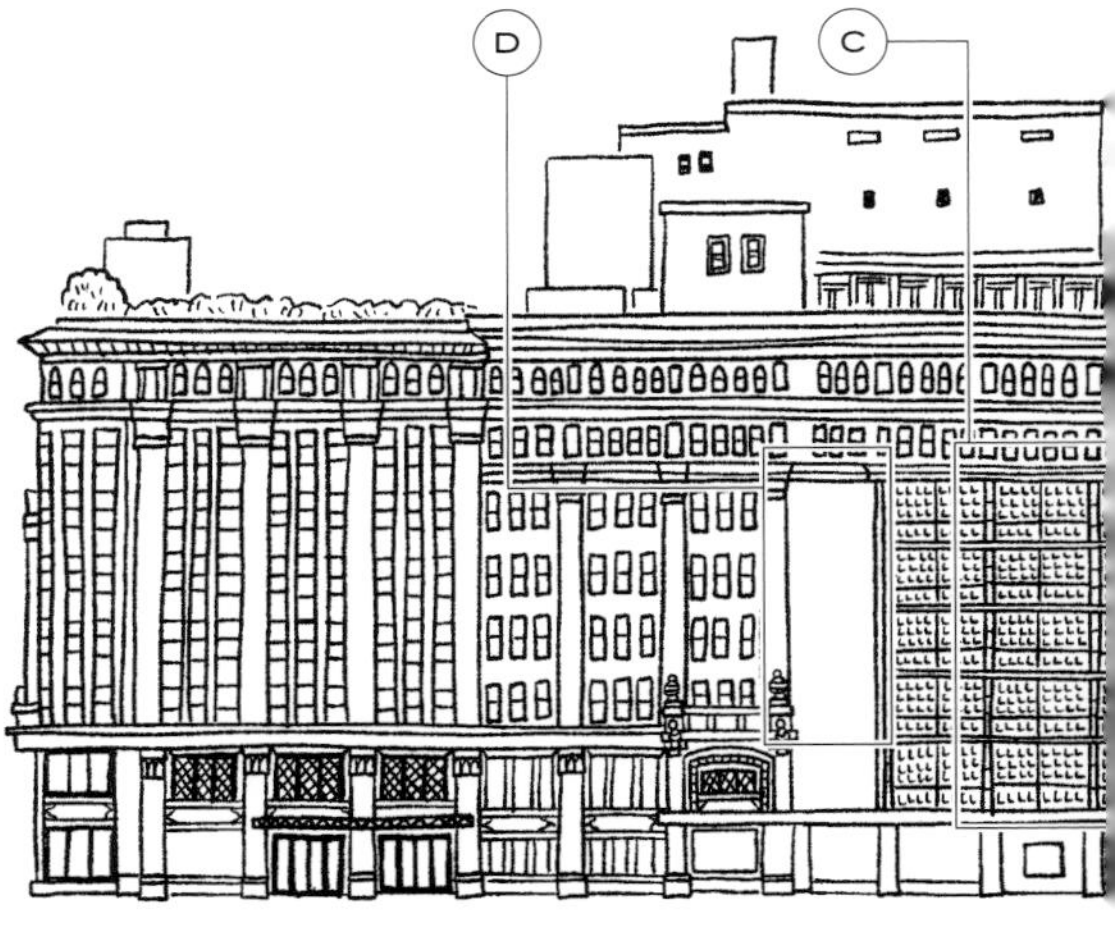

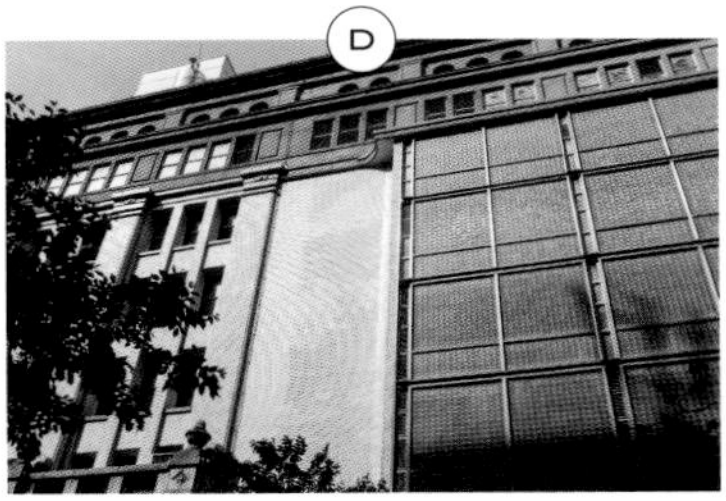

増築部が一目でわかる

村野は敢えて増築がわかるように仕上げている。縦長の窓が並ぶ左側が創建当時の部分、タイル張りの壁を挟んで、ガラスブロックに覆われた右側が戦後の増築。

ガラスブロック

村野は現代的なガラスブロックを多く用い、戦前と建築の流行が変化したことを表現。また、ガラスブロックによって売場に採光する目的で、実用的観点からも優れた材料を選んだ。

HISTORY

歴史

1933（昭和8）年
「日本生命館」として竣工

1939（昭和14）年
増築工事を行うも戦況悪化のため中断。地下1階〜2階のみ完成

1952（昭和27）年
第1次増築

1954（昭和29）年
第2次増築

1963（昭和38）年
第3次増築

1965（昭和40）年
第4次増築

1972（昭和47）年
東仲通りをはさみ、新館竣工。2本の渡り廊下で連結

1979（昭和54）年
全館改装

2006（平成18）年
東京都選定歴史的建造物になる

2009（平成21）年
重要文化財に指定

和洋折衷のデザインがちりばめられる

5／6　3／4｜1／2

1）玄関周りにあるニッチと呼ばれる部分。長らく明確な用途が不明であったが、のちに水飲み場の跡と判明。2）エレベーターホールは、寺院の柱と組物をモチーフにした装飾を木目調の大理石で造る。アメリカ・オーチス社製のエレベーターは創建時のものが現役。3）格天井と、和風建築の欄間を思わせる装飾。4）蟇股《かえるまた》をモチーフにした装飾。5）ホールの天井は碁盤の目状の格天井。照明は村野の設計。6）髙島屋で飼育されていた象の“髙子”をかたどった塔屋。村野の設計。

増築部分も重要文化財

髙島屋東京店は百貨店建築では初めて重要文化財となったが、特筆すべき点は、戦後の増築部分を含む建築全体が指定されている点であろう。増築を担当したのは、建築家の村《むら》野《の》藤《とう》吾《ご》である。村野は日本建築学会賞を受賞した愛知県名古屋市の「丸栄百貨店」（現存せず）を手掛けるなど、百貨店建築の名手として知られた。村野は高橋の仕事に敬意を払いつつ、ガラスブロックなどの現代的な材料を使って、新旧の調和がとれたデザインを創造してみせたのである。

1952（昭和27）年に始まった増築は、1965（昭和40）年まで、実に4度にわたって行われた。かくして、一街区を占める巨大な百貨店が完成したのである。

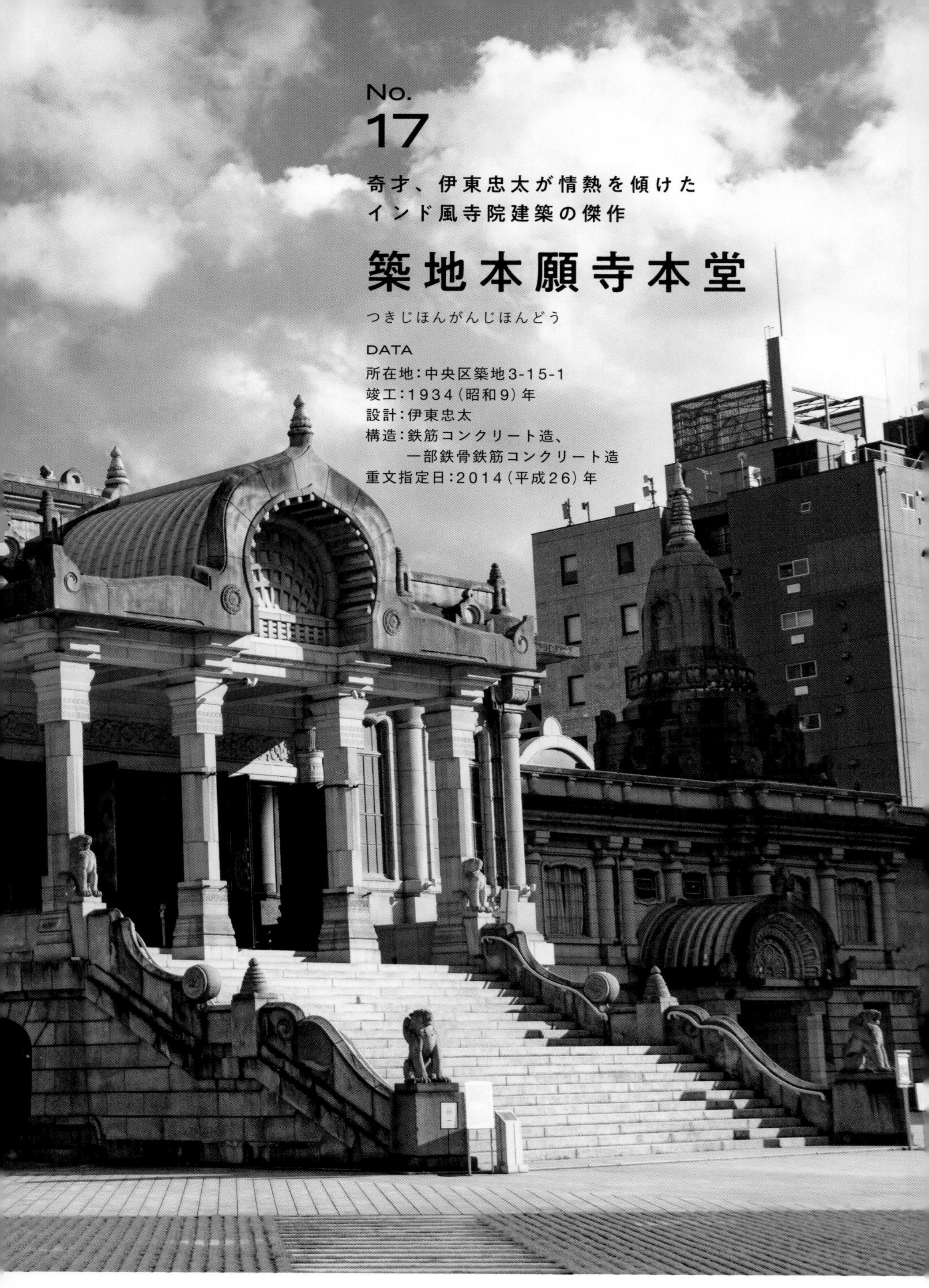

No.
17

奇才、伊東忠太が情熱を傾けた
インド風寺院建築の傑作

築地本願寺本堂

つきじほんがんじほんどう

DATA
所在地：中央区築地3-15-1
竣工：1934（昭和9）年
設計：伊東忠太
構造：鉄筋コンクリート造、
　　一部鉄骨鉄筋コンクリート造
重文指定日：2014（平成26）年

花崗岩やモルタルを貼り、石造のように仕上げる。正面のアーチはインドのアジャンタ石窟寺院の礼拝場「チャイティア窟」を模す。本堂中央の屋根を横から見るとかまぼこ状で、棟に5つの尖塔が立つ。

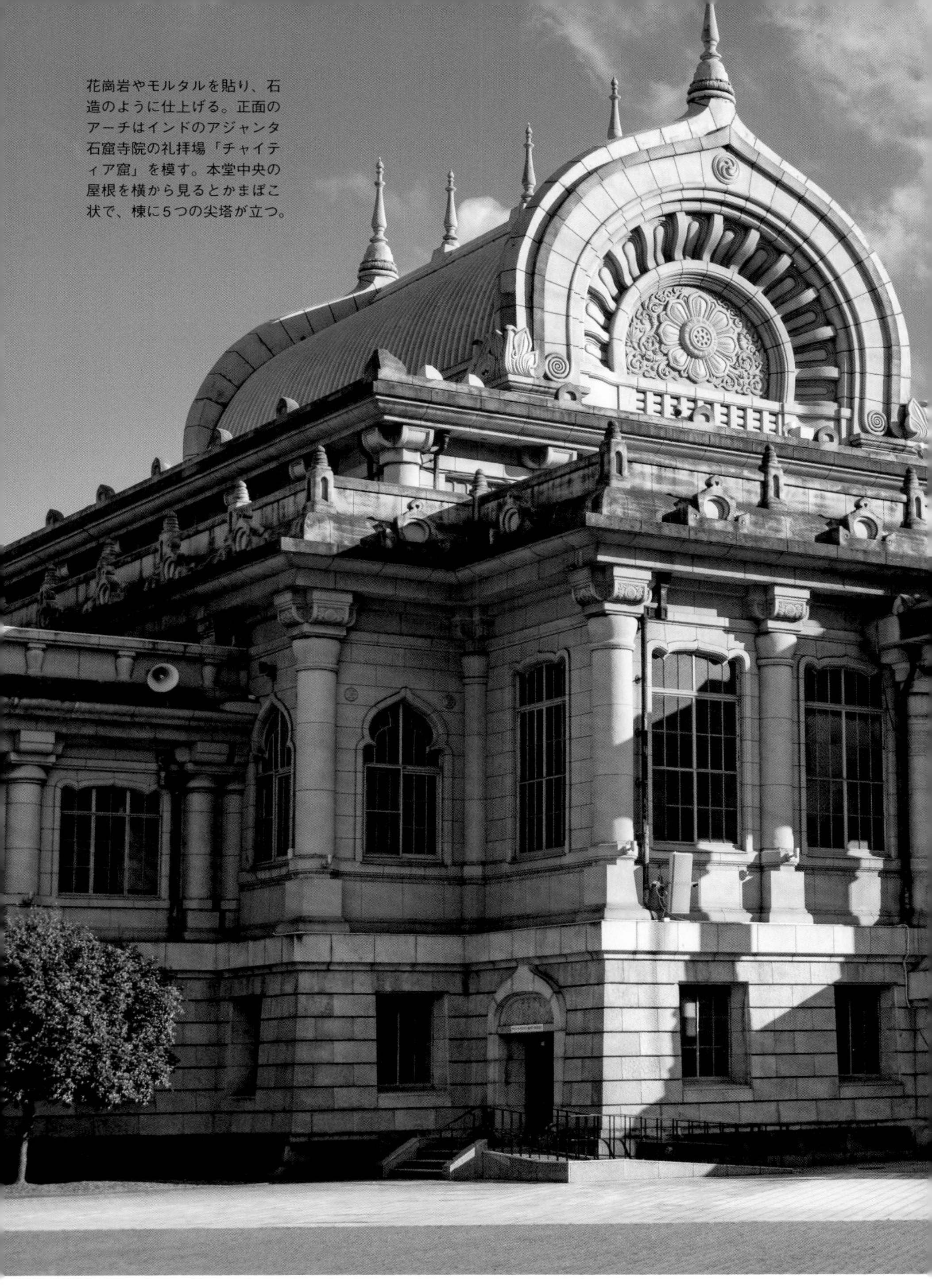

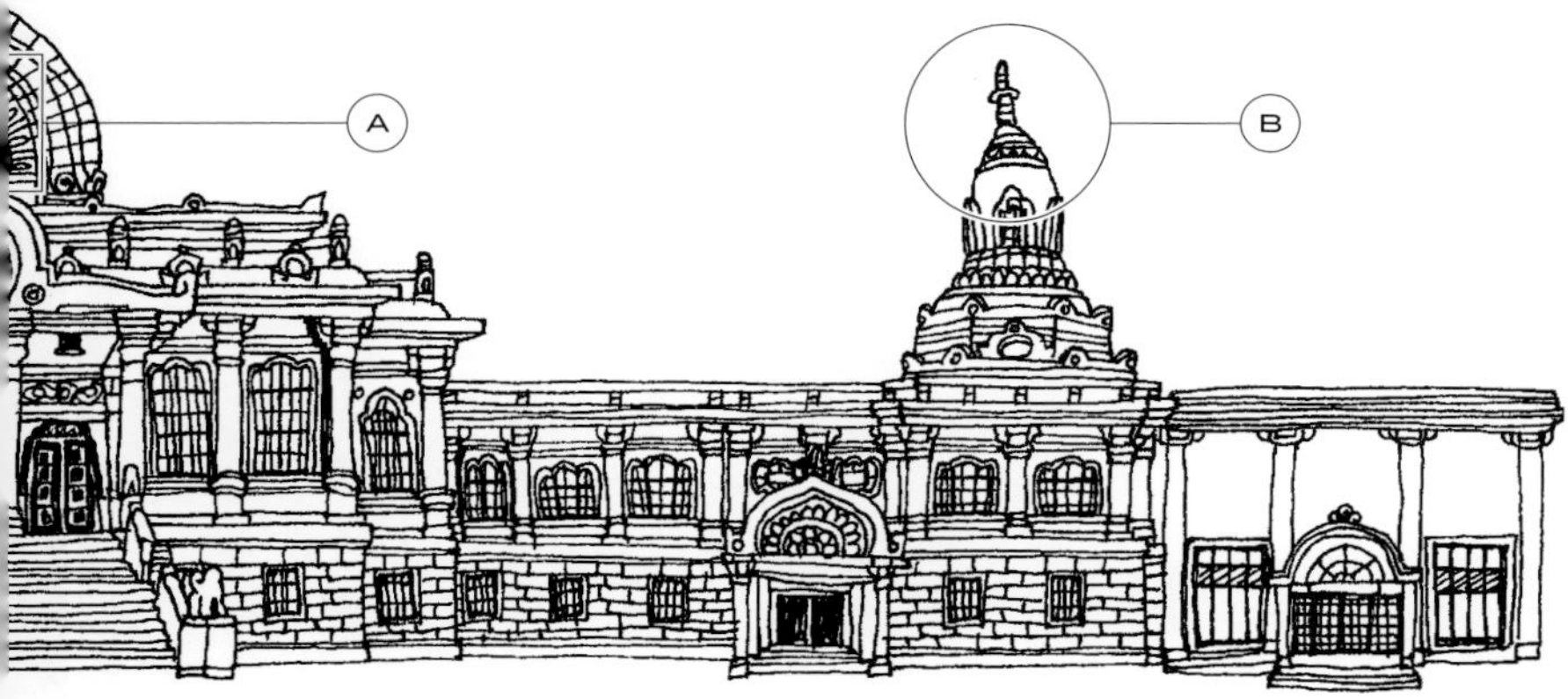

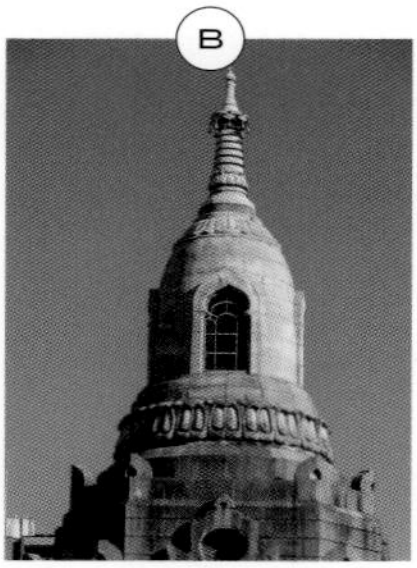

ストゥーパがモデルの塔

本堂の両側には釈迦の骨（仏舎利《ぶっしゃり》）を安置するストゥーパを模した鐘楼と鼓楼が載る。鼓楼には時間を報せる太鼓が置かれていた。

仏教に縁の深い植物

仏教に縁の深い菩提樹《ぼだいじゅ》の葉と蓮の花を組み合わせたデザインを施す。菩提樹（正式にはインドボダイジュ）の木の下で釈迦が悟りを開いたとされ、泥の中から伸びて花を咲かせる蓮は仏教の象徴。

POINT

見どころ

1 唯一無二のインド風デザインの寺院

2 伊東忠太が得意とする妖怪や動物たちの像

3 堂内内陣は一転、伝統的な真宗寺院の様式

STRUCTURE

図解

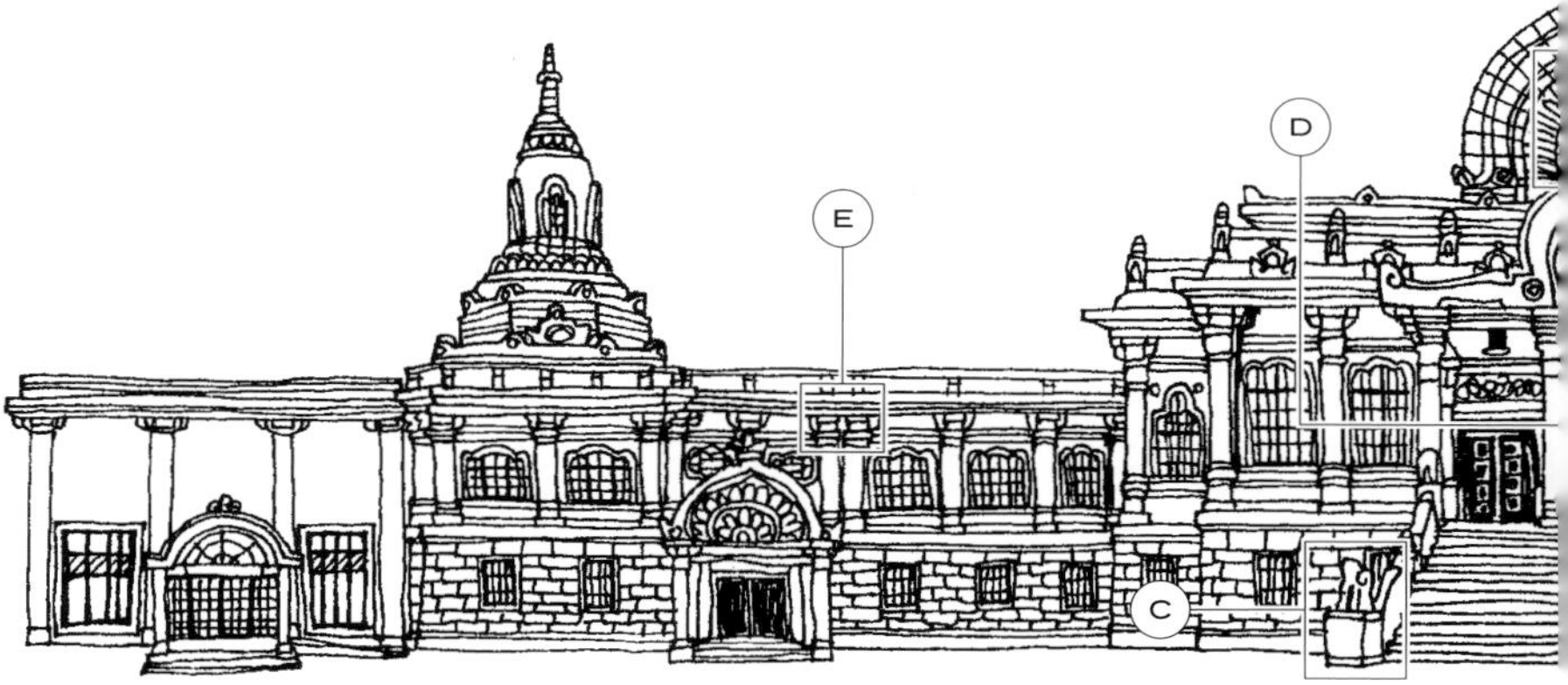

E

D

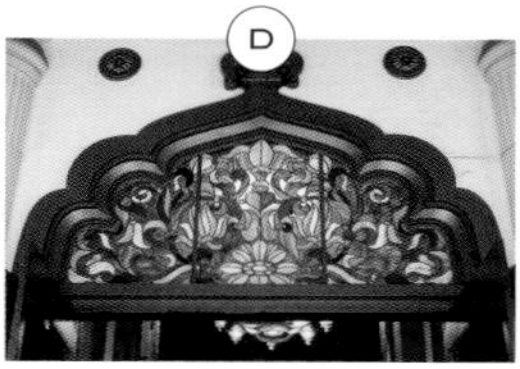

C

簡略化された組物（斗《と》栱《きょう》）

本堂の壁面には伝統的な仏堂に見られる組物をアレンジした装飾が見られる。表面にはモルタルを吹き付けて仕上げている。

蓮の花をかたどるステンドグラス

本堂への扉の上には、蓮の花をかたどった極彩色のステンドグラスがある。枠の形はイスラム風で、異国情緒溢れる雰囲気を醸し出す。

ふくよかな造形の翼の生えた獅子像

本堂正面の石段の両脇で参詣者を迎える、翼が生えた一対の獅子。石造。右側が口を開けた阿形で、左側が口を閉じた吽形。

HISTORY

歴史

2014（平成26）年
重要文化財に指定

1934（昭和9）年
本堂など主要な伽藍が竣工

1931（昭和6）年
伊東忠太の設計で本堂の再建工事起工

1923（大正12）年
9月1日に発生した関東大震災で伽藍を焼失

1903（明治36）年
中国で、伊東忠太と西本願寺第22代宗主・大谷光瑞が派遣した大谷探検隊の隊員が遭遇

1657（明暦3）年
明暦の大火で伽藍を焼失。現在地に移転

1617（元和3）年
西本願寺の別院として、横山町（現在の日本橋横山町、東日本橋）に建立

多くの動物・霊獣が階段周りに棲息する

牛

鶏

馬

獅子

象

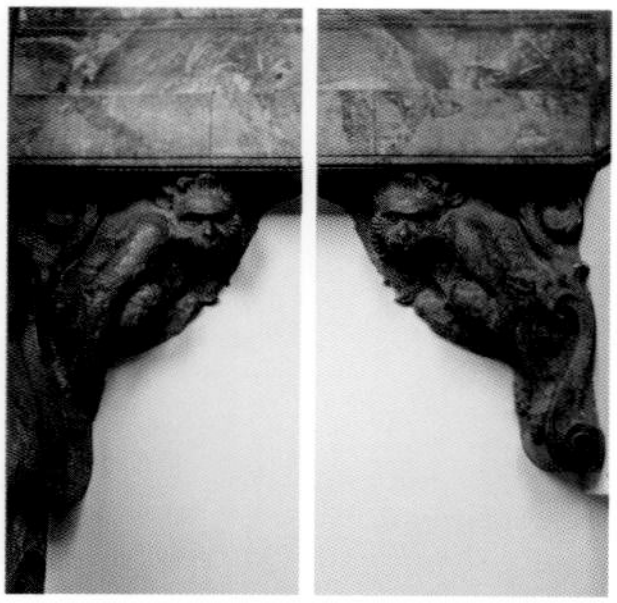

猿

2階広間の両脇にある階段の手摺には、動物の彫刻群が置かれる。2階には鶏と牛がいて、踊り場には獅子と馬がいる。１階に下りる途中の壁に２匹の猿がおり、１階の階段手摺には象が構える。象はインドで神聖な存在として認知される動物であり、にんまり笑ったような表情もユニーク。仏教説話の“三畜評樹《さんちくひょうじゅ》”が題材。鳥、猿、象の中で鳥はもっとも非力だが、空を飛び、樹木の全体を見渡すことができる。すなわち、“物事は全体を見渡すことが重要”という教えを表現。

COLUMN

偶然発見された、謎のイモリ（？）の彫刻

近年、築地本願寺の関係者の間に衝撃が走った。存在を知られていなかった動物の彫刻が見つかったのである。1階で発見されたそれは、イモリを思わせる漆喰彫刻。手前に自動販売機が置かれていたため、忘れ去られていたというが、未知なる動物はまだ存在するのだろうか。

3 | 2 | 1

1）階段の手摺を口から吐き出す獅子のような怪獣。獅子頭が何かを吐き出すデザインは、奈良時代の頃から存在するという。2）本堂の裏手にいる2頭の象。3）2階外陣の左側の中庭には、首から鐘を釣り下げた鳳凰がいる。鐘は毎日朝夕のお勤めの時に撞かれる。

インド風の寺はなぜできた

東京メトロの築地駅を出ると、インド風の佇まいの本堂がある築地本願寺の伽藍が目に飛び込んでくる。築地本願寺は1617（元和3）年に浄土真宗本願寺派・西本願寺の別院として創建されたのがはじまり。前身の本堂はいわゆる伝統的な寺院の形式に則った木造建築だったが、関東大震災で焼失。1934（昭和9）年、伊東忠《いとうちゅう》太《た》の設計で再建された。

それまでの日本の寺院は中国の影響が色濃く感じられるものだった。しかし、忠太は仏教発祥の地はインドであると考え、インド風の意匠を取り入れたのだ。正面のアーチや窓、屋根に載るストゥーパを原型にした鐘楼と鼓楼は特にインドらしい造形である。

伝統的寺院建築とインド風仏教建築の融合

内陣は和風の空間

日本の寺院建築の中でも異例といえるインド風の本堂を実現できたのは、本願寺の門主・大《おお》谷光瑞《たにこうずい》の後押しが大きかった。1903（明治36）年、忠太はユーラシア大陸の調査横断中、光瑞が派遣した〝大谷探検隊〟と中国で遭遇。帰国後に光瑞と面会し、その後も公私にわたり親交を深めた。光瑞が忠太に設計を任せなければ、この本堂は誕生しなかっただろう。

　正面の階段を上った2階に広間がある。その左右にある階段を2階から1階へと下りていくと、壁や手摺の親柱に据えつけられた動物の彫刻が目につく。忠太は妖怪や動物を好み、自らの建築に数々の彫刻を設置する作風で知られる。1階の階段の手摺にいる胴体がムクムクと膨

外陣の4本の中心柱の下部には暖房の吹出口があるが、周囲となじむ意匠で装飾されて、4面に浮き彫りを施す。右上から時計回りに青龍、白虎、玄武、朱雀。中国の神話で方角を司る霊獣の“四神”の彫刻である。

木製のように見えるが、実は漆喰の表面に色を塗って木の質感を表現したもの。雲形の枠の中に蓮の花をデザインする。

内陣は伝統的な真宗寺院の形式。天井の格子は木製。阿弥陀如来像を安置する内陣の欄間には極彩色の装飾を施す。

らんだ象は、典型的な忠太好みの彫刻とされる。

本堂の中心である内陣もインド風で統一されていると思いきや、真宗寺院の伝統的な様式でまとめられていることに驚く。これは忠太が信徒に配慮した結果とされる。確かに、堂内もインド風にしてしまえば信徒からの反発が避けられなかったはずである。事実、設計に際し、忠太のもとには様々な注文が寄せられたといわれる。

外観も忠太が当初思い描いたイメージはさらにアクの強いものだった。構想通りにならなかったのが不満だったのだろうか。忠太は「思うような傑作にはならなかった」と振り返っている。それでも、築地本願寺本堂は忠太の代表作に挙げるに相応しいし、昭和初期の寺院建築の傑作であることは間違いない。

文明開化の幕開けを飾る、現存最古の鉄橋

No.
18

工部省赤羽分局が製作した
国産の鉄を使った鉄橋

旧弾正橋

きゅうだんじょうばし

DATA
所在地：江東区富岡
竣工：1878（明治11）年
設計：松本荘一郎
構造：ボウストリング・トラス橋
重文指定：1977（昭和52）年

1
2
3

1）部材を接合する箇所には菊をかたどった紋章がつく。2）橋長約15.76m、幅員約9.1mの小規模な橋で、現在は歩行者専用。アーチ材は鋳鉄製で、引張材は錬鉄製と、鉄の製造方法が異なっている点が過渡期の鉄橋らしい特徴。ボーストリング・トラス橋とは、上弦と下弦が弓（ボウ）と弦（ストリング）に似た形状になっていることに由来。3）橋の下を通るのが八幡堀遊歩道。遊歩道から橋の裏側を見ることが可能。

アメリカの技術を導入

日本の橋といえば、江戸時代までは木橋や石橋が主体であった。明治時代に西洋から鉄橋の技術がもたらされると、大規模な架橋が可能になり、人々の交通が劇的に変わった。

弾正橋は江戸時代初期に初代の橋が架けられた。当時はもちろん木製で、弾正橋の名は橋の東詰に2代目南町奉行の島田弾

正が屋敷を構えていたことにちなむ。その後、1878（明治11）年、アメリカ人技師のスクワイヤー・ウイップルの特許をもとにした、ボーストリング・トラス橋に架け替えられた。設計は明治初期にアメリカに留学して工学を学んだ松本荘一郎で、工部省赤羽分局が部材を製作した。国産の鉄を用いた最初期の橋であり、東京で初めて架けられた鉄橋でもある。

当初は中央区宝町の楓川に架けられていたが、関東大震災の後に帝都復興計画が策定され、弾正橋は幅員を広げて架け替えが決まった。旧橋となった橋は当時から明治の鉄橋として価値が認められていたため、1929（昭和4）年に富岡八幡宮の境内の近くにある八幡堀遊歩道に移設され、〝八幡橋〟の名称でも親しまれている。

右）船尾には船名の"明治丸"が記され、その周辺はアカンサスの紋様で装飾されている。左）一方で、船首の周りには船名が"MEIJI MARU"とローマ字で記され、やはりアカンサスの紋様が配される。船ではあるが、建造物として重要文化財に指定。

No.
19

初めて重要文化財に
指定された"船"

明治丸

めいじまる

DATA

所在地：江東区越中島2-1-6
東京海洋大学越中島キャンパス構内
竣工：1874（明治7）年
建造：ネピア造船所
構造：鉄製汽船
重文指定：1978（昭和53）年

明治天皇の行幸にも使用されたイギリス製の船

明治天皇も乗船した船

明治政府が灯台の建設を推進するため、灯台視察船としてイギリスに発注し、1874（明治7）年に竣工したのが明治丸である。翌年に横浜に回航された。その後、明治天皇が東北巡幸する際にも乗船し、7月20日に帰着したため、この日が"海の日"となった。1896（明治29）年に商船学校に譲渡され、係留練習船として使われた。

工部大学校一期生、佐立七次郎の貴重な一作

掩蓋

ドリス式の柱が立つローマ神殿を思わせる建築。頂部の楣飾《まぐさ》には“大日本帝国”の文字、壁面に“水準原點”と刻んだ扁額がつき、水晶板を納めた扉には菊花紋章と唐草文が刻まれる。

No.
20

日本の測量の基準となる
重要な構造物

水準原点

すいじゅんげんてん

DATA

所在地：千代田区永田町1-1-2
竣工：1891（明治24）年
設計：掩蓋は佐立七次郎、
原点は未詳
構造：掩蓋は石造及び煉瓦造
原点は石造、コンクリート造及び煉瓦造
重文指定：2019（令和元）年

日本の測量の出発点

明治政府が国家事業として取り組んだ全国測量の統一的な基準が水準原点で、東京湾の平均海面を0mと定義して決定し、1891（明治24）年に国会議事堂の前、憲政記念館の庭園に設置された。古代ローマの神殿風の掩蓋《えんがい》は原点を保護するために建てられた。工部大学校造家学科第1期生の佐《さ》立《たち》七《しち》次《じ》郎《ろう》が設計した作品としても、測量史上も価値の高い建築である。

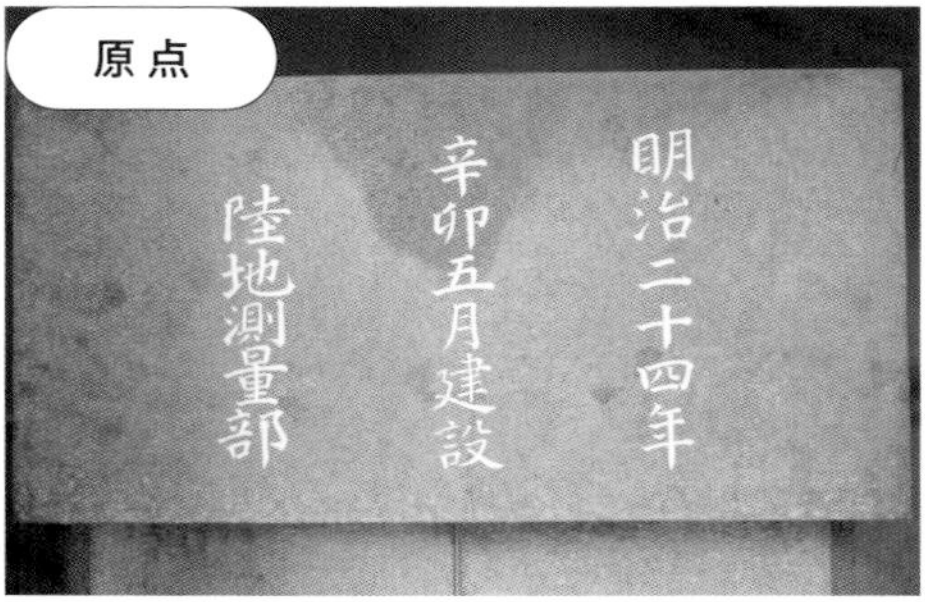

原点

原点は掩蓋の中にあるため見学不可。地下約10mの地盤に基礎を築き、“明治二十四年辛卯五月建設”と刻んだ花崗岩の台石に、山梨県産の水晶板をはめ込んでいる。

日本における国宝・重要文化財の指定基準

現在の国宝・重要文化財は、1949（昭和24）年の法隆寺金堂壁画の焼損を機に、翌年施行された文化財保護法のもとで指定されている。施行後、戦前の国宝保存法のもとで〝国宝〟に指定された文化財はすべて〝重要文化財〟となり、そのなかから新たに国宝が選び直されている。つまり、国宝に指定される前には重要文化財に指定されている必要がある（旧東宮御所（迎賓館赤坂離宮）のような例外もある）。建造物の指定基準は〝意匠的に優秀なもの〟など右の表に掲げた5つがあり、学術調査の結果、どれかに該当すると判定されれば指定される資格を有することになる。そして、そのなかから極めて優秀で、かつ、文化史的意義の特に深いものが国宝になるというわけだ。

もっともわかりやすい基準が〝意匠的に優秀なもの〟で、デザインの質が高い建造物が選ばれる。東京駅丸ノ内本屋や旧東

重要文化財

建築物、土木構造物及びその他の工作物のうち、次の各号の一に該当し、かつ、各時代又は類型の典型となるもの

①意匠的に優秀なもの

②技術的に優秀なもの

③歴史的価値の高いもの

④学術的価値の高いもの

⑤流派的又は地方的特色において顕著なもの

国宝

重要文化財のうち極めて優秀で、かつ、文化史的意義の特に深いもの

出典：文化庁「国宝及び重要文化財（建造物）指定基準」

旧東宮御所（迎賓館赤坂離宮）

明治以降の文化財で初の国宝。実はそれまで重要文化財に指定されていなかったため、例外的に重要文化財と国宝の“ダブル指定”が行われた珍しい例。

宮御所（迎賓館赤坂離宮）がそうだし、明治生命保険相互会社本社本館、築地本願寺本堂、戦後の代々木競技場などもその代表例だ。〝技術的に優秀なもの〟は橋などの土木構造物に適用されることが多く、隅田川に架かる勝鬨橋などが該当する。日本の文化・経済の中心である東京で、意匠や技術が卓越した建造物が多く重要文化財に指定されるのは必然なのかもしれない。とりわけ、明治以降の建造物は〝この作品抜きに建築史は語れない〟という物件が指定されているといえる。

そして、〝歴史的価値の高いもの〟はざっくりとした表現だが、例えば旧東京科学博物館本館は日本初の本格的な社会教育施設としての博物館建築であることから、歴史的価値が認められて指定された。ル・コルビュジエが設計した国立西洋美術館本館は〝意匠的に優秀なもの〟であると同時に、日本人建築家に大きな影響を与えた建築であることから〝歴史的価値の高いもの〟としても評価された。

近年、適用例が少ないのは〝学術的価値の高いもの〟だが、旧久邇宮邸（聖心女子大学）御常御殿／小食堂などは、皇室建築の系譜を考える上での学術的価値が認められて指定された。〝流派的又は地方的特色において顕著なもの〟は、民家に適用されることが多い。小林家住宅や旧永井家住宅などは、東京郊外の民家の様式を伝える点が評価されたものである。

明治生命保険相互会社本社本館

昭和に建てられた建築では、初めて重要文化財に指定された。岡田信一郎の最高傑作にして様式建築の到達点と評される、まさに飛び抜けて意匠的に優秀な建築である。

旧久邇宮邸（聖心女子大学）御常御殿／小食堂

意匠的に優秀なものとしても評価されたが、現存例が少ない和風の皇室建築の研究に重要であることから、学術的価値も認められた。

2章

渋谷・港区

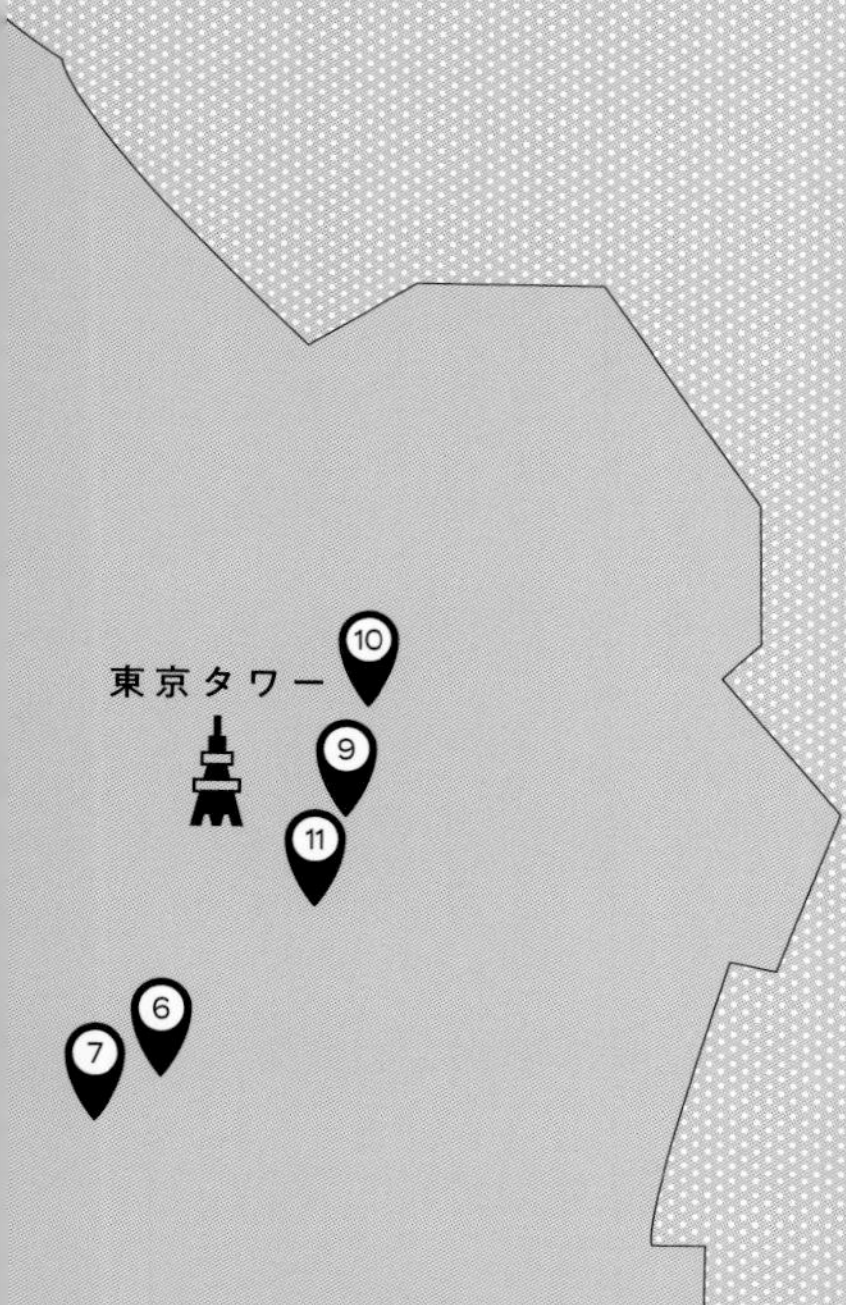

物件リスト

①明治神宮
②明治神宮宝物殿
③旧東宮御所（迎賓館赤坂離宮）
④代々木競技場
⑤旧朝倉家住宅
⑥慶応義塾図書館
⑦慶応義塾三田演説館
⑧旧久邇宮邸（聖心女子大学）
⑨増上寺三解脱門
⑩有章院霊廟二天門
⑪旧台徳院霊廟惣門
⑫明治学院インブリー館
⑬旧朝香宮邸
⑭武家屋敷門
⑮瑞聖寺大雄宝殿

明治以降で初の国宝・旧東宮御所（迎賓館赤坂離宮）から、
戦後の神社では初の重要文化財である明治神宮、もっとも新しい
重要文化財の代々木競技場まで、“最新”の文化財が目白押し。

No.
01

戦後日本に相応しい
神社建築を目指した社殿群

明治神宮

めいじじんぐう

DATA

所在地：渋谷区代々木神園町1-1
竣工：本殿、内拝殿及び祝詞殿、内院渡廊、外拝殿、神庫、内透塀及び北門、神饌所及び渡廊、旧祭器庫、外透塀、玉垣は1958（昭和33）年
北廻廊、北神門、外院廻廊、東神門、西神門、南神門、宿衛舎、祓舎、南手水舎、西手水舎、神橋、南制札、北制札、西制札は1920（大正9）年
東手水舎は1931（昭和6）年
宝庫は1942（昭和17）年
設計：1958（昭和33）年の再建は角南隆
1920（大正9）年の創建当初の社殿は伊東忠太、安藤時蔵、大江新太郎
東手水舎、宝庫は未詳
構造：木造
宝庫は鉄筋コンクリート造
神橋はコンクリート造
重文指定：2020（令和2）年

一部写真提供：明治神宮

毎年、初詣の参拝者数で日本一を誇る明治神宮。初詣の際は多くの人々がこの外拝殿の前で参拝を行う。参拝者の視線を遮断しないように柱間が開放的な造りで、柱は素木とし、蟇股《かえるまた》には菊の花の彫刻をつけている。

POINT

見どころ

1. 戦後に建てられた神社建築では初の重要文化財
2. 戦前と戦後の社殿を比較できる
3. 神社建築のスペシャリスト、角南隆《すなみたかし》の最高傑作

HISTORY

歴史

1912（明治45）年
明治天皇が崩御。大正に改元。神宮創設の具体案を明記した覚書を公表

1913（大正2）年
明治天皇奉祀の神宮の創設を閣議決定

1915（大正4）年
明治神宮創建を告示。地鎮祭を行う

1919（大正8）年
青年団が勤労奉仕を行う

1920（大正9）年
社殿群竣工。創建

1945（昭和20）年
第二次世界大戦の空襲で社殿の多くを焼失

1953（昭和28）年
明治神宮復興奉賛会が結成

1958（昭和33）年
焼失した社殿群が再建

2020（令和2）年
鎮座100年を迎える。社殿36棟が重要文化財に指定

国民から神宮創建の機運が起こった

戦前と戦後の競演

明治天皇と昭憲《しょうけん》皇太后を御祭神とする明治神宮の社殿群は、戦後の神社建築では初めて重要文化財に指定された。36棟は、東京の建造物では1件あたり最多の指定棟数である。また、指定に際しては他の神社とは異なる特色もある。

明治神宮の創建は1920（大正9）年で、主要な社殿はほぼその時期に建てられた。しかし、1945（昭和20）年の戦災で、本殿などの主要な社殿を焼失してしまう。戦後になって再建が進められ、本殿などがもとの基礎を生かして1958（昭和33）年に再建され、現在見られる姿となった。戦前に造営された社殿と、戦後に再建された社殿、異なる時代の建築を一度に見ることができる。

STRUCTURE

図解

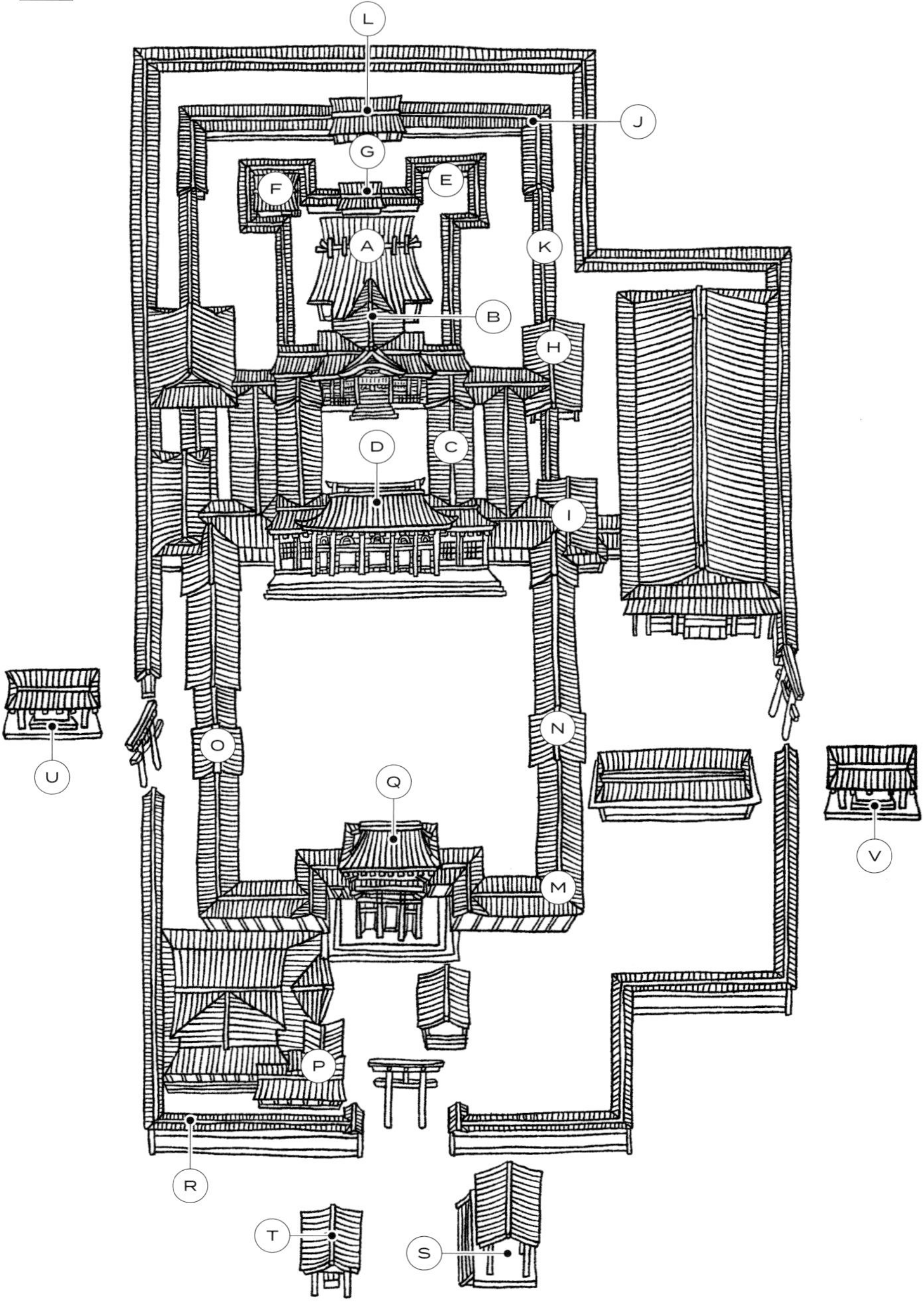

Ⓐ **本殿**

切石積みの基壇に建つ三間社の流造で、正面に向拝をつける。屋根は銅板葺きで、大棟に大きめの千木《ちぎ》と堅魚木《かつおぎ》を置いている。

Ⓒ **内院渡廊**

内拝殿と外拝殿を繋ぐ渡廊。屋根は銅板葺きであり、中庭に面した内側を吹き放ち、外側には連子窓を設ける。

Ⓑ **内拝殿及び祝詞殿**

正面には軒唐破風を設け、千鳥破風で屋根を飾る。内拝殿は中央部を折上格天井、周囲は格天井。内拝殿の奥に祝詞殿を設け、本殿と接続させている。

近代以降の神社の形式を創出した建築家・角南隆渾身の力作

荒野に森をつくる

明治神宮の社殿を大まかに分けると、南神門などの付属建物には創建時のものが多く残り、本殿などの内院中心部の社殿群が戦後の再建である。創建時の社殿は伊東忠太の指導の下で、安藤時蔵《あんどうときぞう》や大江新太郎《おおえしんたろう》らが中心となって設計した。

対して、戦後の社殿は主に角南隆が設計している。近年、角南は昭和以降の神社建築の様式

D 外拝殿

かつての拝殿の煉瓦基礎を再利用し、鉄筋コンクリート造石貼りの基壇に建てられている。総銅板葺きの入母屋屋根をもつ。

E 宝庫

第二次世界大戦中の1942（昭和17）年、有事の際に御神体を守るため、本殿北東側の地下に建設された。鉄筋コンクリート造地下1階建。切妻造の銅板葺きの屋根をもち、入口扉を二重とするなど厳重な造り。写真掲載不可。

F 神庫

外壁を伝統的な校倉造《あぜくらづくり》を模して仕上げた小規模な宝物庫である。屋根は切妻造で、内部は一室があるのみで、床は板敷とする。

を生み出した建築家として評価が進み、明治神宮の指定後、奈良県の吉野神宮も重要文化財に指定された。

1912（明治45）年に明治天皇が崩御すると、早くも祭祀する神社を創建すべきという世論が巻き起こった。閣議決定を経て、江戸時代に彦根藩主・井伊家の下屋敷があり、明治期に払い下げられて御料地となった土地に神社が建てられることになった。

境内の整備には数々の革新的な試みがなされた。鬱蒼《うっそう》とした杜は約70万㎡ある。通常の神社ではもとの森を生かして造営されることが多いが、明治神宮は荒野にゼロから社叢《しゃそう》を造ろうというものだった。全国から寄進された樹木は約10万本に達し、鉄道に搭載されて原宿駅まで運ばれたのである。

G 内透塀及び北門

内拝殿の後方に延びるのが内透塀で、宝庫、神庫、本殿などの周りをぐるりと囲んでいる。北門は四脚門で、本殿の北側に開く。

H 神饌所及び渡廊

神饌所とは、神棚に備える供物を調理し、格納しておく場所。銅板葺き。内拝殿の左翼に渡廊を通じて接続する。

I 旧祭器庫

神社の祭事に用いられる器具“祭器”を格納してあった場所。外拝殿の東側に位置する。内部は一室、天井は棹縁天井。

J 北廻廊

北神門の両脇から東西に延びる廻廊で、戦災での焼失を免れた、1920（大正9）年竣工の建築。錺金具の文様に大江新太郎らしい意匠が見られる。

K 外透塀

戦後に建てられた透塀。内院北廻廊から延び、内院の東西を区切っている。繊細かつ優美な造りの塀である。

L 北神門

4カ所にある神門のうち、北側に開けられた門。両側に北廻廊が接続する。切妻造、銅板葺きの屋根を有している。1920（大正9）年竣工の建築。

M 外院廻廊

外拝殿に繋がり、外院を区切る廻廊。屋根は銅板葺きで切妻造、外側に連子窓を設ける。南神門の両翼から延び、東神門、西神門などに接続する。

N 東神門

1920（大正9）年竣工の建築。切妻造、銅板葺きの屋根をもつ四脚門。扉の錺金具には菊文様の透かし彫りを施す。

P 宿衛舎

第三鳥居をくぐった左側、南神門の傍に建つ。創建時の建築であり、参道に向けて、ゆるやかな勾配の切妻造の屋根をもつ式台玄関を造る。

O 西神門

戦災を免れた1920（大正9）年竣工の建築。東神門と同形式の門で、切妻造、銅板葺きの屋根をもつ四脚門。

大規模な社殿群を優美な意匠でまとめる

Q 南神門

上）中央には横に引き伸ばされた形状の板蟇股がつく。下）全体は和様を基調とし、入母屋造、銅板葺きの楼門。1920（大正9）年の創建時のまま残る最大規模の遺構。

外拝殿と並ぶ明治神宮の象徴

小規模な付属建物も意匠を凝らす

S 祓舎

石積みの基壇に立つ、切妻造、銅板葺きの建築。壁を設けない開放的な造りで、神事の前に身を清めるための儀式を行う場所。

R 玉垣

玉垣とは神域の周囲に張り巡らす垣根のこと。第三鳥居から折れ曲がり、外院と内院本殿を囲んでいる。

U 西手水舎

西神門の外側に建つ。創建当時の建築であり、なだらかで大きな切妻造の屋根を造る。屋根は銅板葺き。

T 南手水舎

神社の参拝前に手や口を清める施設を手水舎という。南手水舎は創建当時のもので、第三鳥居の南西側に位置する。切妻造、銅板葺き。

V 東手水舎

３棟ある手水舎の中で、東手水舎のみ1931（昭和6）年に建てられたもの。東神門の外側に立つ。切妻造、銅板葺き。

建築様式をどうするか

明治神宮は社叢、社殿ともに当時の研究者が議論を重ねて最適解を追求した。

社叢を整備するにあたり、造園家の川瀬善太郎《かわせぜんたろう》や本多静六《ほんだせいろく》の知見が生かされた。本多は樹木の特性を調査し、百五十年後を見据えて木を植えたのだ。その結果が見事なものになっているのは、現在我々が見てわかる通りであろう。

日本の建築史は明治時代に伊東忠太らが創始し、神社の社殿の分類研究も進んでいた。一連の研究の成果に基づき、明治神宮の本殿をどのような様式で造るのか、伊東や関野貞《せきのただし》などの建築史家が議論し、いくつかの候補の中から選定した。提案があったのは出雲大社などに見られる大社造、伊勢神宮の神明造、

神橋

南参道にあるコンクリートアーチ橋。表面に花崗岩を貼るため石橋に見える。親柱は花崗岩製だが、擬宝珠はモルタル製。長さ約10.3m、幅14.5m。渓流は人工のもの。

北制札

代々木口（北門）、鳥居横にある制札。いずれも切妻屋根をかける点が共通し、鳥居の脇で存在感を示している。

制札が重要文化財になる例は少ない

南制札

上）原宿駅から南参道を通り、境内に入る際に多くの人が目にしていると思われる建築で、鳥居脇に設置されている。下）禁令を板に記して掲示。

西制札

参宮橋口（西門）の鳥居横に建つ。南・北制札は規模が同等で幅2.727mだが、西制札はもっとも小さく1.588m。規模に差がついた理由は不明。

日光東照宮の権現造、定番の流造、そして今までにない〝大正式〟を創作すべきという意見もあった。伊東は新しい様式を生み出すことは難しいと考え、さらに地方色が強い大社造などを却下し、最終的にはもっともオーソドックスな流造の採用を決めた。流造は国民が親しみやすいという意見もあったようだ。

戦後の角南隆による再建計画では、戦前よりも優美な本殿を目指すとともに、祭祀がしやすい機能的な神社のあり方が模索された。神職が祭祀を行う内拝殿と参列者が集まる外拝殿を設ける二拝殿形式は、角南が大規模な神社のために考えた形式である。これによって祭祀を行う様子が参列者から見やすくなり、人が増加したら渡廊や中庭に収容できるなど、合理性を重視した設計になっている。

No.
02

鉄筋コンクリート造で
伝統的な校倉造を表現

明治神宮宝物殿

めいじじんぐうほうもつでん

DATA
所在地:渋谷区代々木神園町1-1
竣工:1921(大正10)年
設計:大江新太郎、志知勇次(指導:伊東忠太、佐野利器)
構造:鉄筋コンクリート造
　　東西橋廊、東西渡廊は石造、鉄筋コンクリート造桁橋
重文指定:2011(平成23)年

写真提供:明治神宮

約3000坪に達する敷地の中央に中倉が建つ、その側面に東橋廊、西橋廊などが接続する。中倉は単層高床の展示施設であり、屋根は切妻造、三州産の塩焼瓦で屋根を葺く。外壁は岡山県万成産の花崗岩（万成石）を貼る。

POINT
見どころ

1. 鉄筋コンクリート造で造られた校倉造
2. 震災前に建てられた鉄筋コンクリート造の建築
3. 大江新太郎の代表作

HISTORY
歴史

1915（大正4）年
建設工事開始

1920（大正9）年
明治神宮が鎮座

1921（大正10）年
宝物殿竣工

1923（大正12）年
関東大震災。被害を免れる

2011（平成23）年
重要文化財に指定（神宮外苑の聖徳記念絵画館も同時に指定された）

2019（令和元）年
明治神宮ミュージアム開館。宝物殿としての役目を終える

2020（令和2）年
明治神宮鎮座100周年

2021（令和3）年
再公開

鉄筋コンクリート造の可能性を拓いた傑作

校倉造を近代的手法で再現

鉄筋コンクリート造の建築は明治末期には既に建設されているが、本格的に用いられ始めたのは大正時代のことである。早くも寺院などの和風建築を鉄筋コンクリート造で再現する試みは始まっており、北海道函館市に1915（大正4）年に竣工した大谷派本願寺函館別院の伽藍は、その先駆的な例である。

こうした流れのなか、明治神宮の整備が終わった翌年、1921（大正10）年に竣工したのが明治神宮宝物殿で、鉄筋コンクリート造で伝統的な校倉造を再現した画期的な建築群である。明治天皇と縁のある御物を収蔵展示する施設として、境内北側に建設された。設計は明治神宮造営局の大江新太郎と志知勇次《しちゆうじ》で、13棟が重要文化財である。

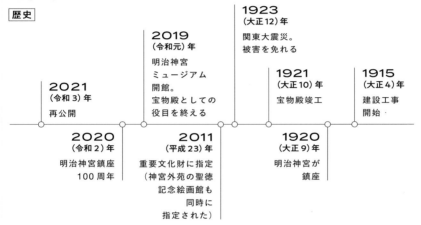

STRUCTURE

図解

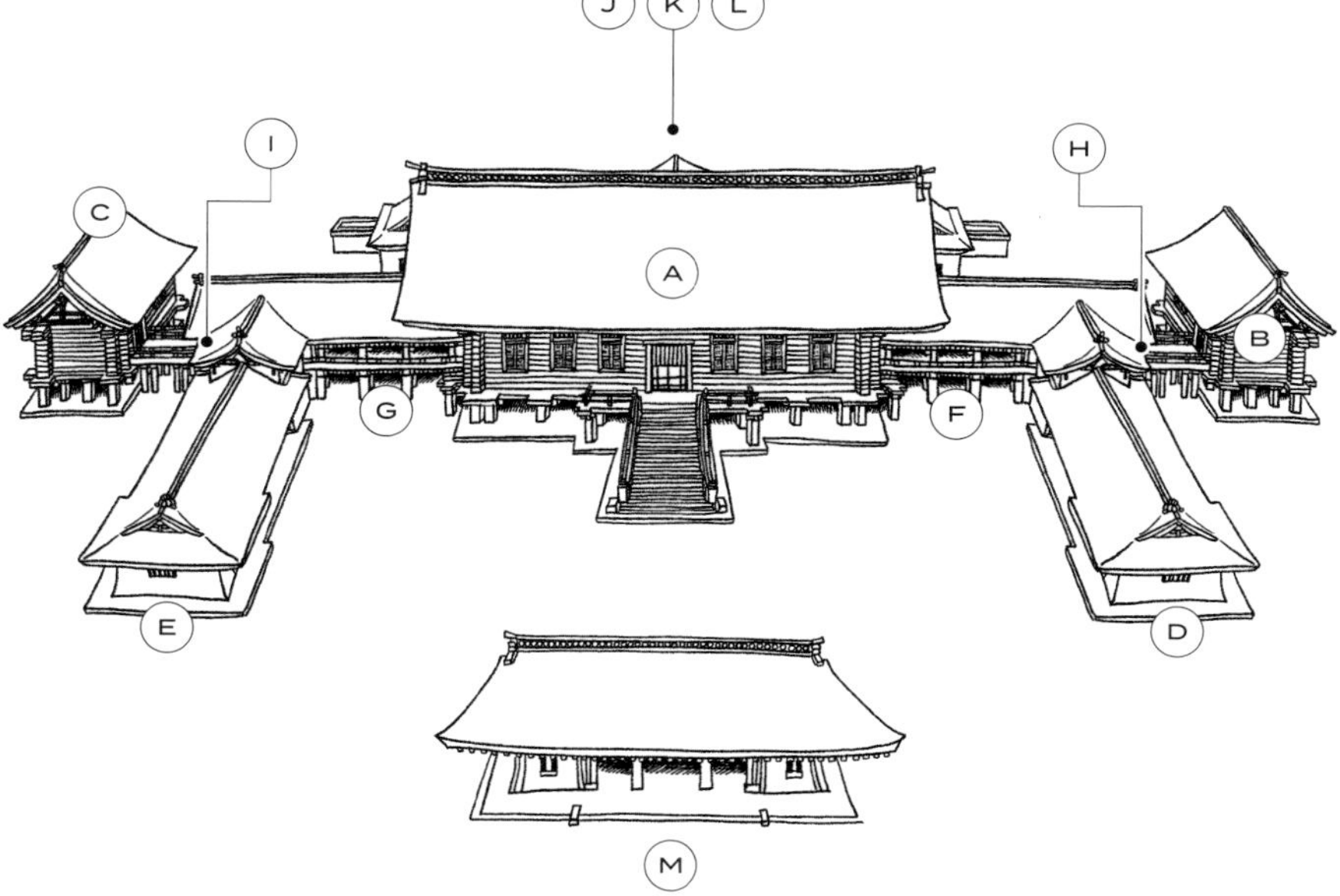

A 中倉

中倉は南側正面の階段を上った先と、北、東、西側にも出入口がある。内側に鉄製の防火扉を設けるなど、収蔵施設として防火対策も万全。高欄には青銅製の擬宝珠をつける。

B 東倉

C 西倉

ともに単層で、切妻造で瓦葺きの高床式収蔵施設。東・西渡廊に接続する。中倉に合わせた意匠とし、木造の破風と懸魚を銅板で包んで格調高く仕上げ、鉄製の防火戸を内側に取り付ける。

D 東廊

E 西廊

中倉は東側と西側に出入口を設けるが、そこにアクセスするための玄関口のような役割をもつのが東・西廊。入母屋造の瓦葺きで、携帯品預所が置かれ、北側の階段室で東・西橋廊に繋がる。

F 東橋廊

G 西橋廊

東・西廊と中倉を結ぶ高床式の歩廊。切妻造で瓦葺き、南面に切妻造の角屋を設け、階段室の階段で東・西廊と繋がる。一連の建築群で、壁面を石貼りとせずに漆喰を塗っている例が珍しい。

伝統的な意匠を最先端の建築材料で見事に再現して建築の幅を広げた

耐震と耐火を重視した構造

宝物殿の計画に際し、1915（大正4）年に設計競技が実施されたが、その条件には、社殿と調和した意匠であることや、鉄筋コンクリート造などの不燃構造とすることが盛り込まれていた。結局、設計競技の結果とは異なり、大江が設計することになったのだが、鉄筋コンクリート造の採用はひとえに耐震と耐火を意識してのことだった。

I 西渡廊

H 東渡廊

東・西橋廊と東・西倉を繋ぐ桁橋。橋の長さは約10.3mで、幅員は約2.1m。床と高欄は鉄筋コンクリート造だが、橋脚は石造で万成石を用いる。床はタイル貼り、高欄は色石粉塗。

K 車寄

事務所の玄関であるとともに、貴賓用の玄関としても使われた。腰壁と床に稲田石を貼り、東西には軒唐破風をつけ、屋根は銅板葺きとしている。

J 北廊

中倉の背面、北側にある高床の歩廊。中倉と車寄を繋いでいる。切妻造で、瓦屋根ではなく銅板葺き。壁や天井は漆喰塗。

M 正門

明治神宮の広場に面して建つ長屋門を思わせる門で、切妻造、瓦葺き。両側に土塁を設ける。柱の上の組物には霊獣のような青銅製の彫刻がつく。

L 事務所

事務所は本館と２棟の附属屋、渡廊下などで構成。本館は入母屋造で銅板葺き、突出部には貴賓室があり、附属屋には湯沸所や修理室などの機能も備える。

竣工の2年後に関東大震災が発生した際も宝物殿は無事であり、早くも鉄筋コンクリート造の堅牢さが実証された。

　全体の建築の配置は寝殿造にヒントを得ており、中心に展示施設となっている中倉を置く。コンクリートの重量感を生かして迫力ある造形を生み出している中倉は、内部は無柱の大空間とし、天井はかまぼこ状のヴォールトの格天井で、格子の間に唐紙を貼っている。中倉の両側には東橋廊と西橋廊が連結し、左右対称の構成とする。手前に張り出した東廊と西廊には、来館者の手荷物を預かる携帯品預所が置かれていた。

　設計者の大江は、1934（昭和9）年に神田神社（神田明神）を鉄筋コンクリート造で再建。コンクリートによる和風表現の旗手となった点も意義深い。

No.
03

明治建築界の卒業証書

旧東宮御所
（迎賓館赤坂離宮）

きゅうとうぐうごしょ
（げいひんかんあかさかりきゅう）

DATA
所在地：港区元赤坂2-1-1
竣工：1909（明治42）年
設計：片山東熊
構造：石造及び鉄骨煉瓦造
重文・国宝指定：2009（平成21）年

ネオ・バロック様式の宮殿

旧東宮御所は、時の皇太子・嘉仁《よしひと》親王（後の大正天皇）の住まいとして1909（明治42）年に竣工した。宮廷建築家として皇室関係の仕事を手掛けた片山東熊の指揮のもと、洋画家の黒田清輝《せいき》をはじめ、明治を代表

旧東宮御所は江戸時代に紀州徳川家の中屋敷があった場所に建てられた。左右対称で両翼は優美に湾曲し、外壁に茨城県産の花崗岩を貼り、屋根は銅板葺きとする。

写真：内閣府迎賓館ウェブサイト

する芸術家が結集し、創作した日本初の洋風宮殿建築物である。建設に際し、片山はヨーロッパ視察で宮殿を多数見学した。当時、これほどの経験を積んだ建築家は他におらず、その意気込みがうかがえよう。

意匠は19世紀のフランスで流行したネオ・バロック様式だが、至るところに和のモチーフが配され、日本らしさが宿る。例えば、屋根に一対の甲冑《かっちゅう》をまとった鎧武者が載り、神社の狛犬などと同様に阿吽《あうん》の造形になっている。日本の宮殿には和の意匠を盛り込むべきという関係者の意向が働いたのかもしれない。

日本人建築家は明治時代を通し、西洋建築を学習してきた。明治末期に竣工した旧東宮御所はその集大成といえる傑作で、〝明治建築界の卒業証書〟といわれる。

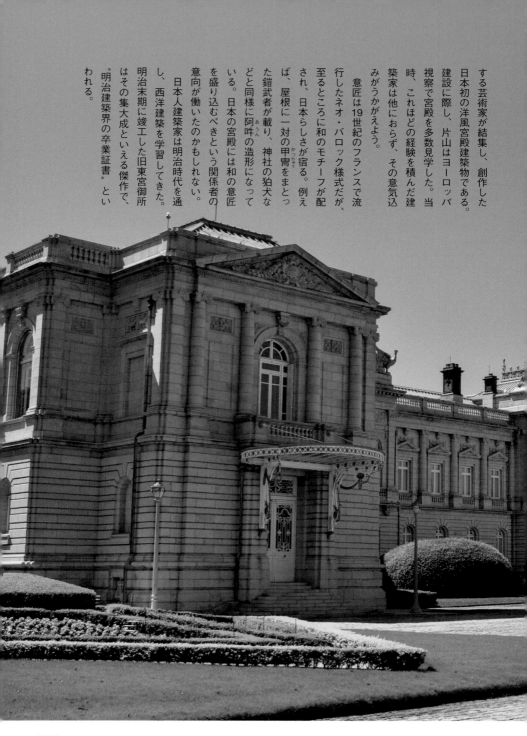

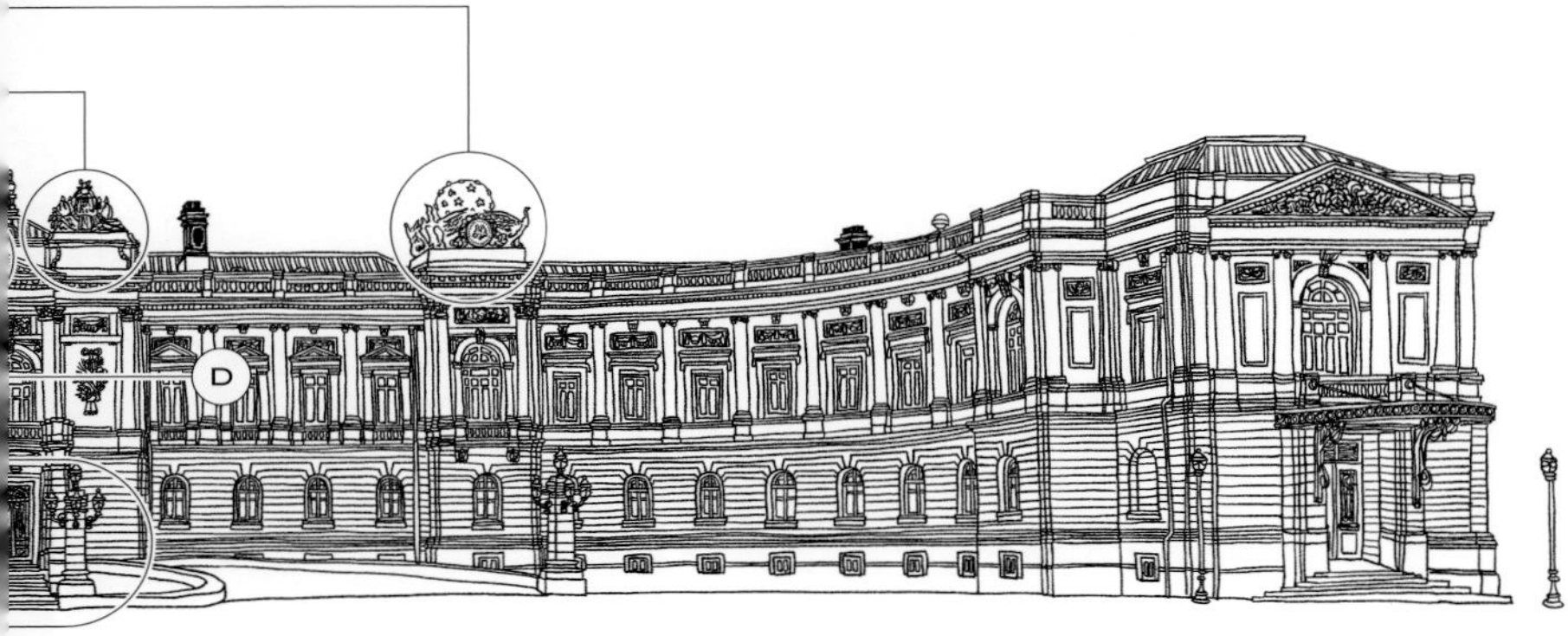

B

霊鳥

星の装飾が施された天球儀を、霊鳥の彫刻が取り囲む。霊鳥の間には皇室を象徴する五七桐の紋を配し、ここが天皇家の住まいであることを示している。

A

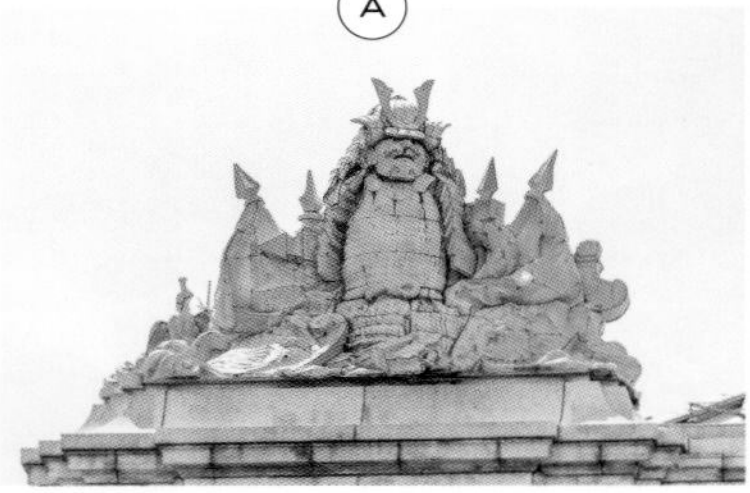

甲冑の装飾

屋根に一対の甲冑をまとった鎧武者の飾りが付く。左側が口を開けた“阿形”、右側が口を閉じた”吽形”で、神社の狛犬と同様に魔除けの意味も込められていると考えられる。

POINT
見どころ

1 明治以降の文化財、初の国宝

2 本格的なネオ・バロック様式の宮殿

3 明治の芸術家が総力をあげた装飾

STRUCTURE

図解

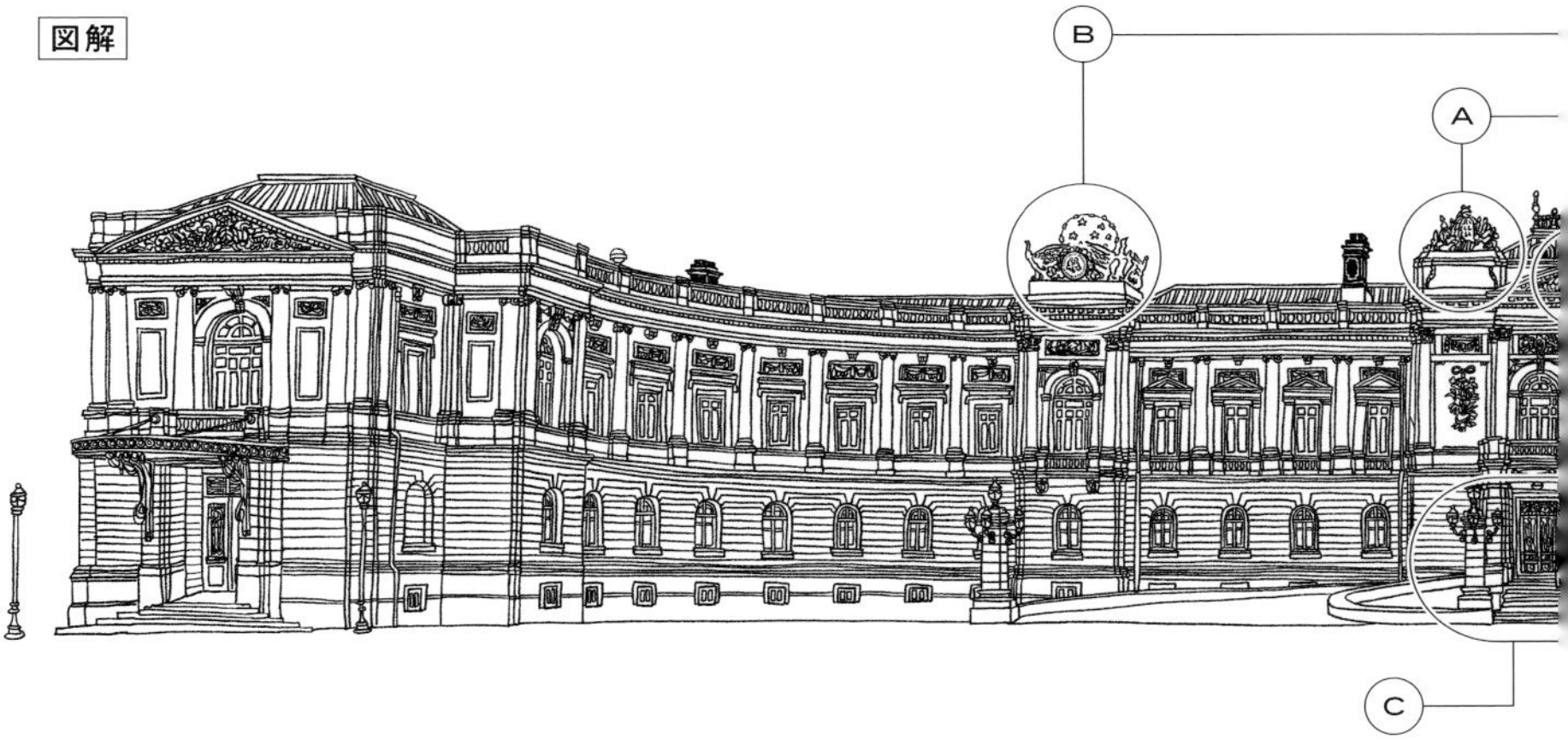

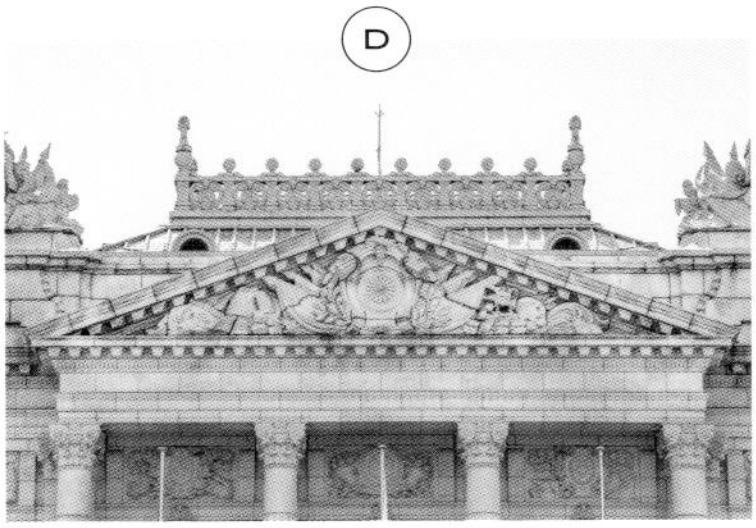

ペディメント

ペディメントにも甲冑の意匠が紛れ込む。甲冑の意匠は室内にもみられるが、武士というよりは日本を表現する意匠として、好んで用いられたのかもしれない。

車寄

来館した賓客を出迎える車寄は石材をより複雑に加工して、重厚に造る。石材は茨城県産の花崗岩を組み合わせ、ネオ・バロック様式の重量感のあるたたずまいを生み出す。

HISTORY

歴史

2009
(平成21)年
明治以降の文化財としては初めて国宝に指定される

1974
(昭和49)年
村野藤吾によって改修され、迎賓館となる

1961
(昭和36)年
東京オリンピック組織委員会の事務所が置かれる

1948
(昭和23)年
国立国会図書館が置かれる

1909
(明治42)年
竣工

1900
(明治33)年
建設が始まる

1）大理石の柱が立つ、中央階段の先にあるホール。2）主庭の噴水。附（つけたり）として国宝に指定。3）舞踏会での利用を想定して造られた「羽衣の間」の全景。フランスから輸入された3基のシャンデリアは、館内でもっとも豪華な造り。壁面には楽器や楽譜をあしらった浮き彫りが見られ、琵琶などの和の意匠が溶け込む。4）赤絨毯が敷かれた中央階段を2階から見下ろす。フランス産の大理石を使った欄干の上には、黄金色に輝く8基の大燭台を置く。

明治の建築意匠と美術工芸の最高峰

4 | 2/3 | 1

主題に基づく部屋の装飾

それぞれの部屋は技巧を凝らす。「彩鸞《さいらん》の間」は、19世紀初頭にフランスで流行したアンピール様式で統一。石膏に金箔を貼り付けた精緻なレリーフを施す。晩餐会に用いられる「花《か》鳥《ちょう》の間」は、調度品や外壁に木の質感を生かした空間。白眉は、壁面に埋め込まれている30枚の七宝焼で、下絵は画家の渡辺省《わたなべせい》亭《てい》、制作は七宝作家の濤川惣助《なみかわそうすけ》で、明治を代表する芸術家の競作である。啄木鳥《きつつき》がとまる木や牡丹の花の淡い色合いを、輪郭線を取り払って日本画の筆致を表す〝無線七宝〟の技法で表現した。「羽衣《はごろも》の間」は舞踏会での利用を想定し、奥にオーケストラボックスが設けられ、謡曲「羽衣」から画題をとったとされる天井画が見事である。

外交の舞台となり世界の賓客を迎える

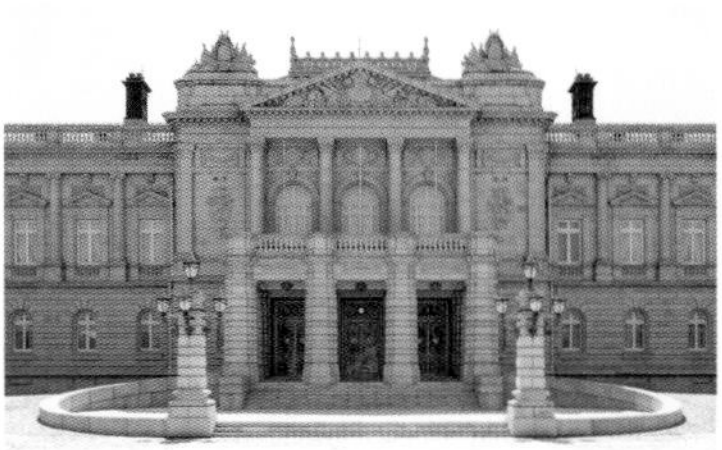

1）「朝日の間」の淡い紅色の円柱はノルウェー産の大理石で、壁面には京都西陣の金華山織の美術織物を用いる。2）「花鳥の間」の名は花鳥を描いた36枚の天井画などに由来。床には寄木張りが施され、壁に七宝焼が埋め込まれる。3）「彩鸞《さいらん》の間」の名は、伝説上の鳥“鸞《らん》”の彫刻が鏡や暖炉にあることに由来。4）「朝日の間」の天井画、白馬が引く馬車に乗った女神が、日本風の顔立ちをしているのが印象深く、獅子と甲冑も描かれる。5）正面の車寄は重厚な印象。

3		1
5	4	2

紆余曲折を経て迎賓館へ

明治建築界の威信をかけた大作を目にした建築家たちは、ついに西洋に追いついたと自信を持ったという。しかし、厚い煉瓦の壁は高温多湿な日本に向かず、空調が充分に機能しないなどの問題が起こった。そのため、大正天皇は住居として使わず、昭和天皇が皇太子時代に短期間生活しただけにとどまり、宮殿としては不遇だったといえる。

戦後の一時期は荒廃したこともあったが、1974（昭和49）年に建築家・村野藤吾によって改修され、迎賓館となってからは、戦後外交の舞台として華々しく賓客を迎えている。2009（平成21）年には旧東宮御所（迎賓館赤坂離宮）として、明治以降の文化財では初めてとなる国宝に指定された。

No. 04

日本の建築デザインを
世界水準に押し上げた金字塔

代々木競技場

よよぎきょうぎじょう

DATA
所在地：渋谷区神南2-1
竣工：1964（昭和39）年
設計：丹下健三
構造：鉄筋コンクリート造、一部鉄骨造
重文指定：2021（令和3）年

戦後建築の金字塔

歴代日本建築の中でもっとも重要な建物は何か？——非常に難しい問いであるが、法隆寺金堂や姫路城大天守など数多の傑作と並んで名が挙がる戦後の建築は、1964（昭和39）年に開催された東京オリンピック

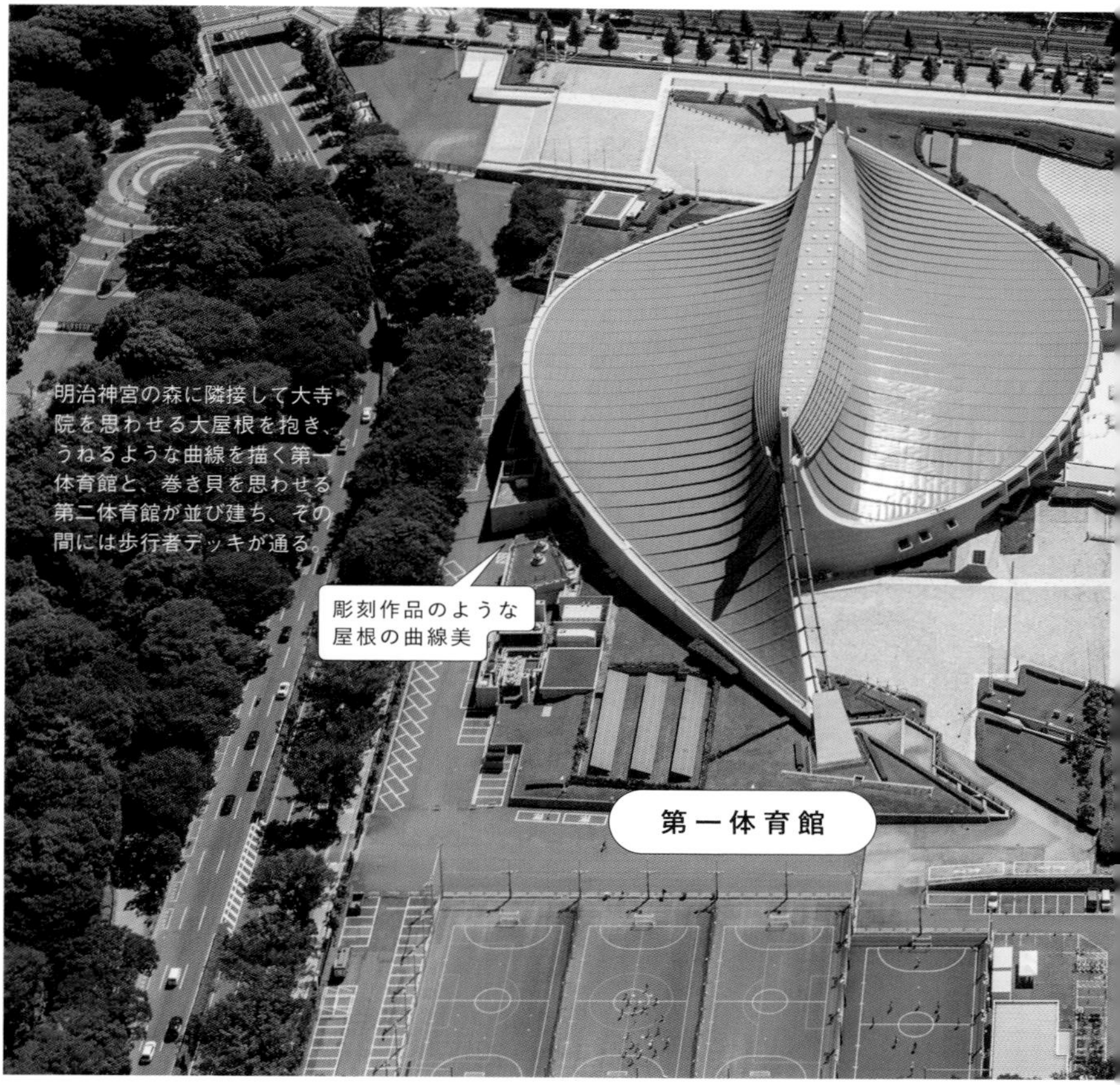

明治神宮の森に隣接して大寺院を思わせる大屋根を抱き、うねるような曲線を描く第一体育館と、巻き貝を思わせる第二体育館が並び建ち、その間には歩行者デッキが通る。

最先端の技術と独創的な意匠が高度に融合する

の競技場となった代々木競技場ではないだろうか。

戦後の建築界をリードした丹下健三の最高傑作であるとともに、この建築の竣工を機に、日本建築が明確に世界をリードする位置に立ったという意味でも記念碑的な作品である。その後の建築家に与えた影響も計り知れず、代々木競技場を見て建築家を志したという人も数多い。

原宿駅から歩いていくと第一体育館のダイナミックな屋根が目に飛び込んでくる。これは従来の建築にほとんど使われることがなかった、吊り橋の技術を活かした〝吊り構造〟を用いて実現した造形である。第一体育館は、その奥に建つ第二体育館と見事な調和を見せる。これほどの大規模な建築が、約8カ月という突貫工事で建設されたことにも驚かされる。

STRUCTURE

図解

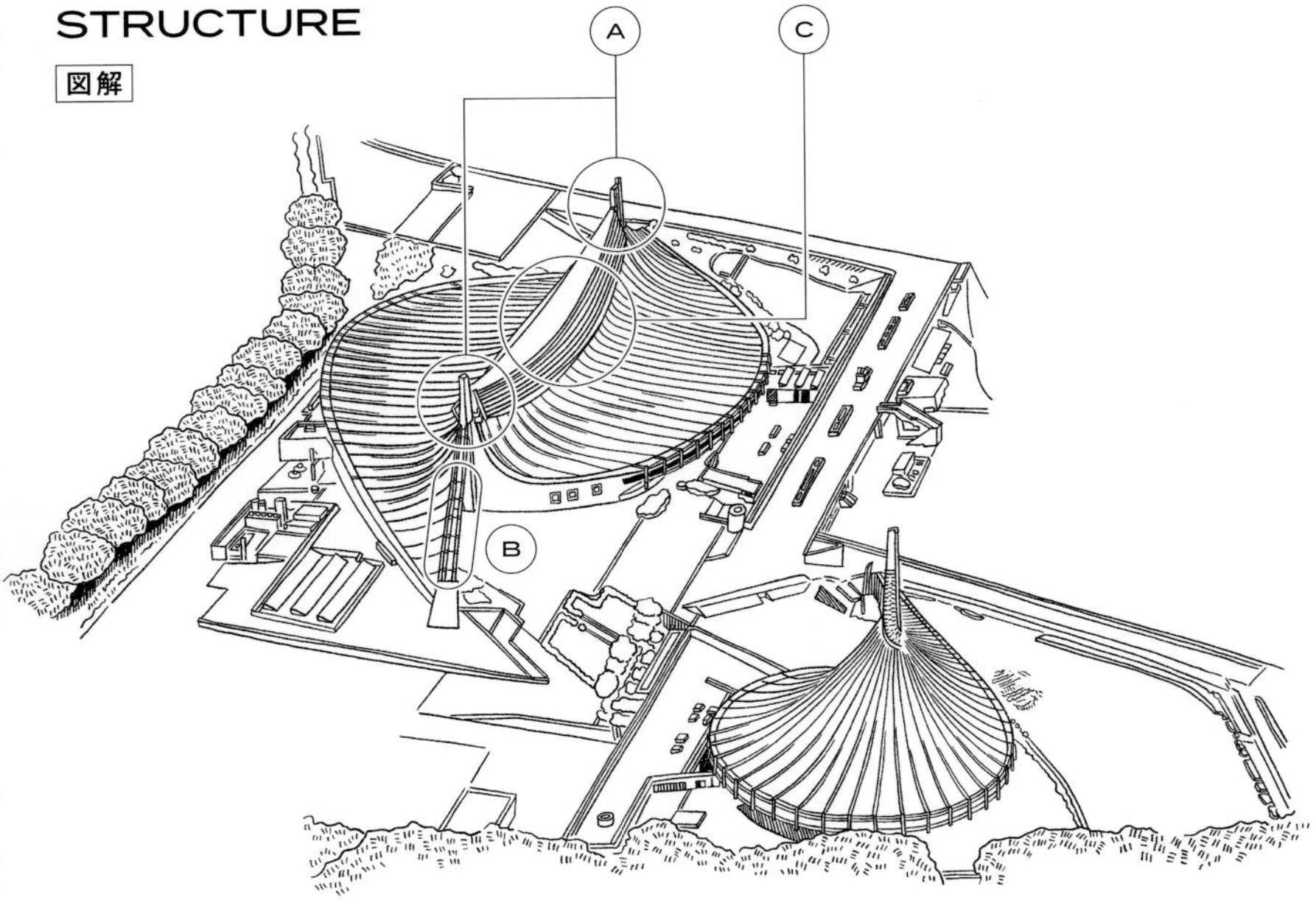

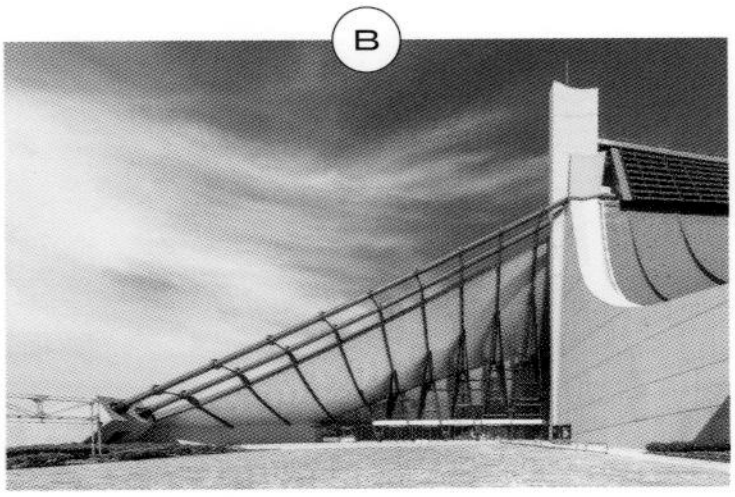

ケーブルを渡し、屋根を形成する

吊り構造は吊り橋の技術を駆使し、柱と柱の間にケーブルを渡し、アンカーで支えることで、広大な空間を生み出している。

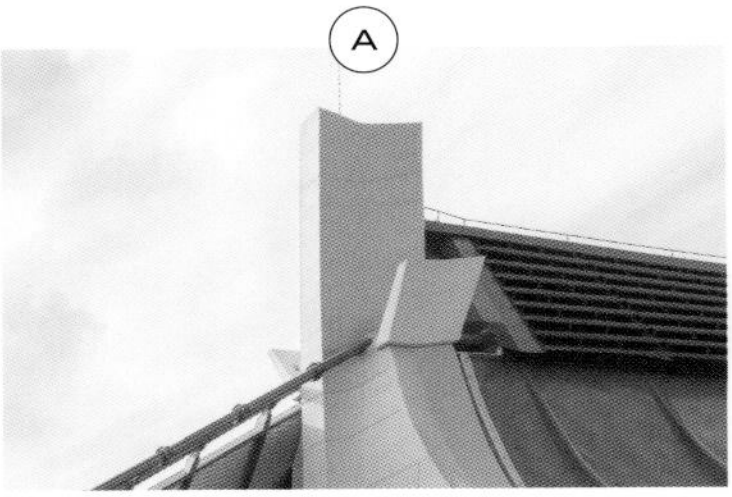

鵄尾《しび》を思わせる屋根の飾り

鵄尾とは奈良の唐招提寺《とうしょうだいじ》金堂などの屋根につく、鳥の尾を模した飾り。代々木競技場にはそれをデザイン化した装飾が載る。

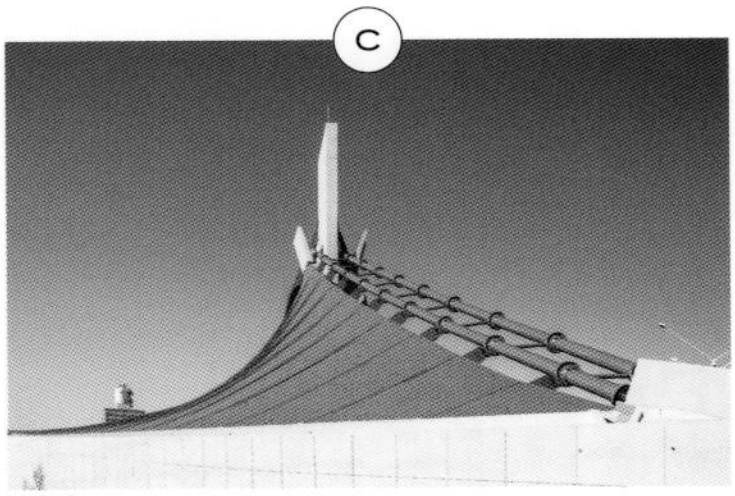

寺の屋根を 思わせるケーブルの「反り」

中央のメインケーブルの両側にさらにケーブルをかけ渡すことで、寺院の屋根を思わせる情感を醸成している。

POINT
見どころ

1 丹下健三の最高傑作

2 吊り構造が生むダイナミックな曲線美

3 日本的な情感も感じさせる細部意匠

HISTORY
歴史

1959（昭和34）年
東京オリンピックの開催決定

1961（昭和36）年
丹下健三に競技場設計の依頼がある

1963（昭和38）年
着工

1964（昭和39）年
竣工。東京オリンピック開催

1999（平成11）年
日本の近代建築20選（DOCOMOMO JAPAN選定 日本におけるモダン・ムーブメントの建築）に選定

2019（令和元）年
初の耐震改修工事完了

2021（令和3）年
重要文化財に指定。現在、もっとも竣工年の若い重要文化財。二度目の東京オリンピックの会場になる

比類ない構造と建築美が世界を驚かせた

スポーツの感動を表現

丹下健三は建設に際して膨大な量のスケッチを描き、その過程で2棟の体育館を建設する構想が生まれたが、予算難のため第一体育館しか実現できない可能性があった。そこで丹下は大蔵大臣の田中角栄に直談判し、晴れて2棟分の予算を獲得した。もっとも、後から丹下は大目玉を喰らってしまったというが。

竣工した代々木競技場の評判は素晴らしかった。丹下は国際オリンピック委員会（IOC）からオリンピック功労賞を授与された。また、アメリカ選手団の団長は「自分が死んだらこの飛び込み台の下に骨を埋めて欲しい」と語ったとされる。スポーツの感動を卓越した技術で表現した点が、代々木競技場が傑作と評されるゆえんである。

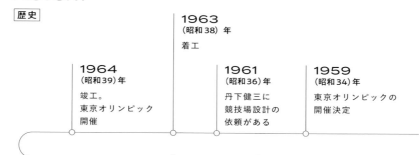

第一体育館は、約130ｍの間隔をあけて高さ約40ｍの巨大な柱を立て、その間にケーブルを渡して屋根を造った。

第一体育館の内部は柱がなく、天井のトップライトから光が降り注ぐ崇高な空間が広がる。'64東京オリンピックの水泳競技に使用。

高度な技術と人々の挑戦心が 20世紀最高の建築を生んだ

1
3 | 2

1）どの角度から見ても美しい第一体育館。前例のない構想の実現には、構造設計を手掛けた坪《つぼ》井《い》善勝《よしかつ》の協力も欠かせなかった。2）小さい方の第二体育館は1本の柱からケーブルを下ろし、屋根を造る。1964（昭和39）年の東京オリンピックではバスケットボール競技が開かれた。3）IOC会長のエイベリー・ブランデージは「スポーツが建築家を鼓舞し、一方多くの世界記録がこの競技場で生まれたことでも分かるように、この作品が選手たちの力をかきたてたと言えるのではないだろうか」と高く評価した。

ヒルサイドテラスの裏手に建つ大正時代の和風建築。主屋は、木造2階建で、ほぼ全室が畳敷き、屋根は瓦葺き、外壁は下見板張りで、一部を漆喰塗りとする。

NO.
05

都内に残る大正時代の
近代和風住宅

旧朝倉家住宅《きゅうあさくらけじゅうたく》

DATA
所在地:渋谷区猿楽町29-20
竣工:1919(大正8)年
設計:未詳
構造:木造
　　土蔵は鉄筋コンクリート造及び木造
重文指定:2004(平成16)年

代官山の高級住宅地にこれほどの大邸宅が残ったのは奇跡に近い。宅地の北側に主屋が建つ。主屋の南側に、縁側と2階からの眺望を意識して造営された日本庭園が広がる。庭園は崖線という地形を取り入れた回遊式庭園である。かつては2階から富士山を眺めることもできたという。

府議会議長の大邸宅

1919（大正8）年に竣工した旧朝倉家住宅は、東京府議会議長や渋谷区議会議長を歴任した朝倉虎治郎が建設した邸宅である。朝倉家は江戸時代半ば頃から豪農で大地主であり、幕末には精米業を営んだという。旧朝倉家住宅は、渋谷の郊外の宅地化が進み始めた時期に建設された近代和風建築として高く評価されている。

敷地内には一部2階建の主屋のほか、土蔵、庭門、車庫が建つ。主屋は書院造の和室が主体となっている。欄間や襖の装飾や、絵をあしらった板戸など細部まで趣向を凝らす。1階北側では主に家族が日常生活を送っており、南側に大晦日や正月などに訪れる来客の対応を行う12畳半の広々とした応接間も設け

日常生活から人々の陳情まで幅広く対応した政治家の住まい

上）玄関右手にある洋間は、執事が事務にも用いたという。下）数寄屋造の「杉の間」は、杉の木目を生かしたデザインでまとめた空間で、座敷から庭園を望める。虎治郎が私的な来客に接する部屋として活用した。

2階建の土蔵は主屋の西側にあり、軸部を木造、外壁を鉄筋コンクリート造とする。主屋と連絡できる構造になっている。壁面の意匠も細工を凝らし、入口や窓は鉄扉である。関東大震災で被災したが、修復された。

られた。また、子どもが生まれるなど家族が増えるたびに家族室などの部屋が増築されており、朝倉家の生活を偲ぶことができる。

庭園を一望する2階にも広間があり、15畳と12畳半の広さをもつ。虎治郎が政治家を務めていた際には、そこでたびたび会合を催したという。こうした正式な会合を行う場は書院造を基調とするが、私的な会合に用いた「杉の間」は数寄屋造で趣味性の高い空間になっている。

財閥家の旧岩崎家住宅（P176〜183）や華族の旧前田家本邸（P154〜161）と異なり、和館の内部に洋室が設けられたのも特徴である。職業上、自宅に求めるものの違いもさることながら、人々の生活様式が変化していく過渡期の建築と考えることもできる。

教育で近代化を目指す理念を具現化した建築

No.
06

大学創立50周年を
記念して建設された
記念碑的図書館

慶応義塾図書館

けいおうぎじゅくとしょかん

DATA
所在地：港区三田2-15-45
竣工：1911（明治44）年
設計：曾禰達蔵、中條精一郎
（曾禰中條建築事務所）
構造：煉瓦造
重文指定：1969（昭和44）年

中央上部に慶應義塾の校章“ペンマーク”が付き、細い柱を束ねた意匠や尖頭アーチ状の窓がゴシック様式の特徴を示す。なお、文化財の指定名称は慶“応”義塾と表記している。

建学の精神を感じる意匠

慶應義塾は、『学問のすゝめ』を著した教育者・福澤諭吉によって、1858（安政5）年に開かれた私塾である。その創立50年記念事業として1912（明治45）年に建てられた図書館は、明治末期を代表する洋風建築のひとつ。コンドルの教え子で、師とともに丸の内の都市計画に従事した曾禰《そね》達蔵が、後輩の中條精一郎とともに開いた曾禰中條建築事務所の設計だ。

壁の垂直線を強調する意匠は、ヨーロッパで教会や学校などに用いられたネオ・ゴシック様式を取り入れたもので、赤煉瓦と白い花崗岩の対比が鮮やかに映る。当時の大学建築のなかでも規模が大きく、西洋に肩を並べる学問の殿堂を造ろうという関係者の意志が伝わってくる。

正面出入口から奥に進むと、3連のアーチの先に壮麗な大階段室がある。その踊り場に設置されているのが、洋画家の和田英作が原画を描き、ステンドグラス作家の小川三《おがわさん》知《ち》が制作した巨大なステンドグラス。西洋文明との出合いが描かれた構図で、封建主義的な社会からの脱却を図ろうとする明治の気風と、進んで西洋に学ばんとする慶應義塾の精神が感じられる。玄関や広間、階段室には埼玉県秩父産の大理石を使った双柱が立ち、三連の尖頭アーチを支える。

1945(昭和20)年の空襲で、外壁を残して大半を焼失し、蔵書の多くが失われた。戦後に復旧工事が行われ、ステンドグラスも1973(昭和48)年に復元された。正面入口の周りや広間、階段室は比較的良好に保存されている。

創立50周年記念の文字

ペンマークの下、正面玄関上部に掲げられた“創立五十年紀念慶應義塾図書館”の文字は、篆刻《てんこく》家の山本拝石《はいせき》によって書かれたものを岩村透が銀座の天賞堂に指示を出して鋳造させたもの。

尖塔

煉瓦造で、外壁の赤煉瓦を花崗岩で装飾し、奥に八角塔を設けるなど、変化に富んだ建築である。意外に知られていないが、八角塔の中にはカフェが設置されている。

大時計

中央に掲げられた大時計の文字盤には、“時は過ぎゆく（光陰矢の如し）”を意味する“TEMPUS FUGIT”というラテン語が記されている。工芸家の沼田《ぬまた》一雅《かずまさ》の作品。

POINT
見どころ

1. 明治時代の煉瓦造建築の完成形
2. 本格的なネオ・ゴシック様式
3. 曾禰達蔵が開いた曾禰中條建築事務所の代表作

STRUCTURE

図解

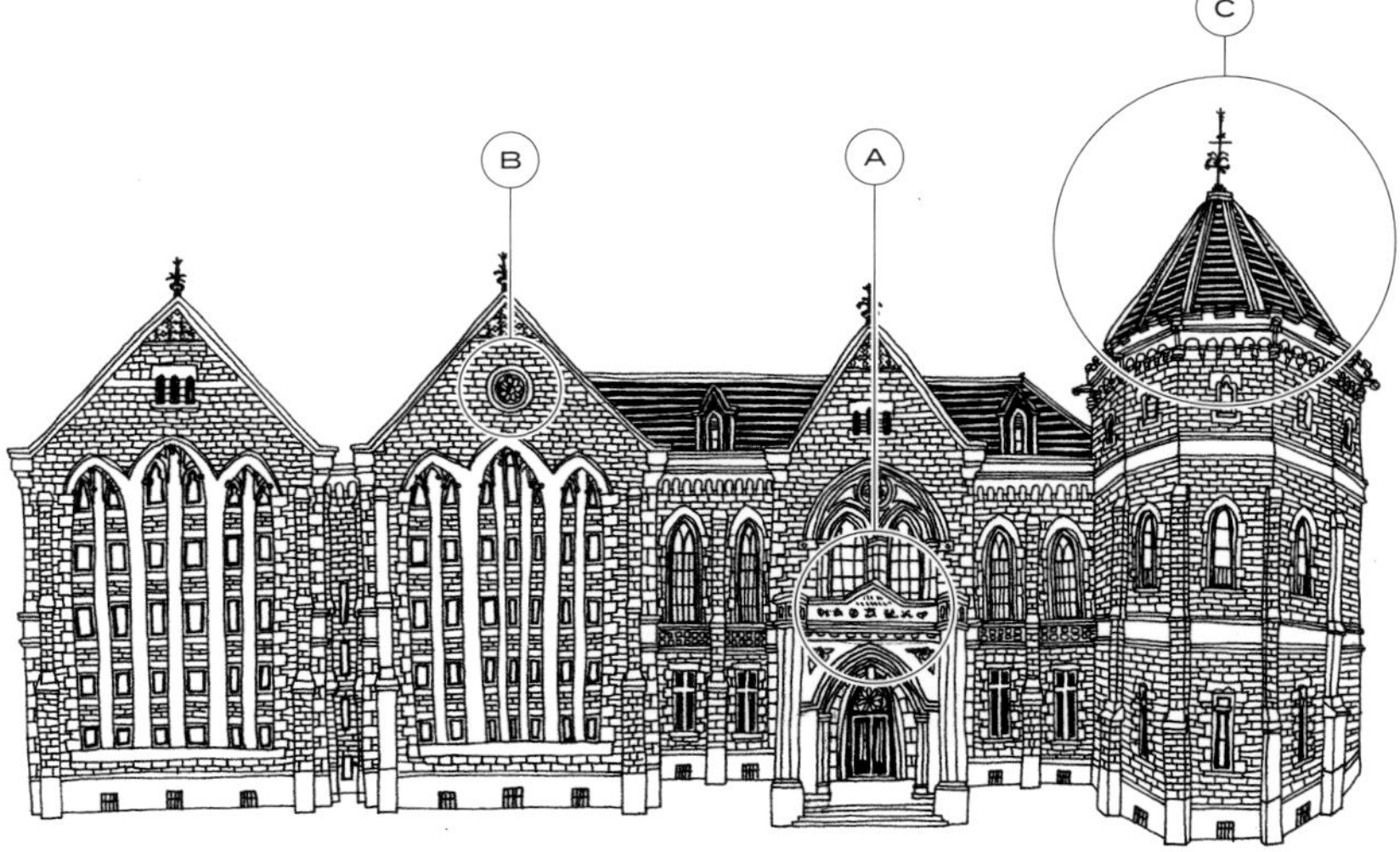

HISTORY

歴史

1907（明治40）年
慶應義塾創立50周年記念事業として、図書館の建設が決定

1908（明治41）年
建設開始

1912（明治45）年
竣工

1923（大正12）年
関東大震災。慶應義塾は被害を免れる

1928（昭和3）年
正面の左手に第二書庫を増築

1945（昭和20）年
5月25日夜からの空襲で、外壁を残して大半を焼失

1947（昭和22）年
復旧工事を実施

1969（昭和44）年
重要文化財に指定

1974（昭和49）年
ステンドグラスを復元

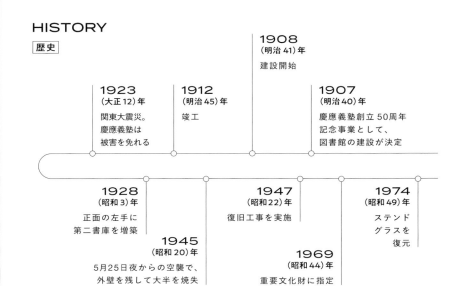

写真提供：慶應義塾広報室

塾生の心のよりどころとして建ち続ける赤煉瓦の図書館

曾禰達蔵の多彩な作風

曾禰達蔵は辰野金吾と同じく唐津藩出身の建築家であり、工部大学校の一期生でもある。コンドルとともに三菱が主導した丸の内のオフィス街の開発に参画し、明治期の煉瓦造のビルから大正期のアメリカ式のビルまで幅広い作風を示した。

慶應義塾の図書館はダイナミックな尖頭アーチの窓や、花崗岩を用いて縦の線を際立たせた書庫の壁面など、曾禰と中條精一郎の高い力量を感じさせる意匠である。慶應義塾のキャンパスでは塾監局も曾禰中條建築事務所の設計で１９２６（大正15）年の竣工だが、こちらは当時流行したスクラッチタイルを貼り、落ち着いた意匠を見せる。曾禰は昭和初期まで生き、常に時代の流行を追い求め、形にしていった器用な建築家であった。

1）壁面を赤煉瓦で仕上げ、要所を白い花崗岩で装飾する。2）慶應義塾の象徴、ステンドグラスは1915（大正4）年に設置。槍を持った鎧武者が白馬から降りて自由の女神を迎える光景を描き、下部にラテン語で“ペンは剣よりも強し”と記す。3）ゴシック様式のキリスト教の教会などによく見られる、複数の柱を束ねたような柱。これをピア（束ね柱）という。構造的な意味ではなく、視覚的に重厚に見えるように意図したもの。

2 | 1

3

No.
07

福澤諭吉が実際に目にした
現存唯一の建築

慶応義塾三田演説館

けいおうぎじゅくみたえんぜつかん

DATA
所在地：港区三田2-15-45
竣工：1875（明治8）年
設計：未詳
構造：木造
重文指定：1967（昭和42）年

福澤諭吉ら文化人が演説

明治初期の東京には文明開化とともに多くの擬洋風建築が建てられたが、現存数は非常に少ない。三田演説館は、西洋式のスピーチやディベートの手法を研究すべく福澤諭吉が発足させた三田演説会の会堂として、1875（明治8）年に建てられた。正面に切妻造の簡素な車寄がつき、壁面をなまこ壁で仕上げた日本最古級の講堂である。

なまこ壁を壁全体に用いた明治初期の擬洋風建築

塾監局の北側にあったが、1924（大正13）年に稲荷山に移築。福澤諭吉が利用した施設としても重要。

右）左官職人が漆喰で仕上げるなまこ壁は、擬洋風建築に多く用いられた。耐火性にも優れる。
左）内部は簡素な意匠であり、床は板敷きで、2階までの吹抜けの構造とし、奥に演壇を設ける。客席には角柱を立て、手摺を取り付けている。

写真提供：慶應義塾広報室

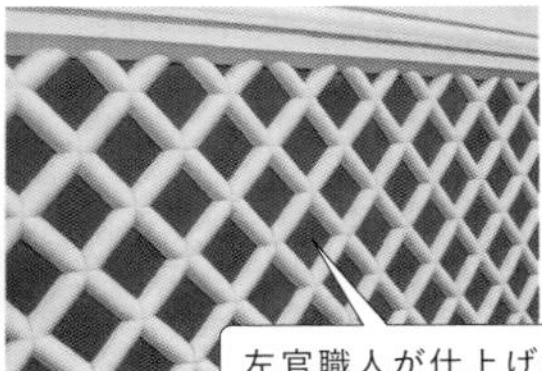

No.
08

和風を基調にした
皇室関係の建築の現存例

旧久邇宮邸
(聖心女子大学)

きゅうくにのみやてい
(せいしんじょしだいがく)

DATA

所在地:渋谷区広尾4-3-1
竣工:御常御殿は1924(大正13)年
小食堂、正門は1918(大正7)年
設計:御常御殿は森山松之助
小食堂は宮内省内匠寮
正門は未詳
構造:木造
重文指定:2017(平成29)年

小食堂の天井は折上格天井であり、18点に及ぶ天井画が圧巻。床は寄木貼りで、東側の壁面には大理石製の洋風の暖炉を配置する。

御常御殿／小食堂

宮家の住宅は洋館のほかに和館も数多く建てられたが、戦災で焼失したものが多く、伝統的な和風の意匠で建てられた本邸が現存する例は唯一である。大学の学生によって使用されながら、保存が図られている。

POINT
見どころ

1 現存唯一、和風を基調とした宮家の本邸

2 社寺建築の手法を取り入れた細部の造作

3 襖絵なども当代一流の画家が描いている

台湾産の銘木を多用した御殿

3 | 1/2

1）入母屋造、一部が切妻造の御常御殿。現在地に曳家された。2）御常御殿の2階にある書斎。和洋が混在する造りで、寄木張りの床が美しい。蓄音機も置かれていたといい、優雅な生活を偲ばせる。3）洋館と日本館から構成されていた表御殿の車寄。邸宅が創建した当時に造られた遺構であり、軒唐破風の堂々たる構え。1924（大正13）年、香淳皇后は御成婚の折に、この車寄を出て宮中に向かったとされる。学内では"クニハウス"と呼ばれて親しまれている。

和を基調とした宮家本邸

旧久邇宮邸は、香淳《こうじゅん》皇后（昭和天皇の皇后）の父にあたる久邇宮家2代・邦彦王《くによしおう》が建てた本邸である。1889（明治21）年に皇居に建てられた明治宮殿が戦災で失われた今、和風を基調に建築された宮家の本邸では唯一の残存例とされ、極めて貴重な存在である。

旧久邇宮邸の建築は、1918（大正7）年の竣工後、失火などで一部が焼失したが、小食堂や玄関、1924（大正13）年築の御常御殿は焼失を免れた。御常御殿の設計は森山松《もりやままつ》之《の》助《すけ》が担当。森山は台湾総督府庁舎などを手がけるなど、台湾で多くの建築を設計した縁があり、建設に際して現地から銘木を数多く持ち込み、建材として使用している。

芸術に造詣が深い久邇宮邦彦王の好みが天井画に表れる

明治~昭和初期に建てられた近代和風建築の特徴の一つが、優れた銘木をふんだんに使用している点にある。物流の発達によって、国内はもとより海外からも優れた建築材を運搬できるようになった。旧久邇宮邸でも台湾産の無節のケヤキやクスノキなどの希少な木材が、柱や床板に用いられている。

芸術性が高い天井画

1918（大正7）年、邸宅が建てられた際には敷地内に洋館があったが、程なくして失火で焼失している。大学で〝パレス〟と呼ばれる御常御殿は、洋館の跡地を利用して建てられ、久邇宮家の人々が日常生活を送る場であった。入母屋造（一部切妻造）とし、1階には居間、寝室、化粧間などを設け、それぞれを畳廊下で結ぶ。各部屋は

3 | 1
4 | 2

1）2階の内謁見室の花頭窓から、妃殿下御書斎を望む。2）1階の寝室の格天井。中央は酒井三良子作の「鶏頭」で、他にも速水御舟や小林古径など、大正時代の代表的な画家による四季の花々の絵が飾られている。3）床の寄木張り。異なる色合いの木材を交互に貼って、文様を作り出す。4）御常御殿1階廊下の釘隠しには、菊があしらわれている。釘隠しのほか、襖の引手なども意匠を凝らす。

書院造など純和風の意匠でまとめられている。圧巻なのは寝室にあしらわれた天井画であろう。大正時代の画家たちが競作した、60点に及ぶ作品は見事である。また、2階は内謁見室のほか、和洋折衷の書斎などを設ける。

小食堂は、現在は失われた和館と洋館を繋いでいた、入母屋造の和風建築である。こちらはより格式が高い折上格天井とし、寝室同様に当時の画家が競作した天井画が飾られ、四季を描いた襖絵も見事である。随所に社寺建築の技法を取り入れるとともに、透彫欄間も美しい。

天井画や襖絵が一流の画家に依頼され、美術館のような趣を感じるのは、邦彦王が美術に造詣が深く、日本美術協会の総裁を務めるほどだったためである。

上）小食堂、御次の間に設けられた襖絵は飛田周山《ひだしゅうざん》の作で、果実を実らせた秋の柿の木を描く。下）1階にある書院造の居間。部材を組み合わせた繊細な欄間の細工、銘木を使った柱や格天井などによって、格調高い空間を演出する。奥にある帳台構えは武者隠しと呼ばれ、近くの花頭窓の存在感が際立つ。

正門

旧久邇宮邸の正門は、御常御殿や小食堂から離れた場所に建ち、現在は聖心女子大学の正門となっている。桟瓦葺きの一間薬医門で、左右に袖塀が附属し、太い柱が力強く、安定感をもたらす。宮家の正門にふさわしい堂々たる門であるとともに、1918（大正7）年の邸宅創建当時の遺構として貴重。

東日本最大級の三門で、都内有数の古建築

No.
09

幕府の菩提寺に建てられた
江戸初期の大作

増上寺
三解脱門

ぞうじょうじさんげだつもん

DATA
所在地：港区芝公園4-7-35
竣工：1621（元和7）年
～1622（元和8）年
構造：木造
重文指定：1915（大正4）年

1）禅宗様の建築に多く見られる花頭窓。鎌倉時代頃に中国から伝来したとされ、上枠を曲線的な花形に作っていることからその名があり、火灯窓とも書く。2）門の出入口周辺。柱の安定感があり、装飾は控えめ。3）2階内部は普段は非公開であるが、釈迦三尊像と十六羅漢が安置されている。内部の柱は素木造が主体であり、朱漆が塗られていない。

3 | 2 | 1

2階に仏像が
鎮座する

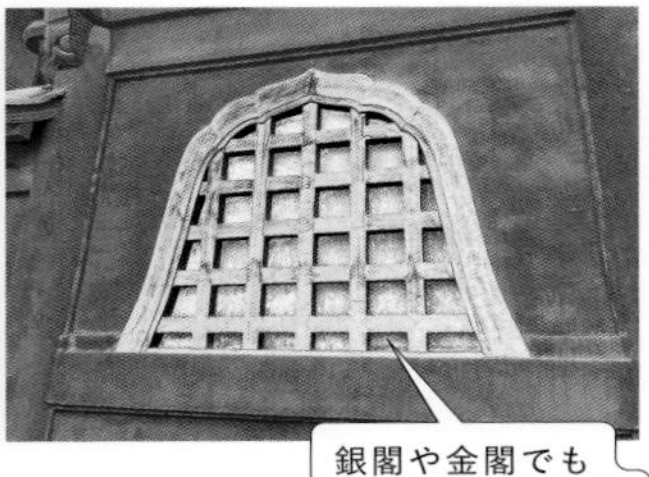
おなじみの花頭窓

写真提供：増上寺

五間三戸二階の二重門で、入母屋造で朱漆塗とする。組物などは禅宗様を基調とするが、勾欄などには和様の要素が見られる。

幕府の支援で建設

1393（明徳4）年に、酉誉聖聡によって開かれた増上寺は、東京における浄土宗の最重要寺院。徳川家康が江戸城の拡張の際に貝塚から現在地に移転させて以来、幕府の菩提寺として信仰を集め、境内には徳川家の壮麗な仏像が建ち並んでいた。

三解脱門は幕府の支援を受けて1621（元和7）年もしくは1622（元和8）年に再建されたとされる。増上寺の江戸初期の面影を残す唯一の建築であり、「三解脱門（三門）」とは煩悩から解脱した覚りを開くための三種の修行「空門」「無相門」「無願門」を意味する。

先の大戦で徳川家霊廟や五重塔を焼失するなど、境内は壊滅的な打撃を受けたが、三解脱門は焼失を免れた貴重な遺構である。

No.
10

戦災で奇跡的に残った
徳川家霊廟の遺構

有章院霊廟二天門

ゆうしょういん
れいびょうにてんもん

DATA
所在地：港区芝公園3-3
竣工：1717（享保2）年
構造：木造
重文指定：1930（昭和5）年

江戸幕府による中期の霊廟建築の栄華を伝える

徳川家霊廟の栄華を語る

増上寺周辺には徳川家霊廟の建築群があり、絢爛豪華さは日光東照宮に比肩するといわれた。有章院霊廟は江戸幕府第7代将軍・徳川家継《いえつぐ》を祀り、江戸中期の建築・工芸の粋を結集した建築群であったが、第二次世界大戦の空襲でほとんどが焼失した。二天門は戦禍を免れた数少ない建築であり、往時の華やかさを伝える遺構である。

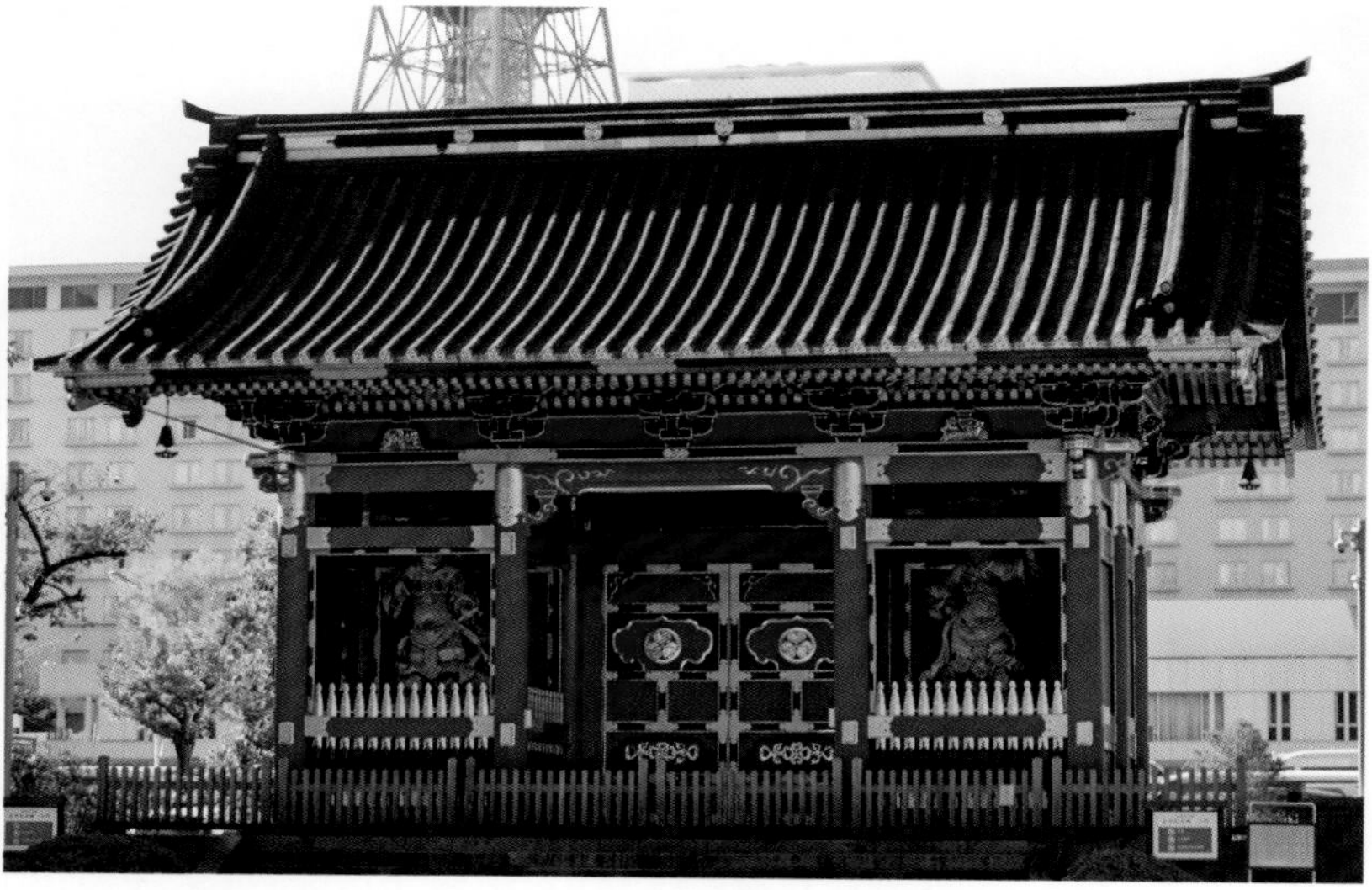

二天門の奥には彫刻で飾られた壮麗な建築が建ち並んでいたが、第二次世界大戦の空襲で焼失した。

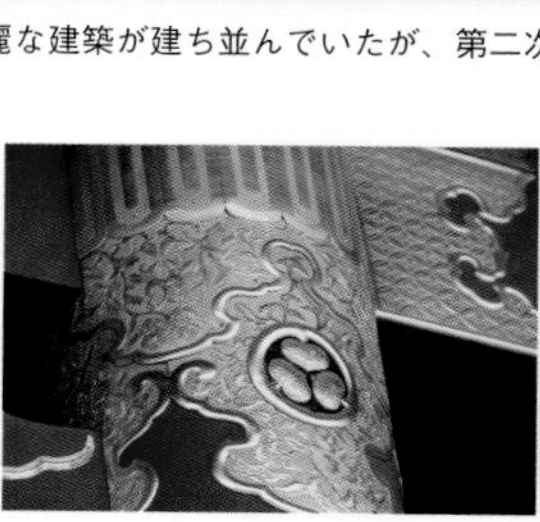

右）長押や組物に黒漆と金箔を用い、上品な趣がある。左）柱の飾り金具にあしらわれた葵の御紋。彫金技術の高さを伝える。第８代将軍以降、江戸幕府では同種の豪奢な霊廟を造らなくなったため、最後の本格的な霊廟建築としても意義深いもの。

No.
11

在りし日の徳川家霊廟の
面影を伝える

旧台徳院
霊廟惣門

きゅうたいとくいんれいびょう

DATA
所在地：港区芝公園4-8-2
竣工：1632（寛永9）年
構造：木造
重文指定：1930（昭和5）年

第2代将軍の霊廟の遺構

台徳院霊廟は江戸幕府第2代将軍・徳川秀忠《ひでただ》の霊廟建築で、増上寺境内に造営された。第2代将軍ということもあり、徳川家霊廟の中でも突出した豪華さで知られた。台徳院霊廟は戦災で大半を焼失、勅額門、丁子《ちょうじ》門、御成門などが焼け残ったが、前述の3棟は埼玉県所沢市の狭山不動尊に移築された。惣門は現地に残る貴重な門である。

徳川家霊廟の遺構では
比較的簡素な意匠

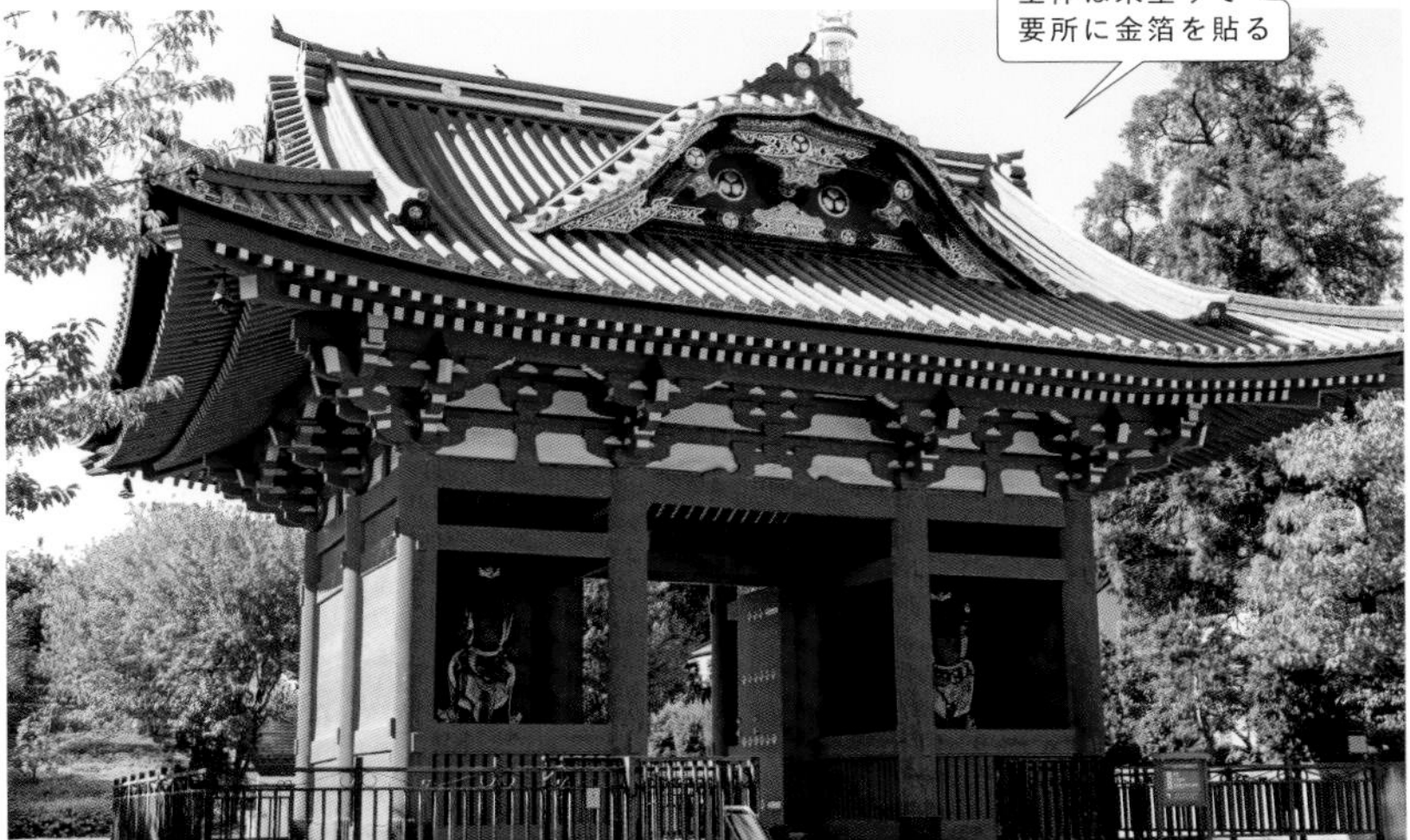

門の両側に安置される金剛力士像は、埼玉県川口市の西福寺にあった像を移設した。

右）朱塗りを基調とし、他の門と比べると、組物などの装飾的要素が抑制されている。入母屋造の八脚門で、当初は現在地より西寄りにあったが、戦後に曳家された。左）正面の屋根につく破風に装飾が集中。飾り金具の葵の御紋などが美しい。

No.
12

都内最古の宣教師館

明治学院 インブリー館

めいじがくいんインブリーかん

DATA
所在地：港区白金台1-2-37
竣工：1889（明治22）年頃
設計：未詳
構造：木造
重文指定：1998（平成10）年

学院開学時の面影を残す

明治学院は、幕末にキリスト教の伝道を行うべく来日した医療宣教師のヘボンが、1863（文久3）年に横浜居留地に開いた「ヘボン塾」をルーツとする。現在の白金台にキャンパスを構えたのは1887（明治20）年のことで、併せて校舎や宣教師館などの建築が整備された。

現在でこそ白金台は都内有数の高級住宅街で、住宅やマンションが建ち並ぶが、当時は住宅もまばらであった。宣教師は遠く離れた築地居留地に住んでいたため、利便性を図るために学院構内に計4棟の宣教師館が建設された。

木造2階建の「明治学院イン

壁面は下見板張りだが、切妻屋根の下には、のこぎり状に加工したシングルと呼ばれる板を張る。

ブリー館」もその1棟で、開学間もない1889（明治22）年頃に建てられたと推定される。インブリー館の名は、明治学院で教鞭を執った宣教師のW・インブリーが長く住んだことに由来するという。都内はもとより国内最古級の宣教師館であるが、設計者はわかっていない。また、創建当初は屋根が瓦で葺かれていたが、現在は銅板葺きに改められている。

1）館内は会議室などの用途で使用。床は寄木板張り。2）宣教師の住宅ということで、装飾性よりも機能性重視の設計。壁面はアメリカの木造住宅に多く採用された下見板張りで、日本の伝統的な建築技術で造れるため明治期に広く普及した。3）有田焼と思われるドアノブ。4）階段周りや扉はワニス塗りの木材の質感が、アメリカの山小屋のような趣を創出。

1
4 | 2
3

明治学院の創成期を物語る明治の木造住宅

右）建物内部でもっとも華やかな大客室。2カ所にある扉の抽象的なデザインは極めて斬新。天井を飾るシャンデリアはルネ・ラリック作の“ブカレスト”。まるで鮫の歯のような装飾が放射線状に広がる独特の造形。左）直線を基調とする東面。外壁は薄黄色のリシン掻き落とし仕上げとし、装飾がかなり抑制されている。

No.
13

世界最高峰のアール・デコの館

旧朝香宮邸

きゅうあさかのみやてい

DATA

所在地：東京都港区白金台 5-21
竣工：1933（昭和８）年
　　　茶室は1936（昭和11）年頃
設計：宮内省内匠寮工務課（権藤要吉）
　　　※本館のみアンリ・ラパンとの共作
　　　茶室は中川砂村、平田雅哉
構造：鉄筋コンクリート造
　　　茶室は木造
重文指定：2015（平成27）年

最高峰のアール・デコの館

旧朝香宮邸は、１９３３（昭和８）年に朝香宮鳩彦王《あさかのみややすひこおう》の邸宅として建てられた。特に有名なのが本館である。外観こそモダニズム建築の影響を受けた直線的で簡明な意匠であるが、内装が１９２０～30年代のヨーロッ

本館

フランス帰りの朝香宮夫妻の趣味が凝縮した大邸宅

パで流行していたアール・デコの意匠をふんだんに取り入れてデザインされていることで知られる。そのため、〝アール・デコの館〟としても名高い。

　アール・デコは、ガラスや金属を素材とする工芸作品を特徴とし、工業的な材料を用いながら、幾何学的な造形を反復させる点に特徴がある。旧朝香宮邸では、室内装飾はもちろんだが、階段の手摺やグリル、室内の照明まで至るところにアール・デコの意匠がちりばめられ、極めて華やかである。これらのインテリアはフランスで活躍したアンリ・ラパンを筆頭に、5人の造形作家が腕を競っている。

　本館の主設計は宮内省内匠寮《たくみりょう》であり、日本庭園内には茶室もある。日本とフランスの造形が競演する優れた大邸宅ということができる。

POINT

見どころ

1 世界最高峰のアール・デコの館

2 フランスから輸入した調度品の数々

3 宮内省内匠寮が手掛けた邸宅建築の頂点

日本とフランスの職人技の昇華がここに

上）大食堂は、天井からパイナップルとザクロをかたどったガラス照明を吊り、南面に縦長の窓を設け、緩やかなカーブを描いている。下）壁面や暖炉には褐色の大理石を用い、ブランショの手によるメタリックな壁面レリーフが対比的に配置される。

HISTORY

歴史

2015（平成27）年
重要文化財に指定

1981（昭和56）年
東京都が所有

1950（昭和25）年
西武鉄道が所有

1936（昭和11）年頃
庭園に茶室上棟

1922（大正11）年
鳩彦王、軍事研究のためフランスに留学

1983（昭和58）年
都立美術館として一般公開

1955（昭和30）年
白金迎賓館として開業

1947（昭和22）年
朝香宮家、皇籍離脱。外務大臣公邸となる

1933（昭和8）年
竣工

1906（明治39）年
久邇宮朝彦親王の第8王子・鳩彦王が朝香宮家を創立

気品をたたえつつ
官能性も秘める

3 | 1/2

1）正面ガラス扉の女性像。ガラス製のレリーフで、放射状に広がる翼、ドレスの裾などがアール・デコらしい表現。アール・ヌーヴォー全盛期に宝飾デザイナーとして名声を轟かせたルネ・ラリックの70歳頃の作品。2）次室の香水塔。国立セーブル陶器製作所製で、朝香宮邸当時は上部の照明部分に香水を施し、照明の熱で香りを漂わせていた。3）階段を上った先、2階広間にある花状の文様がかわいらしい照明。

アール・デコによる造形美の頂点を極めたインテリア

No.13（旧朝香宮邸）

ベランダは

1）2階の内部化されたベランダ。国産大理石による白と黒の市松模様の床に外光が反射し、清潔感に満ちた幾何学世界を描き出す。2）第一階段。黒大理石の手摺と、無色の型板ガラスの対比が美しい。3）大客室の扉。抽象的な文様はエッチングガラスがはめこまれている。マックス・アングランの作品。4）大食堂の暖炉。5）姫宮寝室前の廊下照明。金平糖のような形のランプ。

1
3 | 2
5 | 4

魚介がモチーフの
暖炉の鋼製グリル

自動車庫

平屋建。南面には水平の庇を設け、屋根は周囲にパラペットを立ち上げた陸屋根。作業室、洗い場などを設ける。

倉庫

基礎を高く造る2階建で、南面、東面に出入口があり、水平の庇がついた窓には両開きの鉄扉がつく。内部は床板を張る。

正門

両側に脇門と袖塀が延びる間口約50.5mの門。唐草文様を施す鉄扉がつく門柱は鉄筋コンクリート造で、上部に笠石《かさいし》が載る。

附属施設も宮家の生活を伝える重要遺構

茶室

設計は中川砂村、大工棟梁は平田雅哉。木造平屋建。“光華”の名をもつ数寄屋造の茶室で、内部は四畳半の小間を雁行《がんこう》型に配置する。

施主の好みが濃厚に表れる

いったいなぜ、これほど本格的で濃密なアール・デコの館が日本に建ったのか。それは施主の朝香宮夫妻が、1922（大正11）年からフランスに滞在していること抜きには語れないだろう。夫妻は1925（大正14）年にパリで開催された現代装飾美術・産業美術国際博覧会を視察するなど、滞在中にヨーロッパの流行に触れる機会が豊富にあった。その中でアール・デコにも出合っており、アンリ・ラパンの起用も夫妻の強い要望によるものだったという。

しかし、朝香宮は1947（昭和22）年に皇室を離れ、この館も手放すことになる。その後は外務大臣公邸や首相官邸などに使われ、現在は東京都庭園美術館となっている。

No.
14

再三の移築を経て伝わった
江戸上屋敷の正門

武家屋敷門

ぶけやしきもん

DATA
所在地:港区赤坂4-10-36
竣工:江戸時代末期(1862～1864年頃)
構造:木造
重文指定:1947(昭和22)年

移築を繰り返した長屋門

この武家屋敷門は老中の地位にあった岡崎藩の本多《ほんだ》忠民《ただもと》の江戸上屋敷の表門として、1862(文久2)年～1864(元治元)年頃までに建てられたと推定される。創建当時は八重洲大名小路の一角にあった長大な

門であり、大名小路に沿って南北約120mに達する規模だったといわれる。

　日本建築は構造的に移築が容易であるが、この武家屋敷門ほどの〝引っ越し魔〟は珍しいだろう。最初は八重洲に建てられたが、1899（明治32）年に霞ヶ関に設置された海軍予備学校の表門として門構の部分が移築され、このとき屋根を入母屋造に改めるなどの改造を行った。その後、払い下げられて、1931（昭和6）年には芝白金の実業家の藤山雷太の自邸に移築された。

　戦後は、千葉県の九十九里町にある山脇学園の臨海施設「松《しょう》籟荘《らいそう》」の表門となった。そして、2016（平成28）年、山脇学園が赤坂に新校舎を建設するタイミングで九十九里町から移築を決め、現在見られる姿となった。

江戸幕府老中の家柄の格式を伝える

学校の門となり
生徒の門出を祝福

1）武家屋敷門は桁の長さが約21.8m、梁の長さ約4.7m。移築の際に縮められたものの、なお長大である。家臣、下男などを住まわせるための長屋の一部をあけて門としたものを長屋門という。扉口の両側には門番が詰める番所を設ける。2）屋根は切妻造で本瓦葺き。3）普段は扉が閉じられているが、山脇学園ではこの門を"志の門"と呼称し、入学式や卒業式などに開門している。

2 ― 3 ｜ 1

大雄宝殿は入母屋造、本瓦葺きで下層に裳階がつく。月台というテラス状の張り出しを設け、正面と背面に吹放しがある点が従来の日本の寺院と異なる。

No.
15

黄檗宗寺院らしい
意匠をもつ中国風仏堂

瑞聖寺
大雄宝殿

ずいしょうじだいおうほうでん

DATA
所在地：港区白金台3-2-19
竣工：1757（宝暦7）年
構造：木造
重文指定：1992（平成4）年

黄檗宗《おうばくしゅう》らしい中国風寺院

瑞聖寺は、都心に伽藍を構える黄檗宗系の単立寺院である。黄檗宗は禅宗の一種で、1654（承応3）年、明の僧・隠元《いんげん》によって伝えられた。その後、隠元の弟子の木庵によって1670（寛文10）年に、江戸で初めて開かれた黄檗宗寺院が瑞聖寺である。最盛期には境内を回廊が囲み、いくつもの仏堂が建

3 ｜ 1/2 4

1）開梆《かいばん》（魚板）と呼ばれる法具。木魚の原型とされる。2）左右にある丸窓もいかにも中国風。3）朝と昼の食事などの際に打つ、青銅製の雲版。4）大雄宝殿の内部には、本尊の釈迦如来坐像が安置される。建築はたびたび再建されているが、本尊は背面に金泥で“寛文十一辛亥”の銘が記され、創建当時の像が現存していることがわかる。

長崎や京都には多い黄檗宗寺院 萬福寺と同形式の大雄宝殿が都内に残る

ち並ぶ壮大な寺院であったとされるが、たびたび火災に遭っている。大雄宝殿は二度の火災ののち、江戸時代中期の１７５７（宝暦７）年に再建されたものである。

黄檗宗は、境内に建つ仏堂の意匠に濃厚な中国趣味が見られるのが特徴である。大雄宝殿は他宗でいう本堂にあたる。壁の丸窓や、屋根に載せた鯱や火炎のついた二重の宝珠、魔除けと考えられる桃の実をかたどった装飾がある桃戸など、随所に特徴的な意匠が見られる。

なお、境内の庫裏は隈研吾の設計で、２０１８（平成30）年の竣工である。

東京の文化財建築を楽しむ5つのポイント

1 気軽に見学ができる

東京の重要文化財は街中に存在するものが多く、正福寺地蔵堂のように国宝建築がある寺院であっても、外観を見るだけなら料金がかからないケースも多い。高島屋東京店や三越日本橋本店のように百貨店の店舗そのものが重要文化財なら、ショッピングついでに楽しめるのも魅力だろう。また、日本橋界隈は前出の三越のほか、日本銀行本店本館や三井本館、さらに日本橋も重要文化財。都内を地下鉄のフリー切符を買って集中的に回れば、1日でかなりの数を見学できるはずだ。

2 抜きんでたクオリティ

江戸時代に入ってから、江戸・東京は日本の文化・経済の中心であり続けた。そして、明治以降は文化の東京集中が強まるとともに、流行の最先端であったため、突出した質の建築が数多く建設されてきた。明治時代には井上馨の指揮のもと、東京をパリのような都市に改造しようという計画もあったし、関東大震災後の復興、さらに第二次世界大戦の終戦後の再建など、建築家たちは常に東京を意識して仕事をする機会が多かった。首都にふさわしい最高峰の建築が競うように建てられたのは、必然だったといえる。

3 完成が比較的新しい

古代の建築を見るなら奈良が最高だが、東京には明治維新後の比較的新しい時代の建築の最高峰が揃う。国立西洋美術館本館をはじめ、代々木競技場、明治神宮など戦後の重要文化財も増えており、奈良や京都の古建築のような堅苦しさがなく、親しみやすいのが魅力だ。

4 和魂洋才のデザイン

明治初頭には、旧東京医学校本館など和洋折衷の意匠が楽しい擬洋風建築が建った。その後、旧東宮御所（迎賓館赤坂離宮）のような日本人建築家が設計した本格的な洋風建築にも、甲冑のモチーフがあしらわれるなど、和魂洋才の意匠が見られるのもユニークである。

5 様々なジャンルの文化財がある

寺院、神社、駅舎、邸宅、さらには橋まで、とにかく様々な文化財が見られる。さらに、旧十輪院宝蔵のように奈良から移築された校倉造の建築まである。あらゆる時代の作品があって見飽きることがないのも、東京で重要文化財建造物を見て回る醍醐味といえるだろう。

3章

目黒・品川・大田区

物件リスト

1. 旧前田家本邸
2. 尊經閣文庫
3. 宝篋印塔（1）
4. 宝篋印塔（2）
5. 旧島津家本邸
6. 円融寺本堂
7. 本門寺五重塔
8. 池上本門寺宝塔

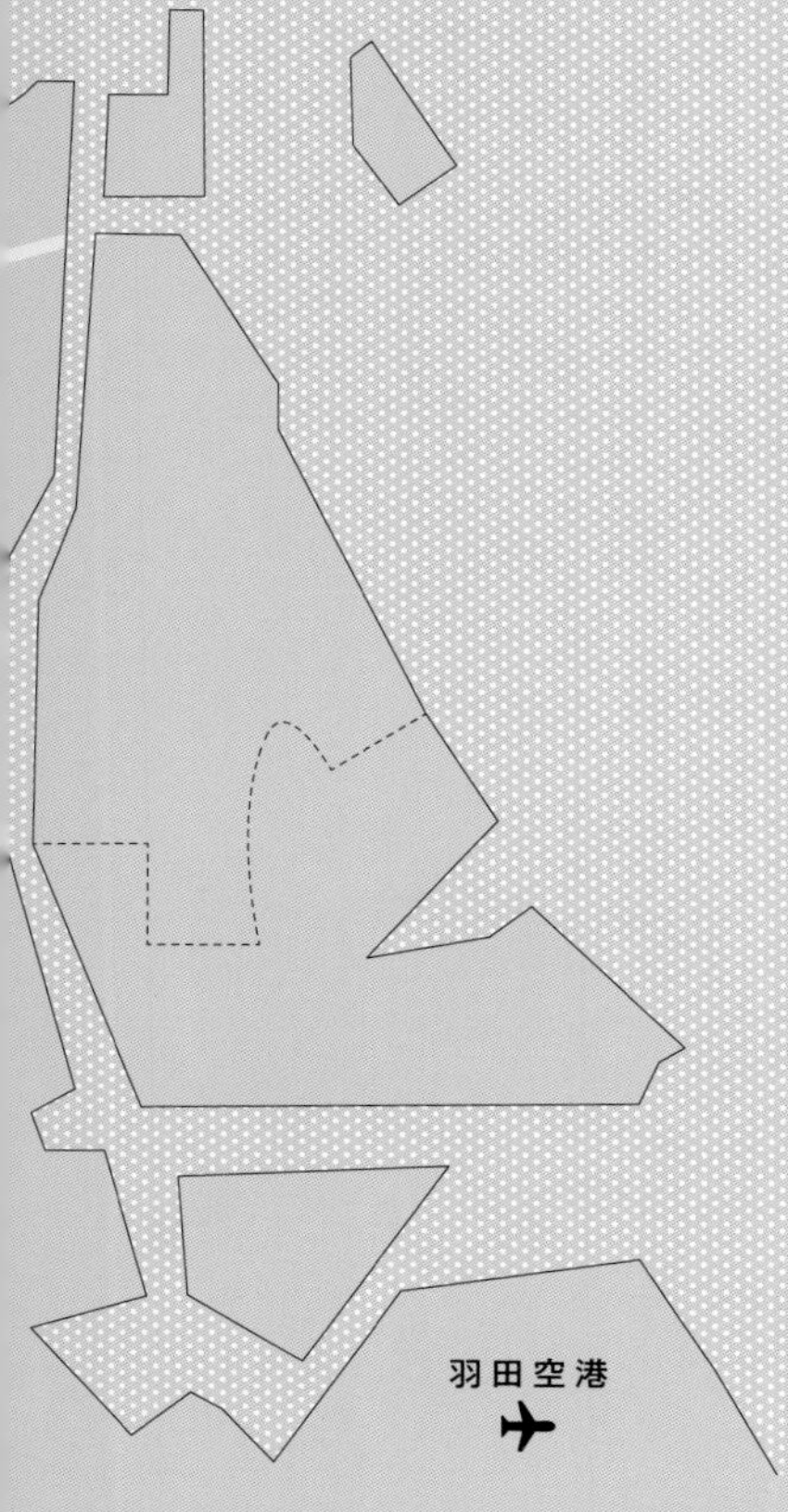

大正〜昭和の邸宅建築の傑作が２件。時代による様式の変化に触れつつ見学したい。円融寺や池上本門寺などの古刹にも歴史的建築が残る。

階段ホール。手摺周りに精緻な透かし彫りが施されている。階段も個人の邸宅とは思えないほど横幅が広く、住まいというよりはクラシックホテルの趣がある。

No.
01

昭和初期の旧大名家の
生活様式を偲ぶ大邸宅

旧前田家本邸

きゅうまえだけほんてい

DATA
所在地：目黒区駒場4-3-55
竣工：洋館は1929（昭和4）年
　和館、洋館渡廊下、和館渡廊下、和館門及び塀、
　茶室待合は1930（昭和5）年
設計：高橋貞太郎、基本計画は塚本靖
　和館、和館渡廊下、和館門及び塀は佐々木岩次郎
　茶室待合は木村清兵衛（和館内にある茶室も設計）
構造：鉄筋コンクリート造
　和館、和館渡廊下、和館門及び塀、茶室待合は木造
重文指定：2013（平成25）年

POINT
見どころ

1. 昭和初期の和館と洋館が完存
2. 大名家の末裔による御殿さながらの大邸宅
3. チューダー様式の壮麗かつ大胆な装飾

HISTORY
歴史

1926（大正15）年
本郷の前田家と、駒場の東京帝国大学が土地と建物を等価交換

1929（昭和4）年
洋館竣工

1930（昭和5）年
和館竣工

1944（昭和19）年
中島飛行機が土地と和館などを買収し、本社を置く

1945（昭和20）年
連合軍が接収

1951（昭和26）年
リッジウエイ連合軍最高司令官官邸となる

1957（昭和32）年
接収解除され、駒場公園が国から都へ提供される

1967（昭和42）年
洋館に東京都近代文学博物館が開館。都立駒場公園開園

2013（平成25）年
重要文化財に指定

洋館

右）洋館は地上3階、地下1階建。1階に用いられた凝灰岩と2階のスクラッチタイルが調和し、落ち着いた風合いを与える。左）大食堂の大理石製の暖炉。高い位置まで立ち上げられた板壁などがチューダー・ゴシックの特徴を示す。

"東洋一"と讃えられた大邸宅

上）2階婦人室のインテリアは美しくまとまりある趣で統一されている。暖炉は、用いられた石材の質感、その形状ともにやわらかな印象。葡萄唐草をあしらったレリーフも優美で、グリルは小菊をモチーフにする。下）2階寝室の壁にはフランス産の絹織物や壁紙が貼られ、高貴な雰囲気が漂う。

和館

上）旧前田家本邸の和館は木造2階建。庭園側から見ると銀閣を思わせる。賓客を迎える場であり、特に外国人を招くことを意識して和を前面に押し出す。下）和館に茶室が併設されている。設計は茶室待合を手掛けた木村清兵衛。

土地交換で駒場に移転

静かな住宅街である目黒区駒場に、加賀百万石の大名として知られた前田家の末裔が住んだ大邸宅、旧前田家本邸が立つ。現在見られる洋館や和館などの建築群は、昭和初期に前田家16代当主・利為《としなり》侯爵が施主となり、建てられたものである。

かつて前田家の本邸は、現在は東京大学本郷キャンパスが広がる本郷区本富士町にあった。本郷は、前田家江戸時代に旧加賀藩の上屋敷が置かれていた土地で、明治以降は広大な敷地に和館・洋館併設型の邸宅を建てて生活していた。

その頃、駒場には近代的な農業研究の場とすべく駒場農学校が設置され、1919（大正8）年には東京帝国大学農学部となった。大正期の東京帝国大

外国人をもてなした静謐な純日本間

1）書院造の床の間。違い棚には漆を塗って仕上げる。設計者の佐々木岩次郎は帝室技芸員で、平安神宮などの和風建築を数多く手掛けた建築家。かつては襖にも橋本雅邦の絵があった。当初、利為には和館を建てる意志がなかったというが、前田家にあった評議会が「格式が下がる」と反対したため建設された。2）欄間に見られる透かし彫りの細やかさは見事である。3）日本画家・橋本雅邦による四季を描いた杉戸絵がある。

1
3 | 2

学は各地にキャンパスを抱えており、本郷に集約して利便性を高める計画が練られていた。この構想は関東大震災でキャンパスが壊滅的な被害を受けたことで実現の運びとなる。併せて、本郷にあった前田家の土地と、駒場の東京帝国大学の土地を交換することが決まり、1926（大正15）年に学部の移転も実施された。東京大学本郷キャンパスがほぼ現在の形になったのは、このときである。

かくして、前田家は農学部の土地約4万坪を獲得し、駒場へ移転が決まった。前田家は、新たに生活の場として住宅を構えることになった。これが現在見られる旧前田家本邸の建築群であり、いずれも昭和初期に竣工している。当時の貴顕の生活を知るうえで重要な建築となっている。

洋館渡廊下

洋館と和館を連絡する。壁面はスクラッチタイル貼りで仕上げ、洋館と調和を成す。

和館渡廊下

洋館と和館を連絡する廊下。船底天井で、細い柱を立て、床は石を貼って仕上げる。

和館門及び塀

客人が出入りする門で、和館に意匠を合わせた薬医門。屋根は銅板葺きで塀が左右に付属する。

城主さながらの生活様式

前田家の本邸は、1929（昭和4）年から翌年にかけて、本郷と同じ和館と洋館を併設した邸宅として新築された。明治期の旧岩崎家住宅では和館が生活の主体であったが、昭和に入ると貴顕の生活は洋式化し、洋館で生活する例も増えた。前田家はそうした一例で、和館を設けたのは、イギリス駐在武官を務めていた利為が、外国人を接遇する場として必要としたためと考えられる。

洋館は髙島屋東京店（P66〜71）を手掛けた建築家・高橋貞太郎の設計で、ゴシック様式を住宅向けに簡略化したチューダー様式でまとめている。館内に入ると、まず玄関ホールに息をのむ。蛇の皮を思わせる模様が浮き出た蛇紋岩《じゃもんがん》を削り出した柱

茶室待合

客人が茶室に通される際に待機する場所。内部に4人程度が座れる腰掛、裏側に雪隠（便所）を備えた小規模な建築。

門衛所

正門の右脇に建ち、内部に門番が控える空間がある。意匠は洋館に合わせ、スクラッチタイル貼りとする。

正門及び塀

鉄筋コンクリート造の躯体の表面に石材を貼る。隣接する尊経閣文庫（P162～163）と類似する意匠。

が立ち、柱、梁などには艶出しをした木材を使い、重厚な雰囲気を出している。対して、階段の手摺や親柱の彫刻は鑿《のみ》の彫り跡を強調して荒々しく仕上げており、館内のインテリアのなかで異彩を放っている。

　食堂や書斎も東洋一の大邸宅と呼ばれていたのが頷ける規模であり、館内を巡ると、生活していた家族は空間を持て余していたのではと考えてしまう。しかし、旧大名家である前田家は、大きな洋館でもお城の御殿に住む感覚で戸惑うことなく生活できたようである。また、駒場公園となっている敷地の周辺には、かつては家臣の屋敷が立ち並び、城下町さながらの威容を誇ったという。昭和の時代にも、加賀百万石の大名の暮らしが脈々と受け継がれていたことに驚かされる。

No.
02
旧大名家による
文化施設の先駆例
尊經閣文庫
そんけいかくぶんこ

前田家の文化財を所蔵

昭和初期になると、旧大名家に伝わる貴重な文化財を保存しようという機運が醸成され、収蔵、研究のための施設が各地に建てられた。

例えば、尾張徳川家の場合、1931（昭和6）年に徳川黎《れい》明会《めいかい》を発足させ、伝来した美術品を公開する「徳川美術館」の建設などを行った。加賀藩主前田家では、これに先駆けて1926（大正15）年に育徳《いくとく》財団（後

図書閲覧所

全体的にスクラッチタイル貼りであり、要所を石材で装飾し、アクセントとする。隣接して建つ旧前田家本邸（P154～161）に合わせた意匠が見られる。

DATA
所在地：目黒区駒場4-3-55
竣工：1928（昭和3）年
設計：高橋貞太郎
構造：鉄筋コンクリート造、
一部木造及び鉄骨造
※図書閲覧所以外は
鉄筋コンクリート造
重文指定：2013（平成25）年

No.
03・04
鎌倉時代の石工の
卓越した技巧を伝える
宝篋印塔（1）（2）
ほうきょういんとう

DATA
所在地：品川区西五反田4-12-1
竣工：1317（文保元）年
構造：石造
重文指定：1953（昭和28）年

本堂に安置される石塔

宝篋印塔は仏塔の一種で、当初は宝篋印《ほうきょういん》陀羅尼《だらに》の経文を納める塔であった。現在では供養塔や墓碑などに用いられることが多い。基礎は方形で、塔身の上に笠石《かさいし》を載せ、その上に相輪を造る形式をとるのが一般的。笠石の隅に飾りを置き、バランスを整えた造形をとるのも特徴といえる。

安養院の本堂に安置される宝篋印塔は小（1）、大（2）の

の前田育徳会）を発足させた。この時、加賀藩に伝わった古書籍、古文書、美術品を収蔵管理するために建設されたのが尊經閣文庫である。名称は、藩内の文芸や学問の振興に努め、書籍の蒐集を行った加賀藩5代藩主・前田綱紀《つなのり》が蔵書を〝尊經閣蔵書〟と称したことにちなむ。

育徳財団の本部は当初は本郷に置かれたが、前田家の本邸が駒場に移転する際に同時に移転を決め、1928（昭和3年）、尊經閣文庫は敷地の一画に建設された。前田家本邸の正門とは別に門を建てて敷地を区分し、門の奥には図書閲覧所を置く。3階建の書庫と貴重庫は耐火と耐震を意識して、鉄筋コンクリート造や堅牢な造りとする。門や柵の外から眺めることはできるが、研究施設のため内部見学はできない。

旧大名家の文化が注目された 昭和初期の気風を伝える

門及び塀

北側の通りに面した門は旧前田家本邸の正門に合わせた意匠とし、鉄筋コンクリート造で表面に石を貼る。両側に塀が接続し、表面はスクラッチタイル貼り。奥には図書閲覧所を望める。

貴重庫

貴重庫は美術工芸品を収めるために建設された。書庫と同様に鉄筋コンクリート造の堅牢な造りとしつつ、壁面を装飾して大名家の施設にふさわしい品位をもたらす。写真掲載は不可のため、残念ながら掲載はかなわなかった。

書庫

蔵書を収める重要な建築で、貴重庫と統一された意匠とする。鉄筋コンクリート造であるが、壁面は漆喰塗りとし、スクラッチタイル貼りの面を帯のように回した華やかなデザインである。写真掲載は不可のため、残念ながら掲載はかなわなかった。

2基があり、石造で、刻まれた銘から鎌倉時代後期の1317（文保元）年の制作とされ、ともに重要文化財に指定されている。もともとは神奈川県鎌倉市にあった宝篋印塔だが、2010（平成22）年に長野県安曇野市の等々力《とどろき》家が購入。その後は文庫蔵に保管していたが、所有者が死去したため、2019（平成31）年に安養院に移設したものである。通常は非公開。

右）宝篋印塔（1）。左）宝篋印塔（2）。

本館

外観は端正に造り、ベランダや大階段を華麗に飾る

No.
05

日本建築史に足跡を残した
ジョサイア・コンドル
晩年の邸宅建築の傑作

旧島津家本邸

きゅうしまづけほんてい

DATA
所在地：品川区東五反田3-6-21
竣工：1917（大正6）年
設計：ジョサイア・コンドル
構造：煉瓦造
重文指定：2019（令和元）年

コンドルの作風の特徴であるベランダを曲線状に張り出し、柱を2本束ねたペア・コラムを配した瀟洒な洋館である。初期の旧岩崎家住宅（P176～183）の洋館と比べると、装飾は抑制されているが、均整の取れた美しさを見せる。

島津公爵家の洋館

イギリス人建築家のジョサイア・コンドルが、島津忠重《ただしげ》公爵の住まいとして設計した邸宅であり、最晩年に手掛けた傑作とされる。江戸時代、この袖ヶ崎の地には仙台藩伊達家の下屋敷が置かれていたが、1873（明治6）年以降は鹿児島藩主末裔の島津家の所有となり、〝袖ヶ崎邸〟と呼ばれていた。その後、老朽化した伊達家から引き継いだ住宅を建て替えることになり、上流階級の住まいを多数手掛けていたコンドルに白羽の矢が立った。

コンドルは1906（明治39）年には設計を開始し、当初は大規模な邸宅を想定していたようである。しかし、明治天皇の崩御や第一次世界大戦の勃発などの社会情勢の影響を受け、

コンドルは晩年になっても
ベランダを愛し続けた

工事はたびたび中断。1917（大正6）年にようやく竣工をみたのが現在の邸宅である。

旧島津家本邸の本館は、ネオ・ルネサンス様式の地上2階、地下1階建の洋館であり、南側に設けられた開放的なベランダなど、コンドルらしい設計が随所に見られる。また、敷地内には家政を行うための事務所も造られ、こちらもコンドルの設計で重要文化財に指定されている。

1927（昭和2）年に金融恐慌が起こると、島津家も財政的打撃を受け、屋敷地の大半を売却した。邸宅の維持管理も難しくなり、1929（昭和4）年には箱根土地株式会社に売却された。第二次世界大戦後はGHQに接収されるなどの紆余曲折を経て、1961（昭和36）年から清泉女子大学の所有となっている。

STRUCTURE

図解

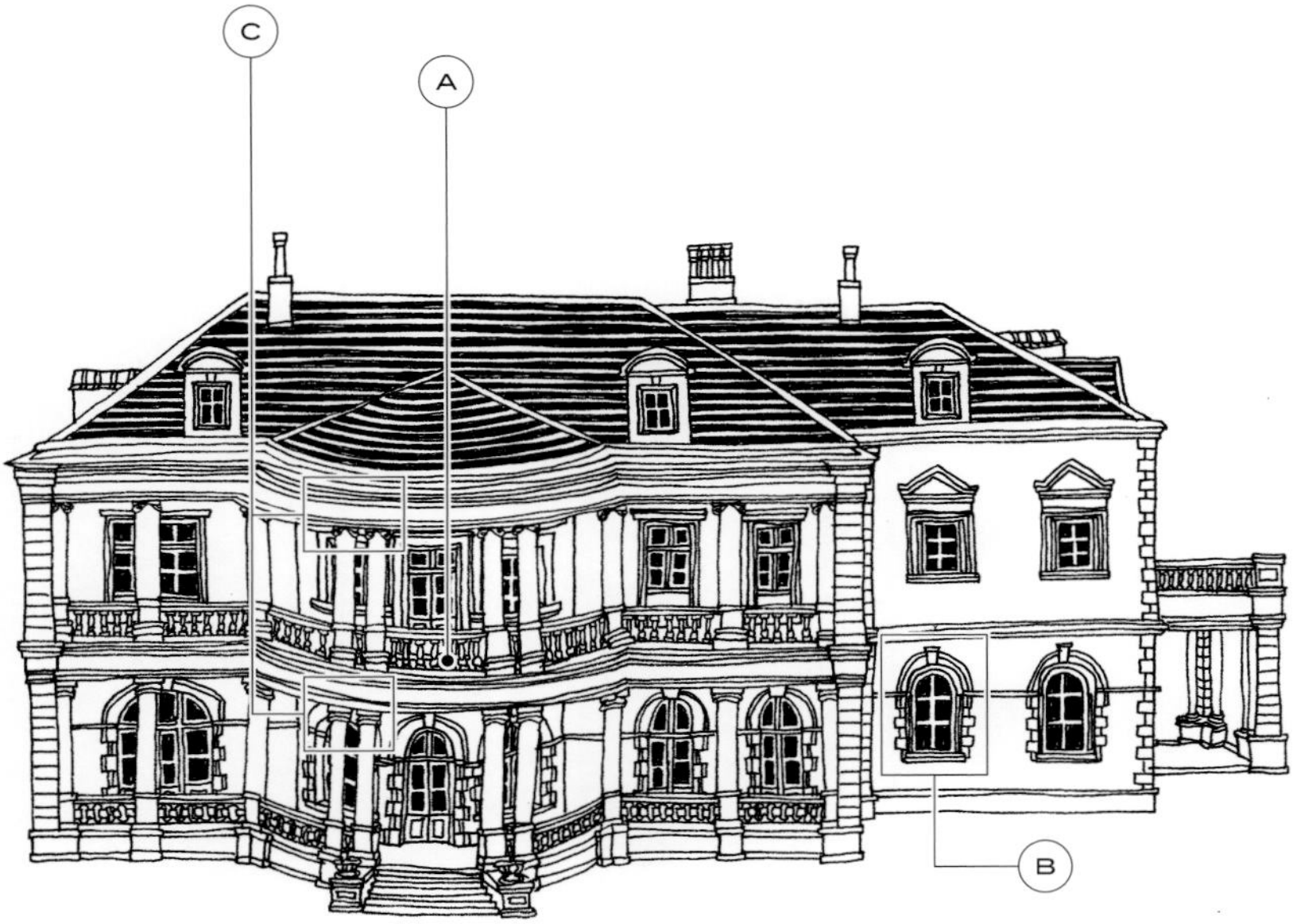

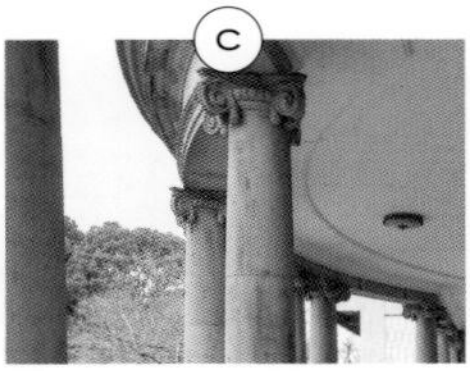

ベランダに立つ 柱の柱頭飾り

列柱の柱頭は1階がトスカナ式、2階がイオニア式と異なる意匠を採用することで、変化に富んだ外観をつくり出している。

白色タイルは 時代背景を反映

コンドルは明治期に全盛を誇った煉瓦に代わり、白色タイルを外壁に用いた。大正デモクラシーの世相を反映するかのようだ。

コンドルの十八番 美しい列柱廊

中央部にゆるやかな曲線を描いた張り出し部がある二層のベランダを設ける。南側に広がる芝生や、庭園の眺めは見事である。

POINT
見どころ

1 コンドル最晩年の傑作住宅

2 洗練された意匠でコンドルの円熟を示す

3 島津家は西洋式の暮らしを送っていた

HISTORY
歴史

1878（明治11）年
島津家がこの地に本邸を構える

1906（明治39）年
家督を相続した島津忠重が新邸の建設を計画

1912（大正元）年
本館の工事に着手

1917（大正6）年
竣工

1923（大正12）年
忠重がイギリス留学から帰国し、居住

1929（昭和4）年
箱根土地株式会社に売却

1945（昭和20）年
日本銀行の所有に。戦後には進駐軍が接収

1961（昭和36）年
清泉女子大学が土地・建物を購入、翌年移転

2019（令和元）年
重要文化財に指定

事務所

家政を司る事務所は2階建。外壁は焼過煉瓦を貼り、全体的に平板であるが、東側に設けた玄関はトスカナ式の柱頭とブロークンペディメントで装飾する。基礎や窓台などには安山岩を用いる。

大学の入構口からゆるやかな坂道を上った先に本館が建つ。玄関の車寄は石造であり、正面の円柱や半円柱などには神奈川県真鶴産の安山岩“伊豆石”を用いる。

コンドル円熟期の洗練された作風を鑑賞する

1階と2階で機能を分ける

コンドルは基本的に直営で仕事を引き受け、お抱えの職人を擁していたため、インテリアの完成度も優れている。ルネサンス様式を基調としつつも、壁面を明るい白色タイルで飾るなど、新しい作風にも挑戦している。

玄関ホールへ入った際に目に飛び込んでくるステンドグラス、大階段を象徴的に設けた中央ホールの空間構成は見事というほかない。1階は来客を迎える公的なスペースだった。玄関ホールの先、左側には忠重の書斎と応接室、右側に食堂やバンケットホール（大食堂）などを置く。2階は夫妻の居間や寝室など、プライベートな空間としている。なお、当初から和館を造らず、忠重と家族は洋館で西洋式の生活を送っていたとされる。

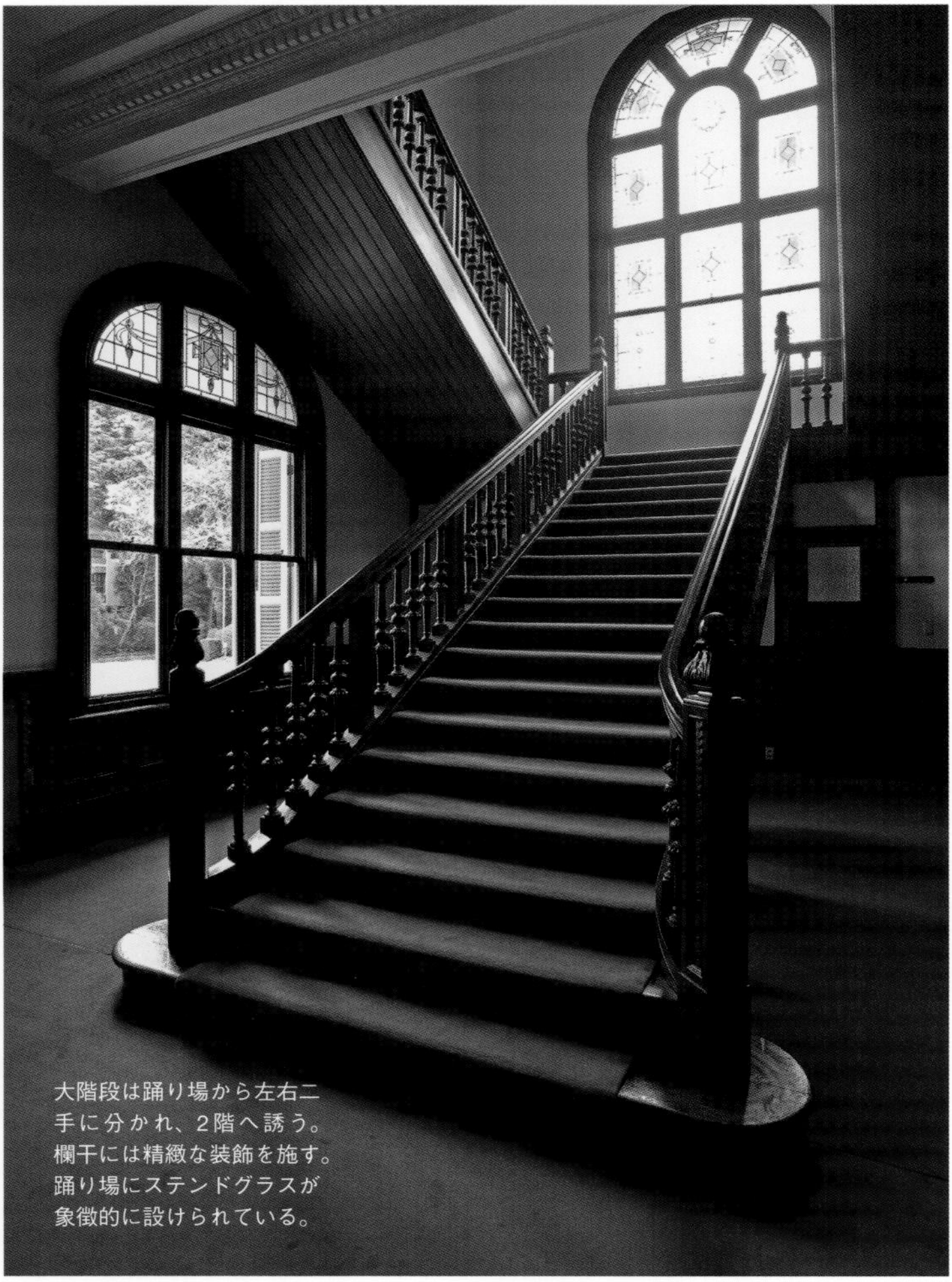

大階段は踊り場から左右二手に分かれ、2階へ誘う。欄干には精緻な装飾を施す。踊り場にステンドグラスが象徴的に設けられている。

1）幾何学的な文様のステンドグラス。2）大客室の天井の漆喰彫刻は、バラの花をモチーフとする。旧島津家本邸の時代にはサロンのように用いられた部屋。3）大階段の親柱の柱頭。4）バンケットホールは30人ほどが着席できる来客用の食堂で、現在は大学の聖堂として用いられている。壁に木材を貼り、声が響きやすい工夫がなされる。天井はアカンサスの葉にリボンを巻いた漆喰彫刻で装飾。5）正面玄関の扉はステンドグラスで飾られる。上方中央のステンドグラスには、“丸に十文字”の島津家の家紋が入り、周囲には唐草文様を描く。

2 | 1
3 |
5 | 4

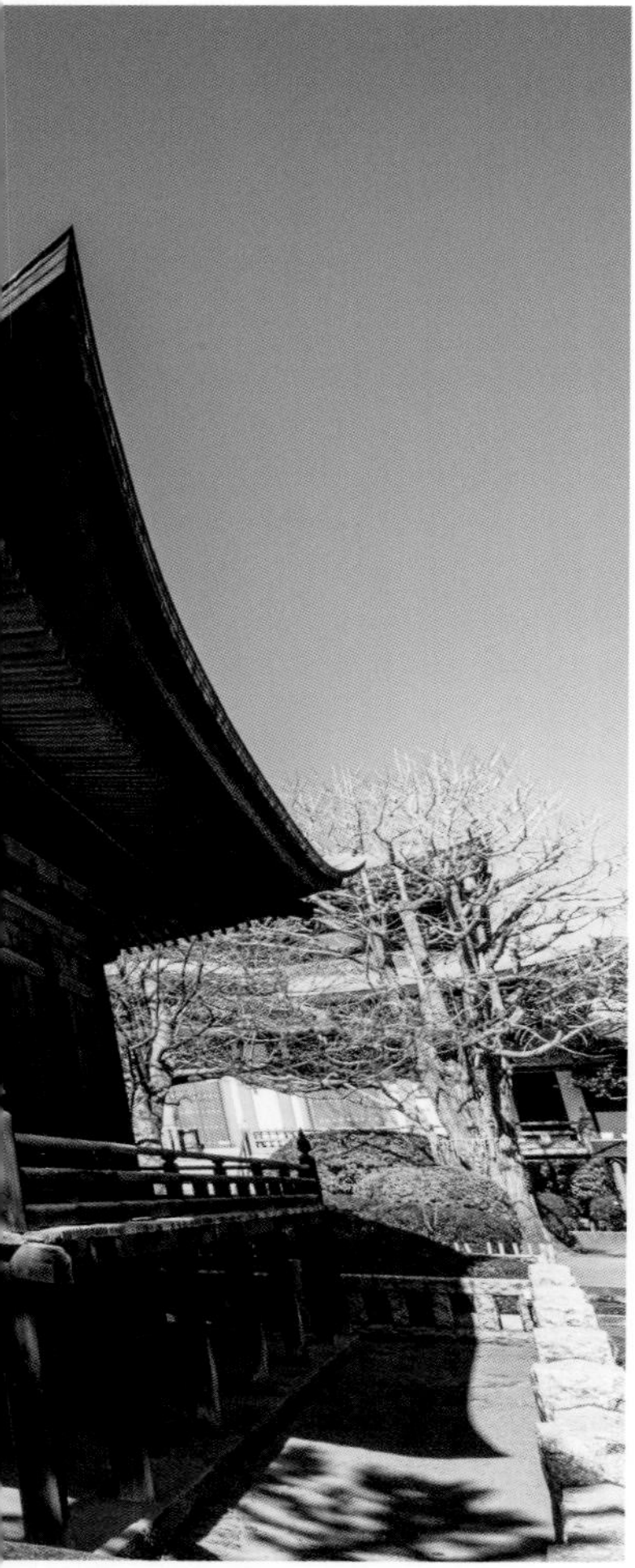

反り返る屋根、繊細な組物が禅宗様の特色を示す

No.
06

室町時代までさかのぼる
禅宗様の小柄な仏堂

円融寺 本堂

えんゆうじほんどう

DATA
所在地：目黒区碑文谷1-22-22
竣工：室町時代中期
構造：木造
重文指定：1911（明治44）年

1
2
3

1）禅宗様の仏堂では柱の上部だけでなく、“詰組”と言って、柱と柱の間にも組物（斗栱《ときょう》）を造るため、より賑やかな印象を受ける。天井はフラットな鏡天井。安置される仏像は江戸時代頃の造立。2）軒の垂木が二重になり、詰組が禅宗様の特色を示す。3）屋根は入母屋造。もとは茅葺きだったが、1952（昭和27）年に銅板葺きに変更した。屋根の造形は斜めから見た姿が優美であり、角度によって反りが強くなり、迫力が感じられる。

23区内最古級の仏堂

円融寺は平安時代前期、853（仁寿3）年に開創されたと伝わる天台宗寺院であり、のちに日蓮宗に改宗した時期もあったが、1698（元禄11）年にふたたび天台宗寺院となって現在に至る。円融寺がある碑文谷は、現在では住宅が建ち並ぶが、戦前までは長閑な郊外の風景が広がっていた。

本堂（現在の本堂は阿弥陀堂）は日蓮宗時代の建立で、東京都23区内では最古級の仏堂で、室町時代初期まで遡る遺構とされる。鎌倉の円覚寺舎利殿や都内の正福寺地蔵堂（Ｐ２７４〜２７５）と並ぶ禅宗様の典型的な仏堂で、もとは檜皮葺きであったが、戦後に銅板葺きに改められた。軒下の細やかな組物や、反り返った屋根が禅宗様の特徴を示す。創建当時、堂内の一部は彩色されていたと考えられる。

修復工事の際、屋根裏の一番奥の柱から「我が手よし　人見よ（私の腕を見てください）」という墨書が発見された。建立にかかわった棟梁が記したものと考えられる。現場監督を務めた宮大工の佐々木嘉平は感銘を受け、その隣に「その手よし　我は見たり（あなたの腕をしかと拝見しました）」と刻んだ。

No.
07

現存唯一の
桃山時代建立の五重塔

本門寺
五重塔

ほんもんじごじゅうのとう

DATA
所在地：大田区池上1-1-1
竣工：1608（慶長13）年
構造：木造
重文指定：1911（明治44）年

逓減率の低さゆえ
細く見える塔身が
時代の特徴を示す

近世の五重塔の典型

1608（慶長13）年、江戸幕府2代将軍・徳川秀忠の乳母だった岡部局《おかべのつぼね》（大姥局《おおうばのつぼね》）の発願によって建てられた。現在、関東地方に残る最古の木造五重塔である。中世以前の五重塔は、上にいくにつれて屋根の大きさが小さくなるが、本門寺五重塔はほぼ変わらずスマートな姿だ。これを〝逓減率《ていげんりつ》が低い〟といい、近世の塔の特徴である。

上）屋根の先端につく相輪。比較的短い。下）組物の間の蟇股に十二支の彫刻を施す。左）初層は和様だが、二層以上は禅宗様。五重塔全体は弁柄塗りで、屋根の大きさが初層と五層がほぼ等しい点に近世の塔の特徴がある。

No.
08

木造の宝塔ながら
内部空間をもつ
希少な遺構

池上本門寺
宝塔

いけがみほんもんじほうとう

DATA
所在地：大田区池上1-1-1
竣工：1828（文政11）年
構造：木造
重文指定：2010（平成22）年

銅板葺きの屋根は宝形造で、中央に露盤と相輪を載せる。全体的に安定感があり、見栄えもよい。

巨大で華美な
現存唯一の
木造の宝塔

派手な組物は
インパクト抜群

上）組物は賑やかで華やかな装飾性があり、意匠的にも優れている。
下）相輪は金色に輝き、頂部には宝珠を載せ、風鐸が吊り下げられるなど装飾性が高い。

日蓮の茶毘所《だびしょ》跡に建立

池上本門寺宝塔は、日蓮宗の宗祖である日蓮の茶毘所跡とされる霊跡に、宗祖の550回遠忌に際して1828（文政11）年に建立された。上下層ともに円形の平面をもつ木造の仏塔であり、塔の内外を極彩色の彫刻で華やかに飾るなど、高度な宮大工の職人技が見られる。なお、文化財の指定名称は、五重塔は“本門寺”だが、後から指定された宝塔は“池上本門寺”である。

4章

台東・荒川区

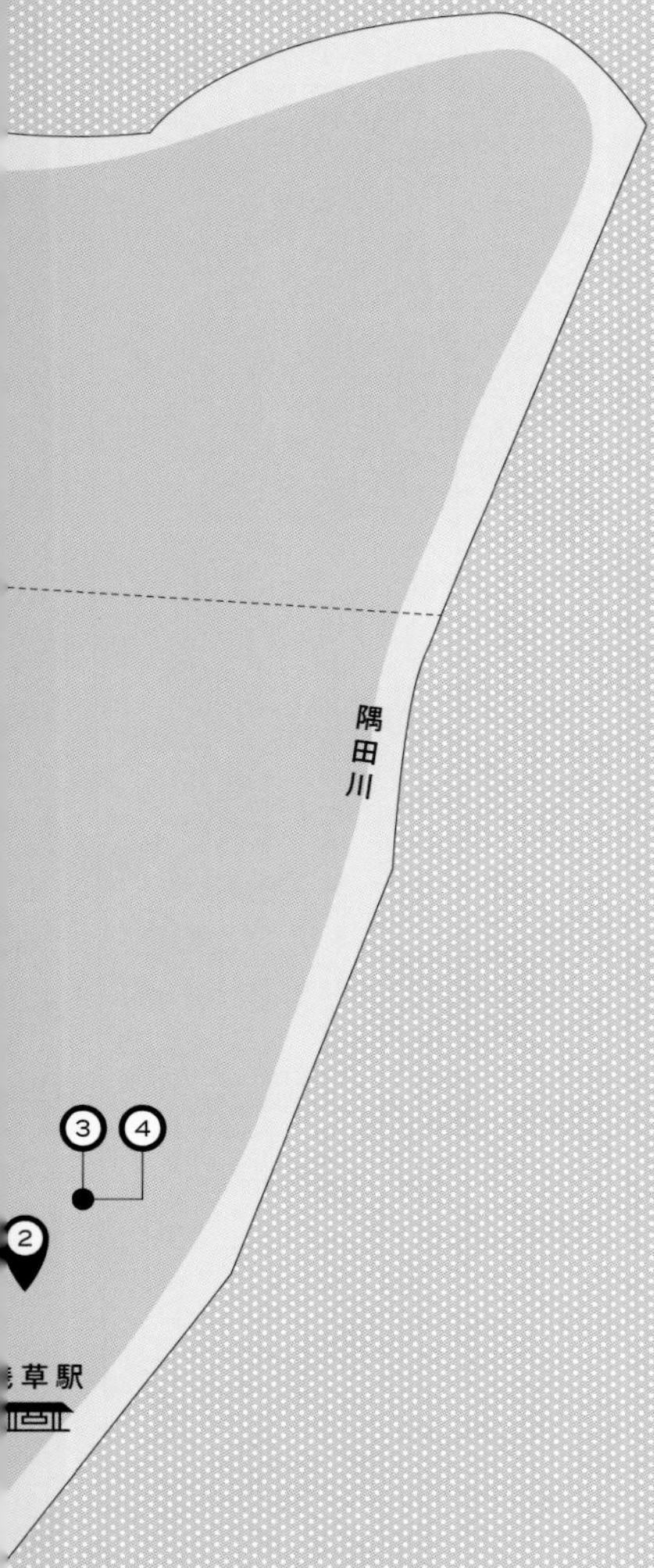

物件リスト

① 旧岩崎家住宅
② 浅草寺伝法院
③ 浅草寺二天門
④ 浅草神社
⑤ 寛永寺清水堂
⑥ 寛永寺旧本坊表門
⑦ 旧寛永寺五重塔
⑧ 厳有院霊廟勅額門及び水盤舎
⑨ 厳有院霊廟奥院
⑩ 常憲院霊廟勅額門及び水盤舎
⑪ 常憲院霊廟奥院
⑫ 東照宮社殿
⑬ 表慶館
⑭ 旧東京帝室博物館本館
⑮ 旧因州池田屋敷表門
⑯ 旧十輪院宝蔵
⑰ 旧東京科学博物館本館
⑱ 国立西洋美術館本館
⑲ 旧東京音楽学校奏楽堂
⑳ 旧三河島汚水処分場喞筒場施設

浅草寺や寛永寺などの江戸を代表する寺院、
上野公園に建つ昭和以降の博物館・美術館建築が見どころ。
上野周辺を1日かけて巡れば、多数の物件を見学できる。

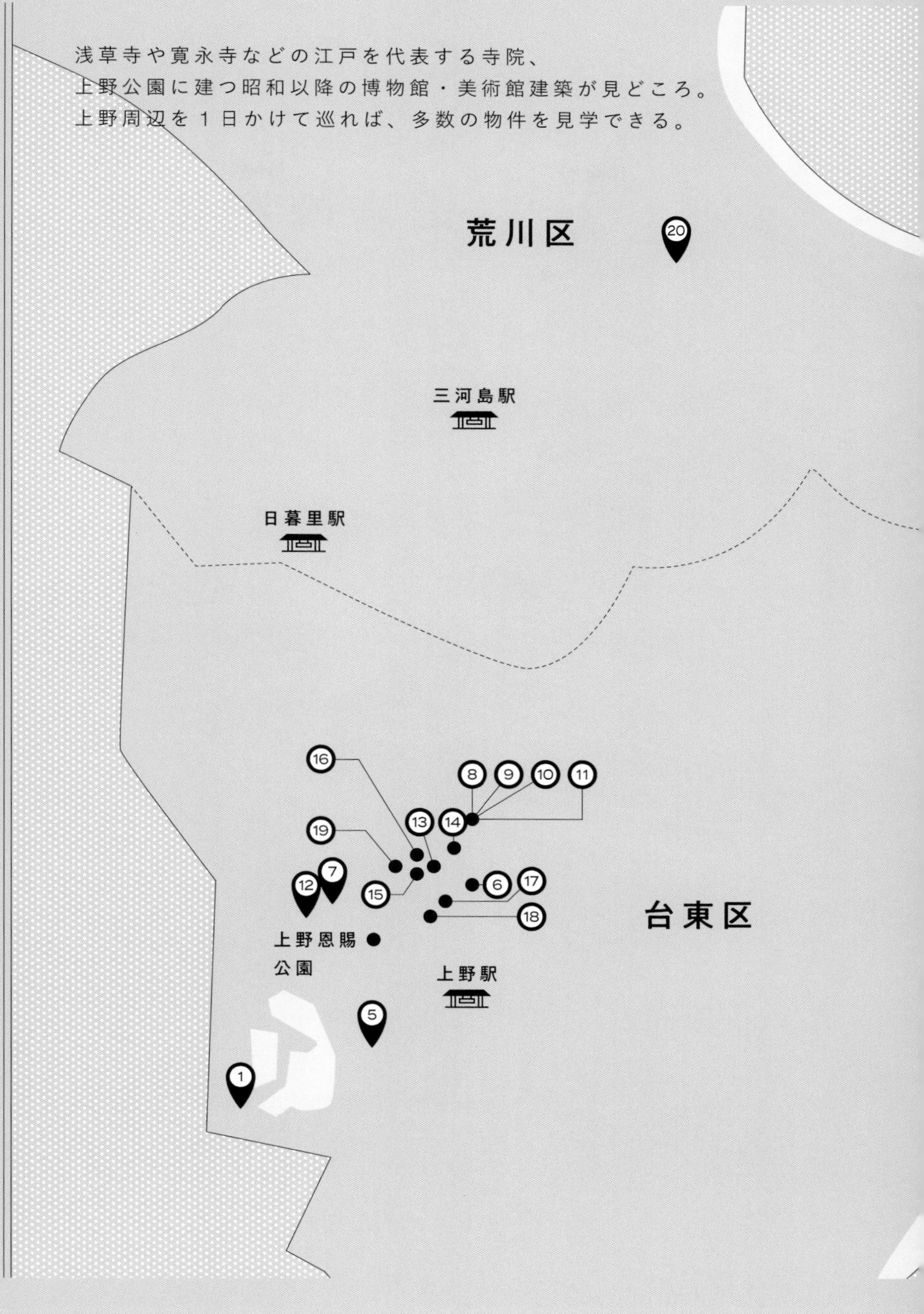

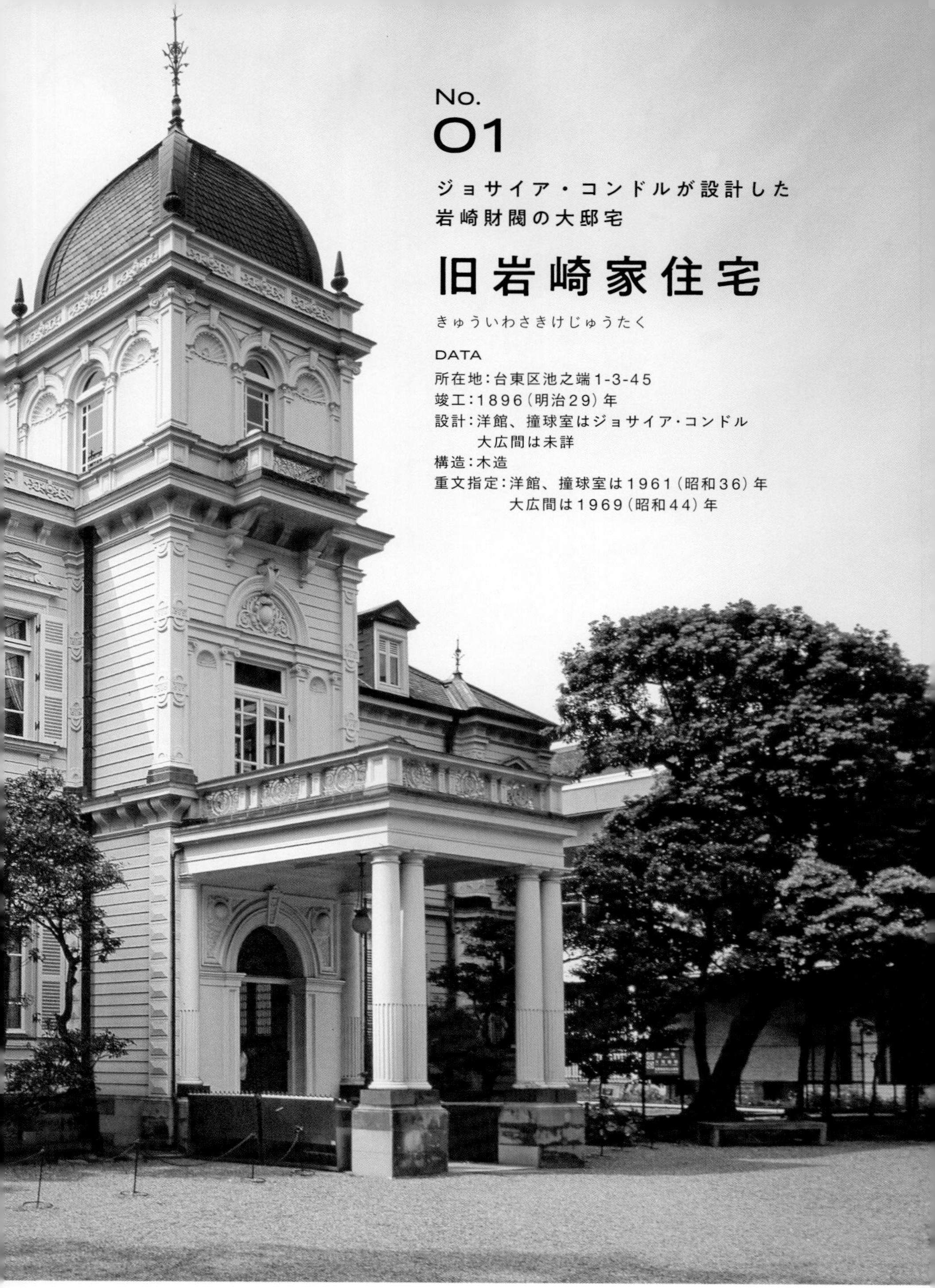

No.
01

ジョサイア・コンドルが設計した
岩崎財閥の大邸宅

旧岩崎家住宅

きゅういわさきけじゅうたく

DATA

所在地：台東区池之端1-3-45
竣工：1896（明治29）年
設計：洋館、撞球室はジョサイア・コンドル
　　大広間は未詳
構造：木造
重文指定：洋館、撞球室は1961（昭和36）年
　　　　大広間は1969（昭和44）年

写真提供：公益財団法人 東京都公園協会

洋館の意匠は、17世紀のイギリスで花開いた、個性的な紋様が特徴のジャコビアン様式。装飾の密度と変化に富む意匠はコンドル作品でも屈指である。なお、岩崎久彌は洋館を接客に用い、普段は隣接する和館で生活したという。

STRUCTURE

図解

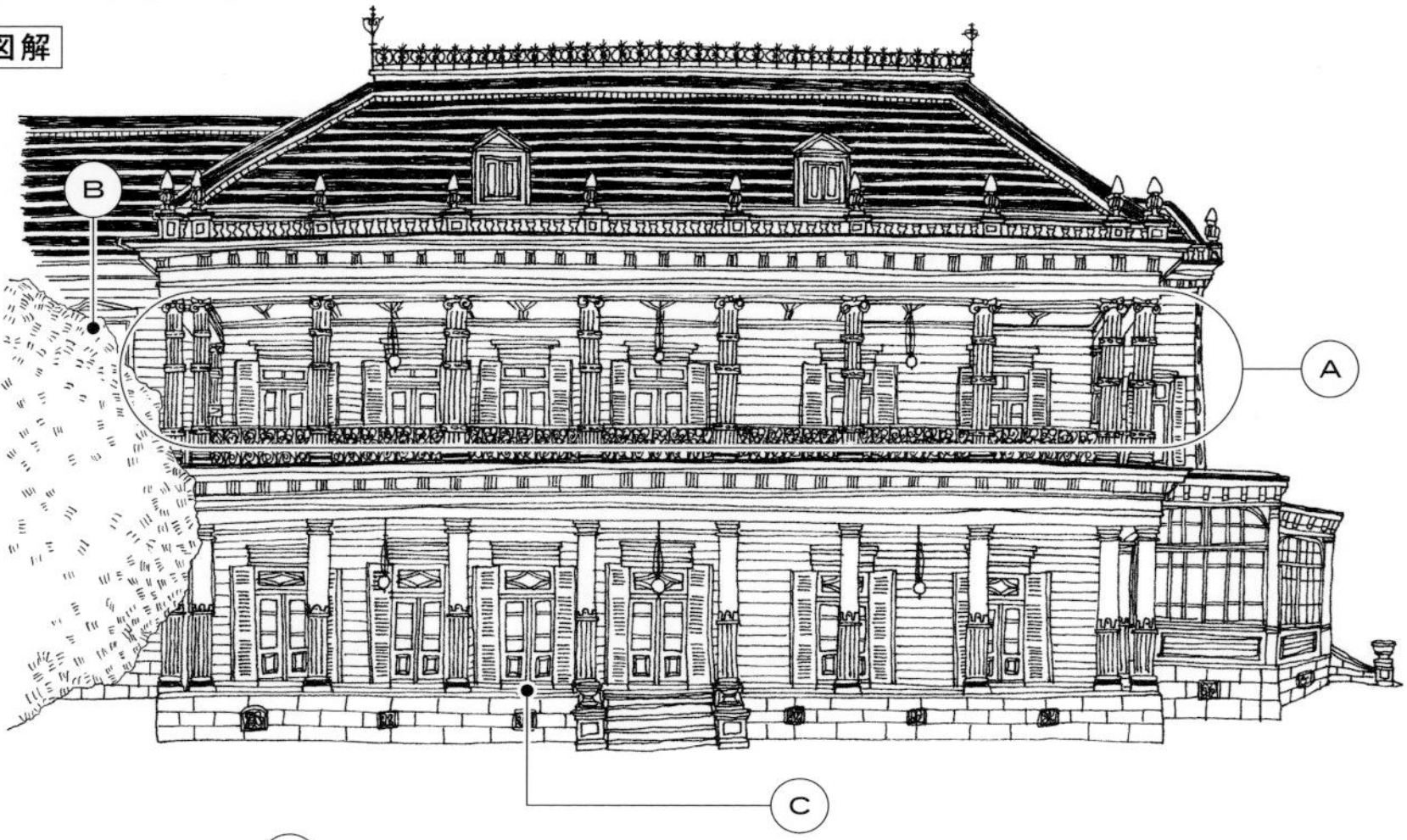

洋館と和館が連結する

洋館は賓客が訪れた際のVIPルームとして用いたようで、岩崎家の生活の拠点は和館にあった。和館と洋館を同じ敷地内に建てたものを和洋併置式住宅といい、明治時代の富裕層の邸宅に見られる。

ミントン社製のタイル

1階のベランダの庭園に面した床には可憐なタイルが敷き詰められている。これは、コンドルがイギリスから取り寄せたミントン社製のタイル。ミントンは高級陶磁器で知られるブランド。

ベランダはコンドルの洋館の特徴

庭園に面した南側に大規模な2層のベランダが設けられている。コンドルは高温多湿な日本の気候に配慮して通気性に優れるベランダを積極的に取り入れた。

POINT
見どころ

1. 財閥の暮らしを偲ぶ明治の和洋併置式住宅
2. 邸宅作家・コンドルの最高傑作にして頂点
3. 岩崎家にちなむ三菱の装飾が至るところに

HISTORY
歴史

1878（明治11）年
三菱財閥の初代・岩崎弥太郎が、湯島に邸宅を構える

1896（明治29）年
洋館、和館が竣工

1947（昭和22）年
邸宅が財産税の物納となり、国有財産となる

1961（昭和36）年
洋館および撞球室を重要文化財に指定

1969（昭和44）年
和館の大広間が重要文化財に指定。しかし、司法研修所庁舎の建設のため、和館の大部分が解体される

1994（平成6）年
司法研修所が移転

1999（平成11）年
煉瓦塀を含む敷地全体と実測図が重要文化財に追加指定

日本の洋館の原点にして頂点

財閥家の栄華を伝える

1896（明治29）年、上野の不忍池を望む小高い丘に日本の建築史に残る大邸宅が竣工した。三菱財閥の第3代社長・岩崎久彌《ひさや》の住まいとして建設された（旧）岩崎家住宅である。約1万5000坪の敷地に、最盛期には20棟の和館と1棟の洋館が建ち並んだ。特に洋館はイギリス人建築家、ジョサイア・コンドルの傑作として名高い。

幕末の開国とともに日本の西洋建築の歴史が幕を開けたが、宣教師や大工棟梁など、正規の建築教育を受けていない人が携わった例が多く、明治に変わってもその傾向が続いた。そんななか、明治政府に招聘されて建築学を講義したコンドルは契約終了後も日本に留まり、本格的な西洋風の邸宅をもたらした。

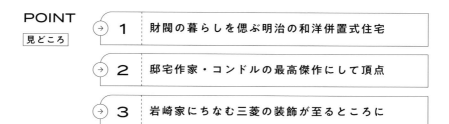

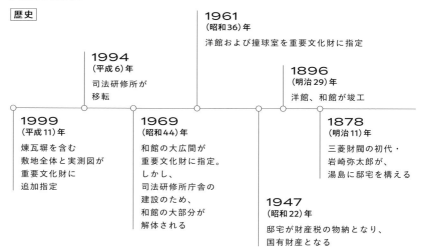

明治時代の職人技の粋を見る

7 8

2 | 1
4 | 3
6 | 5

1）北側の壁面の窓には、末端が蔓を巻くような形状のジャコビアン様式の意匠が顕著。2）大階段2階のイオニア式ペア・コラム。3）大階段の手摺の細やかな彫刻。4）2階の客室の壁紙は、金唐革紙という壁紙を使用。5）玄関のモザイクタイル。6）1階の婦人客室の天井はシルクの布貼りで、細やかなイスラム風の紋様を施す。7）1階にはサンルームがある。竣工当初はなく、のちに増築されたもの。8）大階段の全景。ワニス塗りの柱が美しい。

コンドルの邸宅は
階段周りが見どころ

邸宅作家・コンドルの傑作

コンドルは、イギリスの若手建築家の登竜門とされるソーン賞をカントリーハウスの設計で受賞しており、彼がもっとも得意としたのが邸宅に他ならない。旧岩崎家住宅洋館は、コンドルが比較的初期に手掛けた傑作といっていい。そもそもコンドルと岩崎家は、明治20年代に丸の内の開発を共同で進め、親密な付き合いがあった。そのため、久彌は建設にあたって、意匠はもちろん費用の面でも注文を付けなかったといわれており、コンドルは存分に腕を振るうことができたというわけだ。

階段周りが最大の見どころであり、天井や柱の緻密な彫刻には宮大工の職人技を見ることができる。コンドルが同世代の日本人建築家が到底及ばない高水

大広間

上）外観。和館部分の文化財指定名称は大広間。下）書院造で、襖絵や板絵は日本画家の橋本雅《が》邦《ほう》の手によるものという。大広間は20畳に及ぶ空間で、床の間の壁には富士山の絵が描かれる。欄間には岩崎家の家紋「重ね三階菱」を基調にした装飾を施す。

準の建築を完成させることができた理由としては、内部空間をつくるセンスにたけていたことと、設計と施工を一括して請け負っていたことが挙げられる。コンドルは日本の職人技を高く評価し、事務所お抱えの精鋭の集団を擁していた。江戸時代の高い技術を受け継いでいた彼らにとっては、洋館を造ることもたやすかったと思われる。

　コンドルは日本画家・河鍋暁《かわなべきょう》斎《さい》に入門して日本画を学んだほか、歌舞伎も愛好。日本人を妻とし、生涯日本を愛して日本で没した。コンドルと施主、職人の確固たる信頼関係が歴史に残る邸宅を生み出したのである。

　ただ、惜しまれるのが和館の大部分が解体されてしまったことである。高度成長期にはまだ近代和風建築の評価が定まっていなかったためであろう。

右）廊下は入側（いりがわ）という畳敷きの空間で格式の高さを表す。左）洋館と和館は廊下で繋がっている。これが和洋併置式住宅の特徴。廊下の天井はいわゆる舟底天井で、菱紋形に彫り出した梁を用いる。

コンドルのデザインの広がりをみる撞球室

撞球室

1）スイスの山小屋を思わせる撞球室《どうきゅうしつ》（ビリヤード室）もコンドルの設計。撞球室は洋館の内部に設けることが多いが、外に独立して造られた例は珍しい。2）外壁を栗の丸太でスイスの山小屋風に組み、校倉造の倉庫を思わせる。3）撞球室の近くにある袖塀《そでべい》。岩崎家の家紋“重ね三階菱”があしらわれている。

2
3 | 1

No.
02

江戸時代と近代に
復興された大寺院の本坊

浅草寺
伝法院

せんそうじでんぽういん

DATA
所在地：台東区浅草2-49
竣工：客殿は1776（安永5）年
玄関は1777（安永6）年
大書院、小書院、台所
は1902（明治35）年
新書院は1918（大正7）年
構造：木造
重文指定：2015（平成27）年

浅草寺の本坊

江戸時代に建てられた客殿、玄関、近代以降に再建された大書院、小書院、台所、新書院からなる。浅草寺中興4世の宣存僧正の坊号に基づき、1690（元禄3）年頃から伝法院と称されるようになったが、それ以前は観音院や智楽院と呼ばれていた。客殿からは小堀遠州《こぼりえんしゅう》により築庭されたと伝わる回遊式庭園が望める。

近世、近代に整備された大寺院の本坊の建築群

客殿

玄関

大書院

小書院

新書院

台所

現在、浅草寺伝法院では修復工事が実施されているということで、残念ながら写真の掲載はかなわなかった。浅草寺は1945（昭和20）年、第二次世界大戦の空襲によって本堂や五重塔などの江戸時代の主要な建築の大半を失ってしまったため、江戸時代まで遡る建築群は希少である。

No.
03

空襲の戦火を免れた
浅草寺の八脚門

浅草寺
二天門

せんそうじにてんもん

DATA
所在地：台東区浅草2-3-1
竣工：1649（慶安2）年
構造：木造
重文指定：1946（昭和21）年

浅草寺の希少な古建築

1618（元和4）年、浅草寺の境内に徳川家康を祀る東照社が建てられたが、その随身門として境内の東側に1649（慶安2）年に創建されたのが現在の二天門である。当初は豊《とよ》岩間戸命《いわまどのみこと》と櫛岩間戸命《くしいわまどのみこと》が祀られたが、明治初期に神仏分離令が発せられると、それらの像は浅草神社に移され、代わりに広目天と持国天の像が安置された。

江戸時代は神社の門だった

上）門の形式は八脚門。両側の広目天と持国天の像は戦後に徳川家綱の霊廟・厳有院（P192）から移したもの。下）切妻造の朱塗りの門で、浅草寺の神仏習合の時代を物語る遺構。

No.
04

徳川家光の寄進で建立された
華美な社殿

浅草神社

あさくさじんじゃ

DATA

所在地：台東区浅草2-3-1
竣工：1649（慶安2）年
構造：木造
重文指定：1946（昭和21）年

浅草寺と並ぶ浅草の象徴

浅草神社というよりも、〝三社様〟の通称の方が有名であろう。創建年代は判明していないものの平安末期から鎌倉初期以降と推定され、浅草寺の創建に関わった土師真中知《はじのまつち》、檜前浜成《ひのくまのはまなり》、檜前武成《ひのくまのたけなり》の三神を主祭神とする

本殿及び幣殿

拝殿

ため、古くから〝三社権現〟と呼ばれていた。三社様の名称はこれにちなんでいる。

その後、長らく神仏習合の時代があり、浅草寺と一体となった信仰が行われた時期もあったが、明治維新後の神仏分離令により、1868（明治元）年には浅草寺と明確に分離され、社名が三社明神社となる。その後、1873（明治6）年には浅草神社と改称された。

浅草寺本堂の近くに建つ社殿は、江戸幕府第3代・徳川家光が寄進した。主要な部分は朱塗りとし、要所を華やかな絵画や彫刻によって飾り、江戸初期の社殿の特色を示す。権現造の形態をとるが、本殿、幣殿、拝殿の3棟が一体となった形式ではなく、本殿と幣殿の2棟が一体となり、拝殿と幣殿の間を渡廊下で接続している。

〝三社様〟の愛称で知られる浅草の神社

家光の寄進による優雅な社殿

2 / 3 | 1

1）浅草神社の社殿は朱塗りを基調とする。入母屋造の拝殿の背後には渡廊下があり、幣殿と繋がっている。2）本殿は三間社の流造で、正面に幣殿が付属する。3）拝殿には立体的な彫刻こそ少ないものの、長押の上にある壁面には鳳凰、麒麟、飛龍など数多くの霊獣が鮮やかに描かれ、その背景を黄土色に彩色している。

全体を朱塗りとし、清水寺本堂のように舞台を設ける。

入母屋の部分も要所に金箔を貼り、彫刻を施して華やかに飾る。

天海が開いた
寛永寺の
江戸期に遡る遺構

No.
05

京都の清水寺に見立てて
建立された仏堂

寛永寺
清水堂

かんえいじきよみずどう

DATA
所在地：台東区上野公園1-29
竣工：1631（寛永8）年
構造：木造
重文指定：1946（昭和21）年

都内に少ない懸造

上野公園の敷地はかつて大部分が寛永寺の境内だった。寛永寺は1625（寛永2）年、幕府の安泰と人々の平安を祈願すべく、天海によって開かれた。上野公園には在りし日の寛永寺の面影を伝える伽藍が点在している。不忍池を見下ろす位置に建つ清水堂は天海が造営した舞台造の仏堂で、京都の清水寺本堂を模したとされる。

No.
06

戊辰戦争後も焼け残った
寛永寺の中心的な門

寛永寺
旧本坊表門

かんえいじ
きゅうほんぼうおもてもん

DATA
所在地：台東区上野公園14-5
竣工：江戸時代前期
（1624～1643年頃）
構造：木造
重文指定：1946（昭和21）年

戊辰戦争を乗り越えた

寛永寺は比叡山延暦寺と並ぶ規模と格式を誇っていたが、幕末の戊辰戦争で伽藍のほとんどを焼失した。寛永寺の事務を取り仕切った本坊は現在の東京国立博物館の位置にあったが、激しい戦闘の末、この表門を残してすべて焼失してしまった。その後は博物館の正門として使われたが、１９３７（昭和12）年に現在地に移築された。

壮大だった寛永寺の伽藍を構成した門

輪王殿の前に立つ切妻造、本瓦葺きの薬医門。全体が黒く塗られているため、"黒門" とも呼ばれる。

No.
07

霞が関ビルの構造の
参考にもなったという
江戸の名塔

旧寛永寺 五重塔

きゅうかんえいじごじゅうのとう

DATA
所在地：台東区上野公園9-83
　　　　上野動物園内
竣工：1639（寛永16）年
構造：木造
重文指定：1911（明治44）年

江戸時代の五重塔は初層から第四層までを和様とし、最上層を禅宗様とすることが多い。ところが、この塔は全層が和様で統一されている。逓減率も高く、中世の塔を思わせる造りであるのが珍しい。

紆余曲折の末に上野動物園の中に建つ

最初は東照宮の塔だった

旧寛永寺五重塔は、もとは上野東照宮の塔として1639（寛永16）年に建立されたものである。明治初期に蔓延した廃仏毀釈の風潮のなか、神社にあった塔の多くが取り壊されたが、上野東照宮の宮司が塔を寛永寺の所属と決めたため、奇跡的に難を逃れた。その後、寛永寺では管理が難しくなり、1958（昭和33）年に東京都に寄付され、現在は上野動物園の敷地内にある。

高さは約32mあり、江戸時代の塔にしては珍しく逓減率が高いことから安定感がある。塔の中心を貫く心柱は基礎にしっかりと立てられている。江戸時代の塔は心柱が釣られた懸垂式で建立された例が多いなか、外観も含め古風な造りの塔である。

STRUCTURE

図解

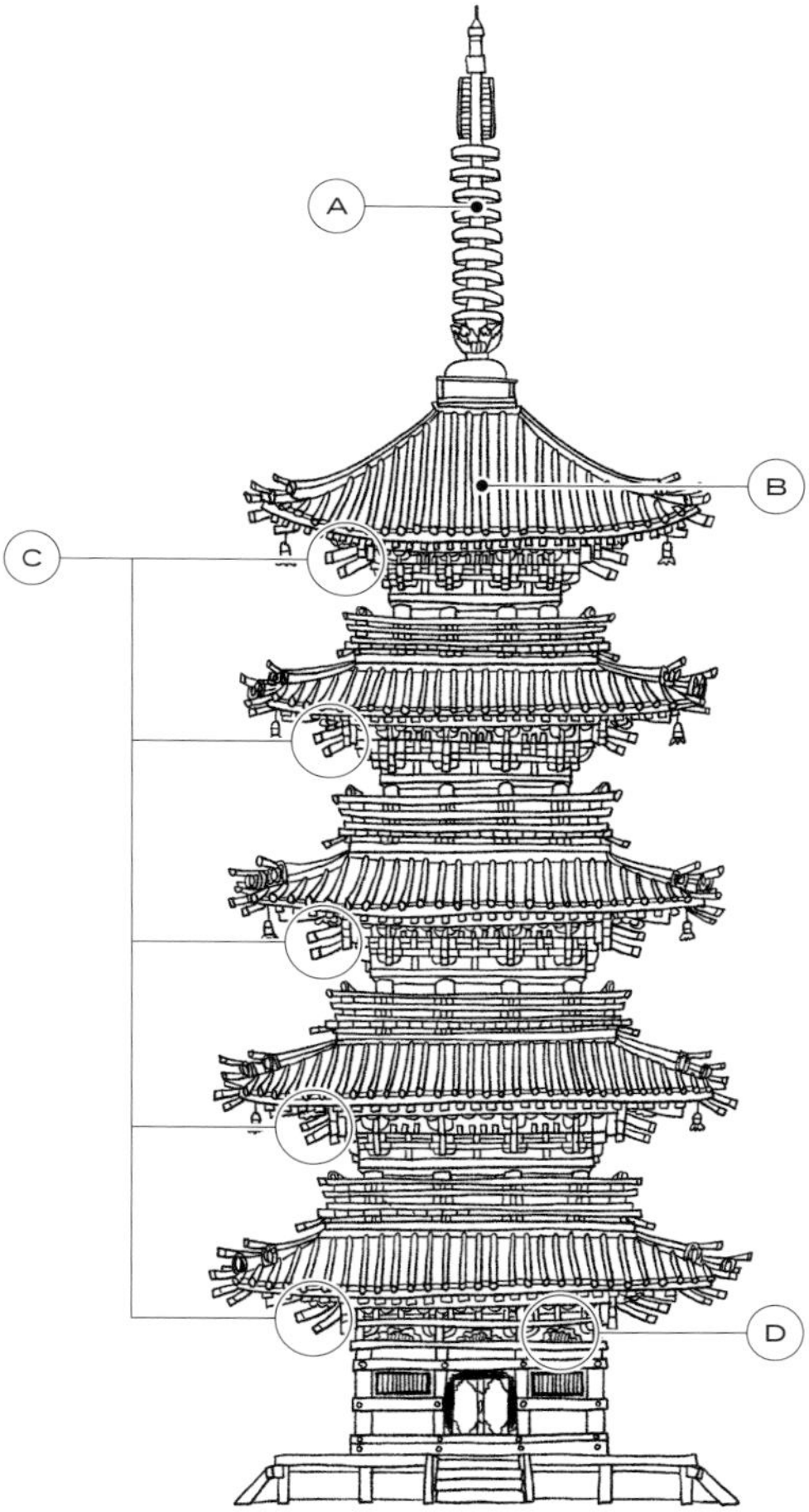

相輪

塔の先端にある細長い装飾は相輪で、青銅製。塔の内部の心柱は土台の上に立ち、相輪まで貫かれている。

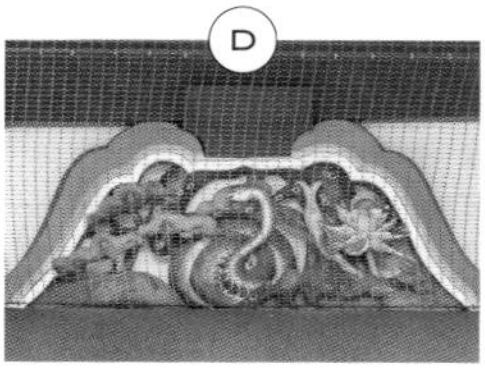

蟇股の十二支

初層の蟇股には鮮やかに彩色された十二支の彫刻が置かれている。写真は巳（蛇）で、立体的な造形。

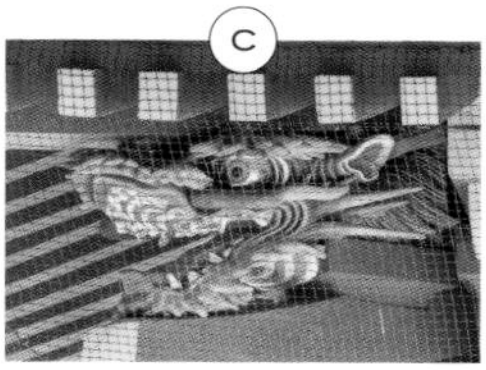

龍の彫刻

軒下の角には龍の彫刻があしらわれている。塔全体が朱塗りであるのに対し、彫刻は極彩色なので存在感がある。

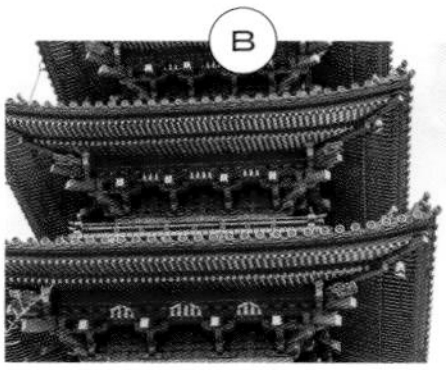

組物と屋根

組物は最上層まで和様であり、関東地方の塔では珍しい。屋根は初層から4層まで本瓦葺きで、5層は銅瓦葺きとする。

空襲で奇跡的に焼け残った徳川家綱の霊廟建築

No.
08
厳有院霊廟 勅額門及び水盤舎

げんゆういんれいびょう
ちょうがくもんおよび
すいばんしゃ

水盤舎

勅額門

DATA

所在地：台東区上野桜木1　竣工：勅額門は1681（延宝9）年
水盤舎は1699（元禄12）年　構造：木造　重文指定：1930（昭和5）年

No.
09
厳有院霊廟 奥院

げんゆういんれいびょう
おくのいん

唐門

宝塔

DATA

所在地：台東区上野桜木1　竣工：1685（貞享2）年
構造：銅製　重文指定：1930（昭和5）年

寛永寺境内にも建立された徳川家霊廟の遺構

第4代・第5代将軍の霊廟

徳川家の霊廟は各地にあり、初代将軍・徳川家康を祀った日光の東照宮が有名であるが、都内にも増上寺と寛永寺に建造された。寛永寺の境内には、第4代将軍・家綱の厳有院霊廟と、第5代将軍・綱吉の常憲院霊廟が置かれた。厳有院は家綱《いえつな》の、常憲院は綱吉《つなよし》の法名である。

家綱は1651（慶安4）年に10歳の若さで将軍となり、39歳で没した。その後を継いだ綱吉は一般に悪法と知られる生類憐みの令を出した将軍として有名だが、近年は治世の再評価が進んでいる。綱吉は信仰心が篤

華やかな彫刻で装飾した徳川綱吉の霊廟建築

No.
10
常憲院霊廟勅額門及び水盤舎

じょうけんいんれいびょう
ちょくがくもんおよび
すいばんしゃ

水盤舎

勅額門

DATA
所在地：台東区上野桜木1　竣工：1709（宝永6）年
構造：木造　重文指定：1930（昭和5）年

No.
11
常憲院霊廟奥院

じょうけんいんれいびょう
おくのいん

唐門

宝塔

DATA
所在地：台東区上野桜木1　竣工：1709（宝永6）年
構造：銅製　重文指定：1930（昭和5）年

く、1698（元禄11）年には寛永寺に根本中堂を寄進したことでも知られる。

　いずれの霊廟も江戸時代中期に建立された霊廟建築の名作といえるが、明治維新後に一部が取り壊され、さらに第二次世界大戦の空襲で大きな被害を受けた。両霊廟ともに勅額門と水盤舎、さらに奥院には銅製の宝塔と唐門が現存しており、往時の華やかさを知るうえで貴重な遺構である。

　なお、現地で間近で見学できるのは、厳有院霊廟・常憲院霊廟ともに勅額門のみ（隙間から水盤舎を望むことはできる）。奥院は通常非公開のため見学できない。とはいえ、両霊廟ともに見学可能な勅額門は切妻造の四脚門であり、唐破風をつけ、錺《かぎり》金具で装飾した豪奢な造りが見事である。

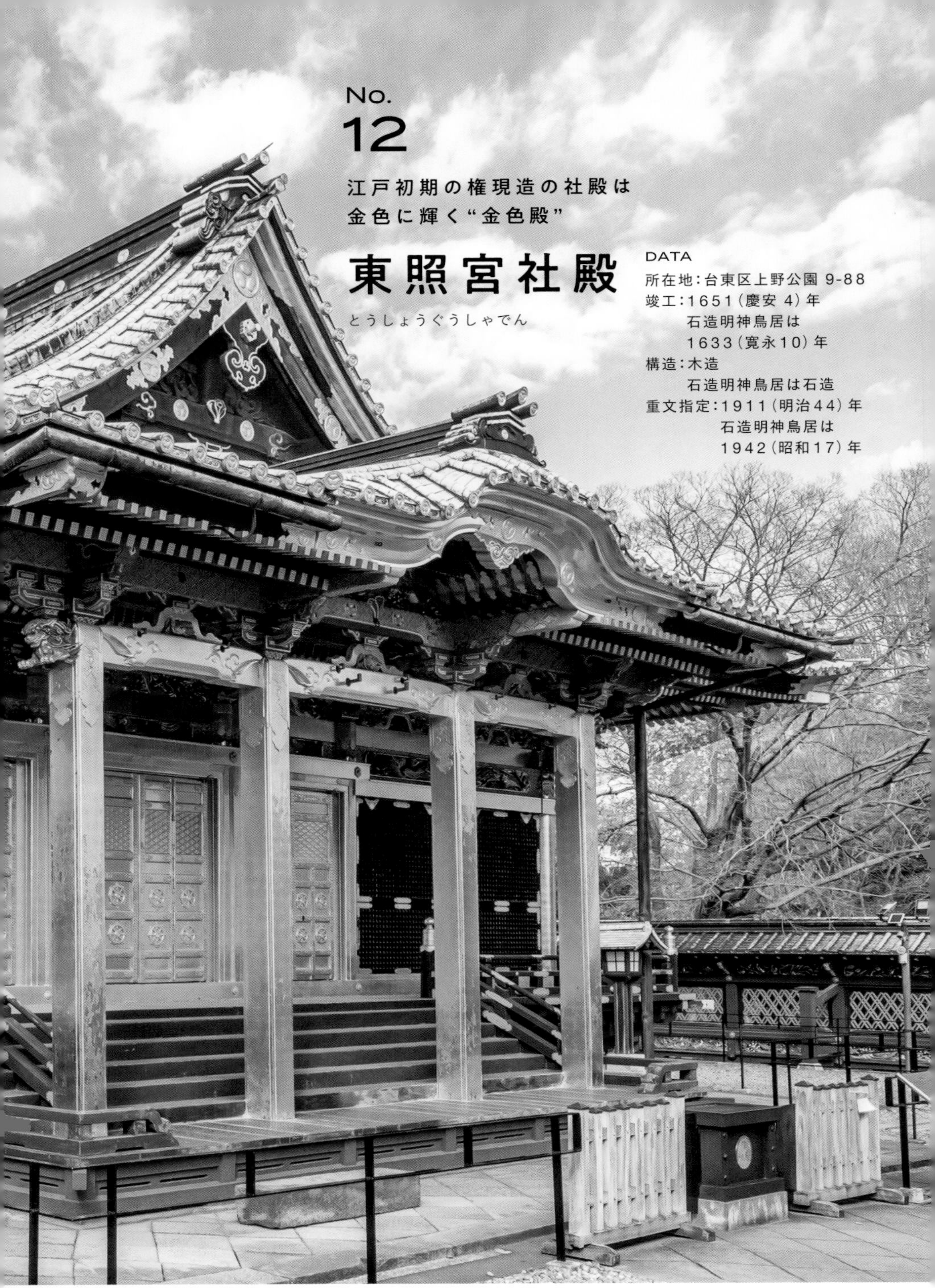

No.
12

江戸初期の権現造の社殿は
金色に輝く"金色殿"

東照宮社殿

とうしょうぐうしゃでん

DATA
所在地：台東区上野公園 9-88
竣工：1651（慶安 4）年
石造明神鳥居は
1633（寛永10）年
構造：木造
石造明神鳥居は石造
重文指定：1911（明治44）年
石造明神鳥居は
1942（昭和17）年

正面から見た拝殿。全体が金箔で装飾され、要所を黒漆塗りとするなど極めて華美な社殿である。葵の御紋を屋根瓦などの至るところに見ることができる。

A

唐破風《からはふ》と金箔

正面の唐破風は桃山時代から城郭や社寺に用いられた破風の形式で、唐という字がつくが、日本固有の意匠である。正面から見ると特に金色が際立ち、金色殿の名にふさわしい。

B

組物の置上《おきあげ》彩色

柱上部の組物や彫刻周囲の文様は伝統的な置上彩色を用いる。置上彩色は、胡粉《ごふん》を塗り重ねて厚みを出し、その上から金箔を貼ることで、文様が立体的に見えるようにしたもの。

C

権現造の典型

権現造は日光東照宮など江戸時代の神社建築に盛んに用いられたため、家康の神号“東照大権現”にちなんで呼ばれる。本来別々である本殿と拝殿の間に幣殿（石の間）を設けて連結する。

POINT

見どころ

1. 江戸幕府が上野に造営した東照宮
2. 江戸時代の権現造の社殿の代表的な遺構
3. 戊辰戦争を免れ、社殿が完全に残る

STRUCTURE

図解

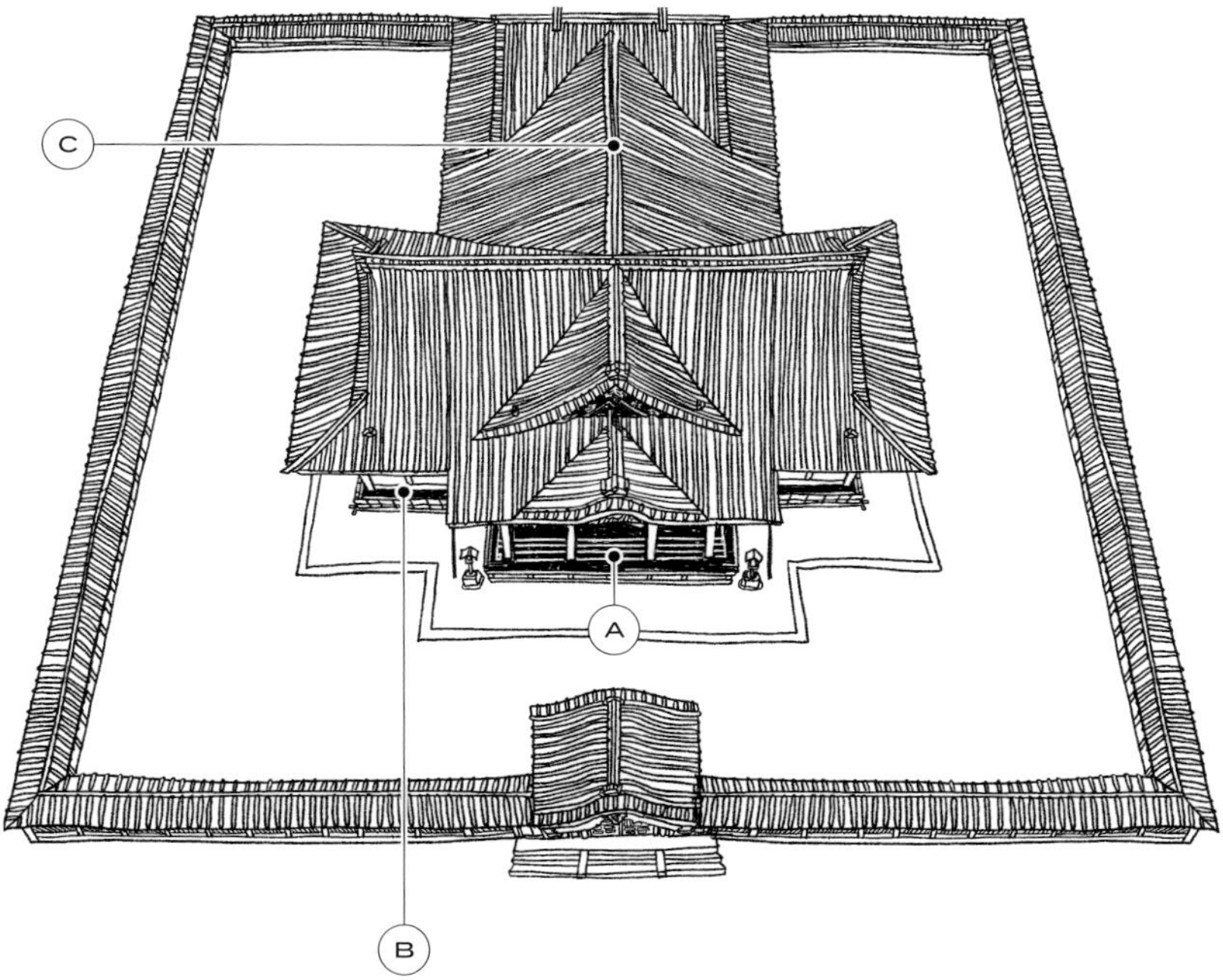

HISTORY

歴史

2009
(平成21)年
2013(平成25)年まで
修復工事が行われ、
往時の輝きを取り戻す

1911
(明治44)年
重要文化財に
指定

1651
(慶安4)年
金色殿や透塀、
唐門が建立。
現在見られる
境内が整う

1646
(正保3)年
東照宮に改称

1633
(寛永10)年
酒井忠世が
石造明神鳥居を
奉納

1627
(寛永4)年
東照社を建立

1616
(元和2)年
徳川家康が
遺言を残す

本殿・幣殿・拝殿

金箔が多用されるため金色殿とも呼ばれる。拝殿、幣殿（石の間）、本殿の三棟が一体となった権現造で、鷹、鶴、鳳凰、獅子などの動物や霊獣、松、菊、牡丹、芙蓉などの植物の彫刻で装飾される。

唐門

1）唐破風がつくので唐門。2）扉の透かし彫りは精巧を極める。3）柱の両側には、日光東照宮の“眠り猫”で名高い左甚五郎の作と伝わる昇り龍と降り龍の彫刻がある。

3 | 1/2

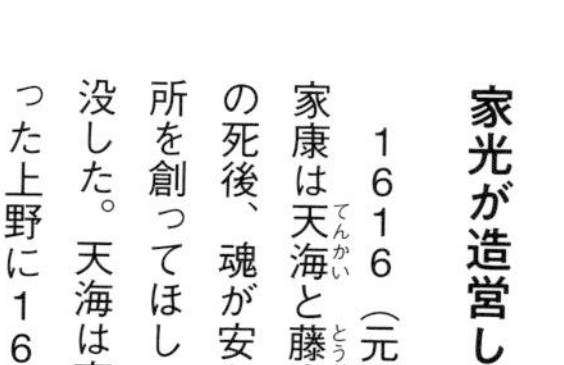

家光が造営した社殿群

1616（元和2）年、徳川家康は天海《てんかい》と藤堂高虎《とうどうたかとら》に、自らの死後、魂が安らかに鎮まる場所を創ってほしいと言い残して没した。天海は高虎の屋敷があった上野に1627（寛永4）年に寛永寺を開くと、その一画に家康を祀る東照社を造営した。1646（正保3）年、朝廷から宮号を賜り、東照宮と改称された。現在は他の東照宮と区別されるため〝上野東照宮〟と呼ばれるが、文化財の指定名称は〝東照宮〟である。

境内に建つ社殿群は、1651（慶安4）年に江戸幕府3代将軍・徳川家光が改築を行ったものである。家光は日光東照宮の大改修を進めたことでも知られるが、上野東照宮も同様に重視し、日光に参拝が難しい江戸

透塀

右）境内に置かれた青銅製の灯籠は、家光が社殿を造営した際に全国の大名が寄進したもので、境内に約250基ある。左）透塀は主要部を朱漆塗りとし、欄間に極彩色の彫刻をはめ込む。彫刻は花鳥風月を題材にしたものが多い。

“東照大権現” 徳川家康を祀る

石造明神鳥居

1633（寛永10）年に酒井忠世《さかいただよ》が奉納した石造の鳥居で、境内で現存最古の建造物。備前産の御影石を使用した、もっともポピュラーな明神形式の鳥居。関東大震災でも被害を免れた。

の人々のためにと豪華な社殿を造営している。金色殿と呼ばれる中心的な社殿は、本殿、幣殿、拝殿が一体となった権現造とし、日光東照宮と同等の造りである。また、周囲に立つ唐門や透塀なども職人技を結集し、贅を尽くした社殿群となった。

明治時代は各地の東照宮も神仏分離令の影響を受けた。静岡の久能山《くのうざん》東照宮は、五重塔が破却されている。上野の東照宮にも五重塔があったが、寛永寺に譲渡することで守られた。これが現在の旧寛永寺五重塔（P190～191）で、東京都が所有する。最盛期よりも境内は縮小されてしまったものの、幕末の戊辰戦争や関東大震災、第二次世界大戦などを経て、江戸時代初期の社殿群がそのまま残っている神社は都内では極めて少なく、貴重な文化財といえる。

右）中央のドームは直径約16.7m。博物館であるため、展示室などがある２階の壁面に窓がほとんどない。左）館内に入ると、８本の大理石の柱が並ぶ吹抜のホールが見られる。天井は漆喰を塗って仕上げる。ドームの内部は色漆喰を用い、月桂樹の葉で縁取りをして、芸術にちなんだ題材の絵を描く。

No.

13

大正天皇の御成婚を記念した
ネオ・バロック様式の名建築

表慶館

ひょうけいかん

DATA

所在地：台東区上野公園13-9
東京国立博物館構内
竣工：1908（明治41）年
設計：片山東熊、高山幸次郎、新家考正
構造：石造及び煉瓦造
重文指定：1978（昭和53）年

内部装飾の充実度が高い

　東京国立博物館の表慶館は主に特別展などに使用される施設であり、皇太子嘉仁《よしひと》親王（後の大正天皇）の成婚を祝って奉献され、１９０８（明治41）年に竣工した。片山東熊の指導のもとで高山《たかやま》幸《こう》次郎《じろう》と新家孝正《にいのみたかまさ》が担

内部装飾の充実度も見どころ
片山東熊による博物館建築

当し、全体の雰囲気が旧東宮御所（P104〜111）に似る。奈良国立博物館と京都国立博物館の各本館も片山の設計であり、3カ所の国立博物館に片山の作品が存在する。

表慶館はネオ・バロック様式で2階建の博物館建築であり、煉瓦造ながら外壁に花崗岩を貼って石造のように見せる。巨大な銅板葺きのドームを載せた中央部から左右に翼が延び、それぞれの端部の屋根にも小さなドームが載る左右対称の構成としている。

見どころは、中央部の内部にある吹抜のホールだ。床にモザイクタイルを敷き詰め、大理石の柱が並び立ち、ドーム内部に緻密な装飾を施す。片山の作品は外観の優美さもさることながら、内部の充実度でも同世代の建築家の中では突出している。

STRUCTURE

図解

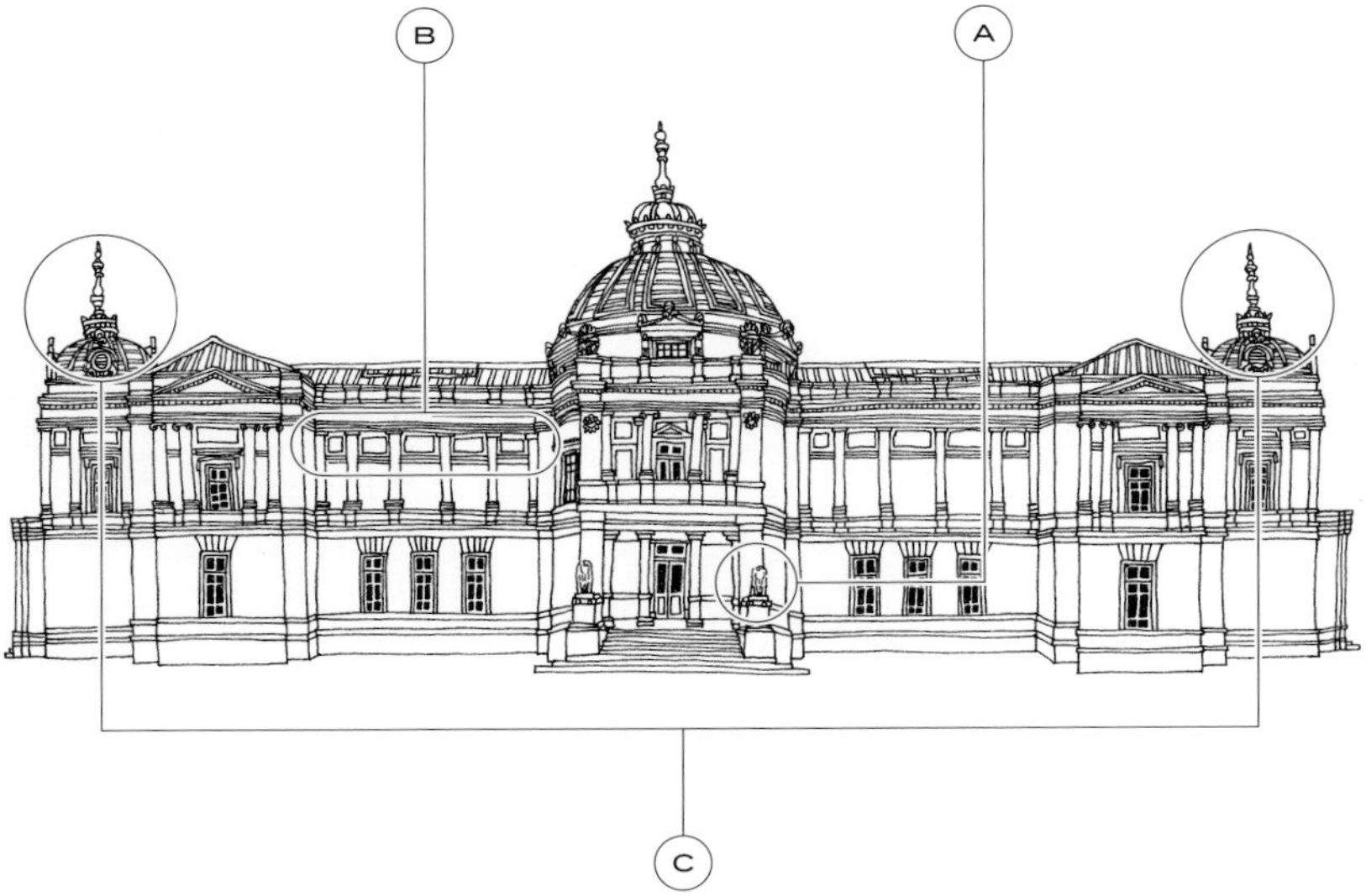

中央と左右にある大小のドーム

銅板葺きで緑青の色が美しいドームが3個ある。中央と両端に配することで全体に安定感を生み、記念碑性を高めている。

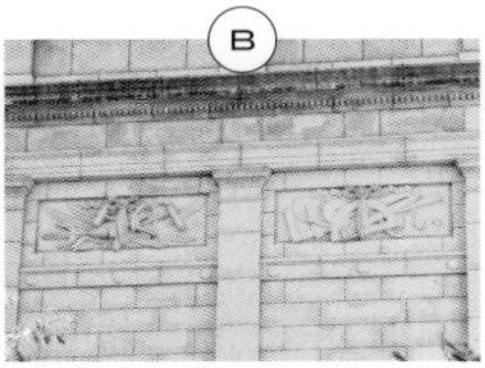

2階の壁面を飾る精緻なレリーフ

正面の壁面は楽器、製図用具、工具などのレリーフで飾られている。全体に花崗岩が貼られ、清潔感が漂う。

阿吽の関係の獅子の像

正面入口にある一対の青銅製の獅子は、神社の狛犬同様に阿吽の関係になっている。建築を守護するような凛々しい顔立ち。

POINT

見どころ

1. 皇太子の成婚を祝って建設された博物館
2. ネオ・バロック様式の本格的な洋風建築
3. 中央のホールの装飾美が圧巻

東京国立博物館に唯一残る明治時代の美術館建築

1）天井のトップライトから自然光を取り込むホール内は幻想的な雰囲気が漂う。床には十六稜の星型にモザイクタイルを貼る。2）漆喰を用い、大胆な装飾を施す。3）階段の手摺は鋳鉄製。優美な曲線を描き、支柱も欄干も精緻な造形であり、明治の鋳造技術の発展を物語る。4）正面の柱はイオニア式。

1
2
4｜3

No.
14

帝冠式の最高傑作にして
渡辺仁の代表作

旧東京帝室博物館本館

きゅうとうきょうていしつはくぶつかんほんかん

DATA

所在地：台東区上野公園13-9
　　　　東京国立博物館構内
竣工：1937（昭和12）年
設計：渡辺仁
構造：鉄骨鉄筋コンクリート造
重文指定：2001（平成13）年

帝冠式の代表作で傑作

旧東京帝室博物館（現在の東京国立博物館）本館は、関東大震災で大破したジョサイア・コンドル設計の旧本館を改築したもので、１９３７（昭和12）年に竣工した。

建設に際して設計競技が開催

右）車寄に切妻破風を組み合わせ、和の意匠を強調。帝冠式の建築特有の重苦しさがない。設計競技の当選案では正面の破風がなかったが、実施設計の段階でアクセントとして取り付けたのだろうか。
左）大階段の手摺や壁面は大理石製。天井は格天井でトップライトから自然光が注ぐ。正面扉の奥には貴賓室がある。

され、募集要項には〝日本趣味を基調とする東洋式〟という文言があった。なかには前川國男《まえかわくにお》のように、自身の建築論を世に問うべく敢えてモダニズム建築で応募する建築家もいたが、設計者に選出されたのはあらゆる様式を自在に使いこなす力量をもつ渡辺仁であった。

渡辺が提示したデザインは鉄骨鉄筋コンクリート造の躯体こそ古典主義の意匠をもつが、車寄など随所に和風のモチーフを見せ、切妻造の瓦屋根を載せた、いわゆる帝冠式のスタイルであった。帝冠式の建築は昭和初期に流行し、九段会館や愛知県庁舎など各地に建設された。渡辺はインドネシアの二重屋根の民家にヒントを得て設計したとされ、和風を基調としつつも、デザインを破綻なくまとめあげている点も見逃せない。

日本趣味を基調とする
難題に見事に応えた名作

STRUCTURE

図解

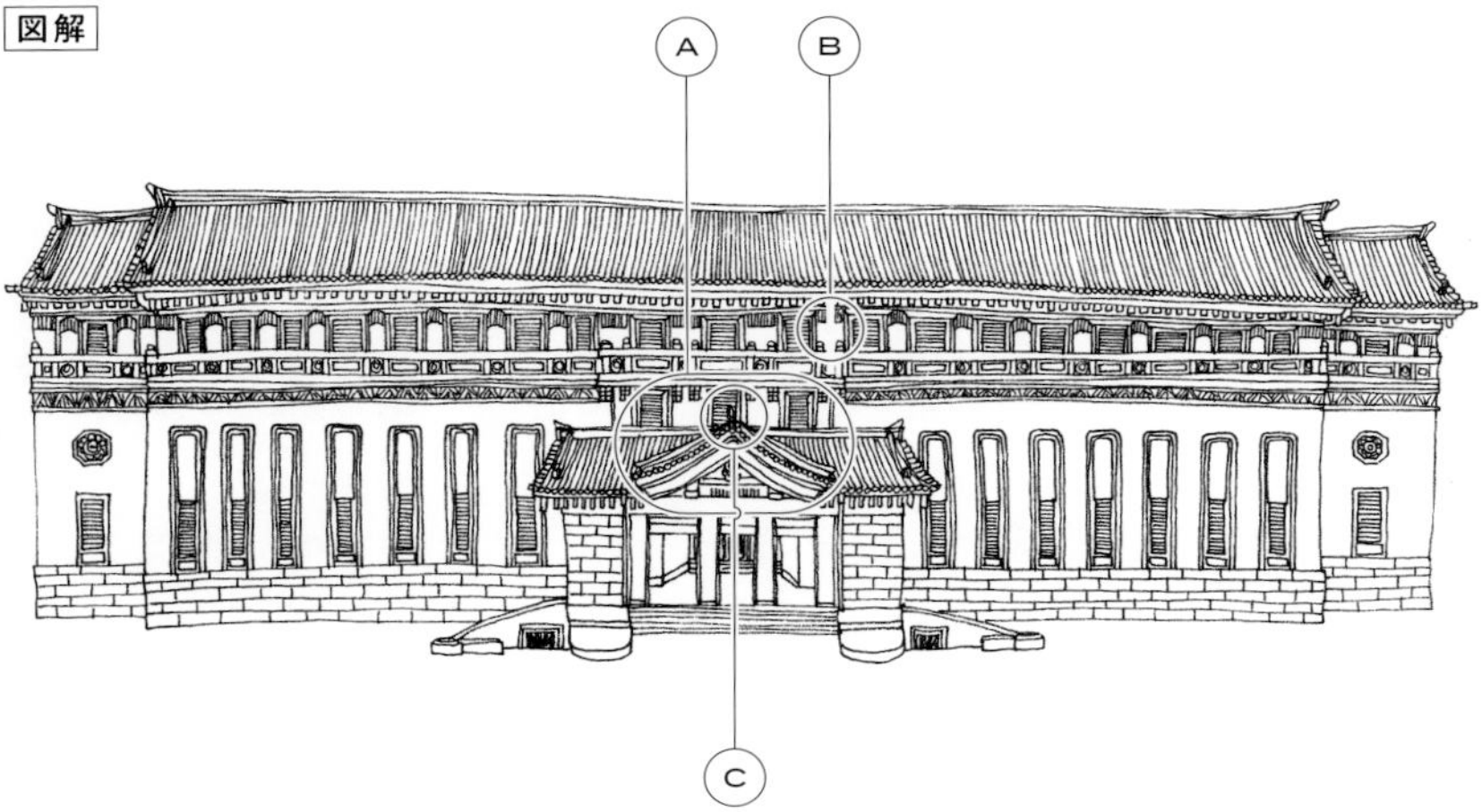

“和” を印象付ける切妻屋根

屋根は本瓦葺きで伝統的な社寺を思わせる。切妻を屋根や車寄などに設け、日本の博物館であることを印象付けるとともに、象徴性をもたらしている。

寺社建築でもおなじみの擬宝珠《ぎぼし》

和を感じさせるモチーフ、擬宝珠付高欄が正面に付く。テラコッタ製。奇をてらうのではなく、よく見ないと気付かないほど自然に馴染ませているのが渡辺のデザインの巧みさであろう。

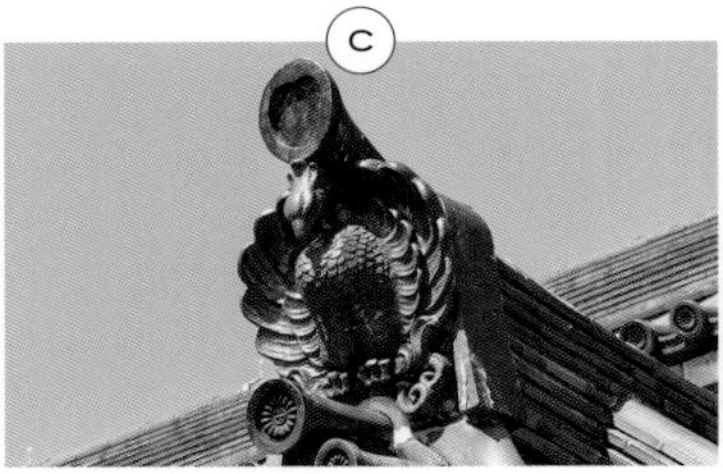

鬼瓦には霊獣が

鬼瓦は全体で33基あり、正面の切妻部分の鬼瓦には羽根を広げた朱雀《すざく》の彫刻が飾られ、他には東側に青龍、西側に白虎の姿もある。ただし、四神のうちの玄武《げんぶ》だけは未確認という。

POINT
見どころ

1 帝冠式の代表作

2 昭和初期の博物館建築の傑作

3 渡辺仁の力量を示す行き届いた装飾

手仕事のような味わいの
モザイクタイルが美しい

昭和初期における博術館建築の到達点

1）館内1階のラウンジ。床には美しいモザイクタイルを敷き詰めている。2）側面にもみられる切妻の装飾。切妻の中央部分には懸魚《げぎょ》という装飾を設ける。ここだけ切り取れば寺社と錯覚してしまいそうである。3）ラウンジの壁にはモザイクタイルで宝相華《ほうそうげ》の文様を描く。これは寺院などにもみられる意匠。

1
3 | 2

都内に現存する大名家正門の筆頭格

上）入母屋造の屋根をもち、左右には向唐破風を設けた番所がつく。兎《う》の毛通《けどお》しの装飾も立体的である。下）土〜日曜、祝祭日などは開門している。

No.
15

都内に現存する希少な
大名屋敷の表門

旧因州池田屋敷表門

きゅういんしゅういけだやしきおもてもん

DATA
所在地：台東区上野公園13-9
東京国立博物館構内
竣工：江戸時代末期
（1830〜1867年頃）
構造：木造
重文指定：1951（昭和26）年

大名家の格式を伝える

江戸時代後期、鳥取藩池田家江戸上屋敷の正門として、丸の内の大名小路に建てられた。因州は現在の鳥取県周辺を指す。明治以降はたびたび移築を繰り返し、東宮御所、高松宮邸などを経て、１９５４（昭和29）年に東京国立博物館の敷地内に移築された。東京大学の赤門と並び、多くが失われた大名屋敷の表門の貴重な現存例である。

No.
16

内部に彩色壁画が
描かれた優美な校倉

旧十輪院宝蔵

きゅうじゅうりんいんほうぞう

DATA
所在地：台東区上野公園13-9
東京国立博物館構内
竣工：鎌倉時代前期
（1185～1274年頃）
構造：木造
重文指定：1953（昭和28）年

経典を納めた校倉

正倉院正倉などに見られる校倉造で、1882（明治15）年に奈良の十輪院から東京国立博物館の敷地内に移築された。法隆寺宝物館の近くに建つ。十輪院にあった頃は、経蔵として『大般若経』が保管されていた。校倉の四方に『大般若経』を読誦する人を守る十六善神を刻んだ石板がはめ込まれ、内部にも菩薩や十六善神の絵を描く。

都内最古級の建築でもある小規模な校倉

上）石板に刻まれた十六善神。
下）校倉、宝形造、本瓦葺きの小規模な宝庫で、木材を組み合わせた質実剛健な造り。

石板に描かれた
十六善神の線刻は必見

No.
17

文部省営繕の高い造形力が
顕著に表れた博物館建築

旧東京科学博物館本館

きゅうとうきょうかがくはくぶつかんほんかん

DATA
所在地：台東区上野公園7-20
竣工：1931（昭和6）年
設計：文部省大臣官房建築課（担当：糟谷謙三）
構造：鉄筋コンクリート造、
一部鉄骨鉄筋コンクリート造
重文指定：2008（平成20）年

震災復興のために計画

旧東京科学博物館（現在の国立科学博物館）本館は、関東大震災で建築と収蔵品のほとんどを失った東京博物館の復興を目的として建設された。文部技師の糟谷《かすや》謙三《けんぞう》が担当し、文部省大

写真提供：国立科学博物館

ローマの神殿を思わせるドームの内部

右）本館は地上3階、一部4階、地下1階建で、ネオ・ルネサンス様式を基調とする。昭和初期の博物館建築の中でも直線的かつ箱型の外観を持ち、比較的無機質な印象を与える。左）外観と異なり、内部、特にドーム部には漆喰で緻密な装飾が描かれる。

臣官房建築課が設計、1931（昭和6）年に竣工した。震災で資料を失った経験から、耐火性に優れた鉄筋コンクリート造でより強固な施設を目指して計画されている。

国立科学博物館は、1877（明治10）年に立ち上がった教育博物館をルーツとする。新築に当たっては展示室だけでなく、映写室を設けた講堂、赤道儀室などを造り、機能の充実を図った。こうした社会教育施設の機能をもつ初の本格的な博物館建築である点も、重要文化財指定の際に評価された。

また、本館を空から見ると全体が飛行機の形をしている。均整の取れた計画に基づき、中央広間のドームや階段周り、貴賓室などを優美に飾るなど、随所に昭和初期の文部省建築課の高い力量が示されている。

STRUCTURE

図解

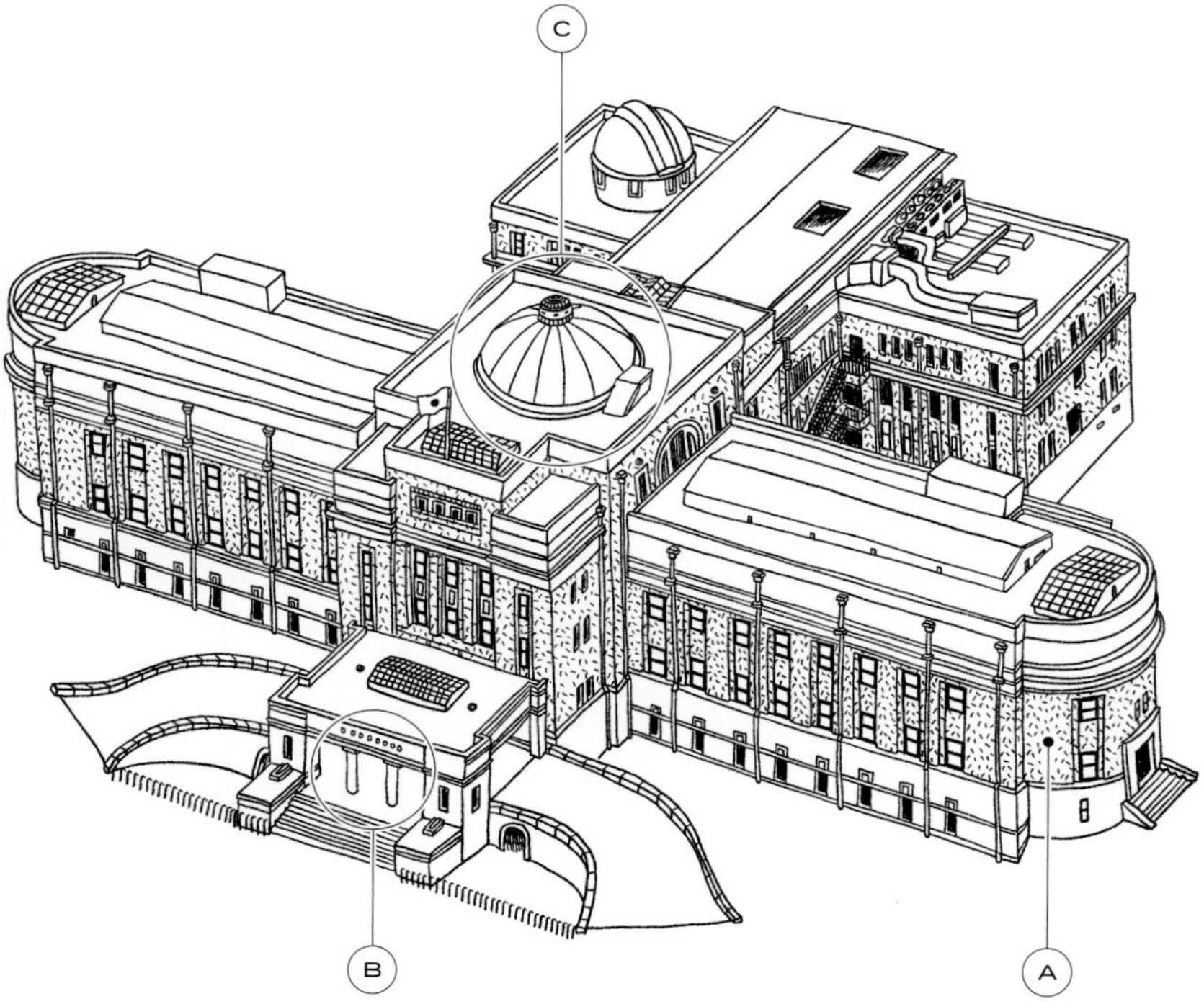

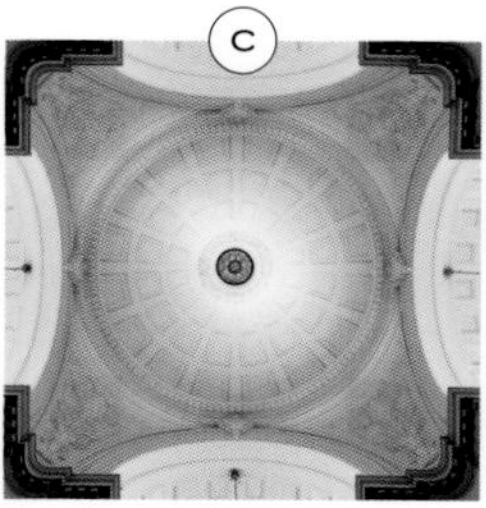

目立たないドーム が
実は最大の見どころ

正面からも横からもあまり目立たないが、中央部分に巨大なドームがある。その内部がこの博物館建築の白眉といえ、ローマのパンテオンを思わせる意匠。

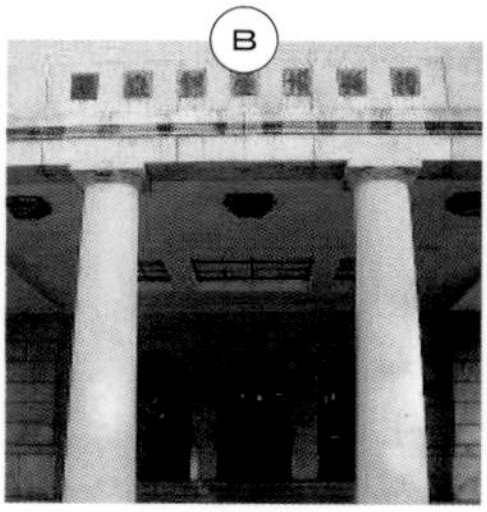

正面に立つ
花崗岩製のドリス式の柱

外観の装飾はスクラッチタイルが主体であるが、要所に花崗岩を用いる。特に車寄は花崗岩を多用し、正面に2本立つドリス式の柱が象徴性を高めている。

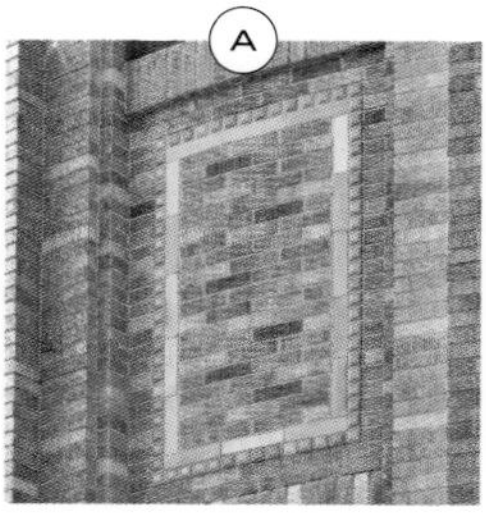

昭和初期に好まれた
スクラッチタイル

表面に引っかき傷のような文様があることからその名があるスクラッチタイル。外壁のほとんどが覆われ、焼き色が異なるタイルを用いて変化をもたらす。

POINT 見どころ

1 社会教育の場としての博物館建築

2 ドーム など 内部の装飾が充実

3 スクラッチタイルと花崗岩で外壁を飾る

内部装飾の充実度が高い博物館建築

1）3階は無窓の展示室で、すべての採光を天窓から得ている。フタバスズキリュウの骨格標本を中心に多様な標本・資料が陳列されている。2）階段周り。直線的な螺旋階段。3）ドーム内部に設置されたステンドグラスには2対の鳳凰と植物がデザインされる。原図は伊東忠太、制作を小《お》川《がわ》三《さん》知《ち》が率いた工房が担当した。

1
3 | 2

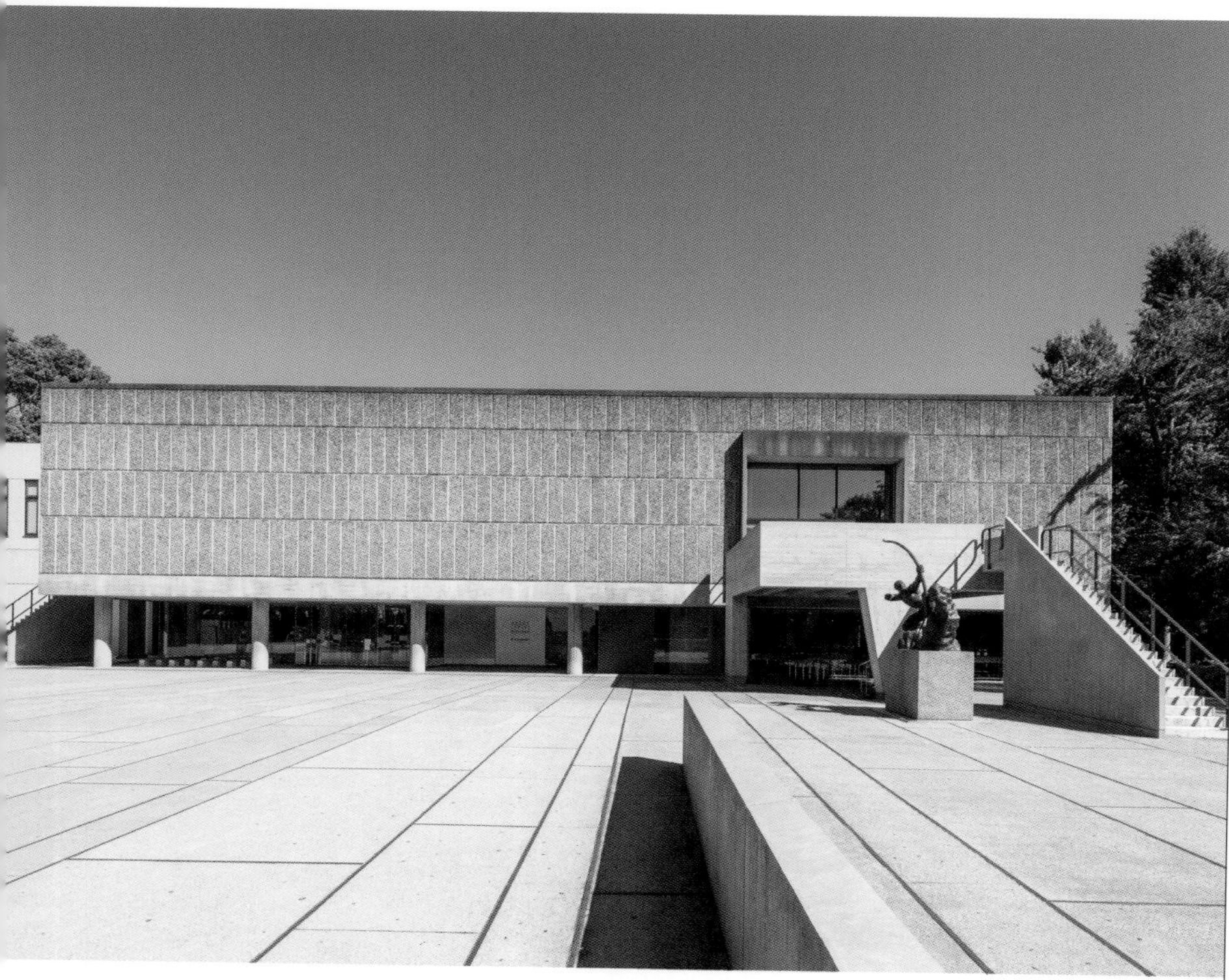

現在ではガラスの面が設置され、室内に取り込まれているが、1階部分の多くはピロティであった。ピロティはいわゆる高床の構造で、ル・コルビュジエが盛んに用いた。外壁には緑色の玉石が埋め込まれた取り外し可能なパネルが取り付けられているが、現在の外壁は竣工当時のものではなく、後に改修したもの。

No.
18

ル・コルビュジエが
日本に残した唯一の作品

国立西洋美術館本館

こくりつせいようびじゅつかんほんかん

DATA
所在地：台東区上野公園7-7
竣工：1959（昭和34）年
設計：ル・コルビュジエ
※監理：前川國男、坂倉準三、吉阪隆正、文部省管理局教育施設部工営課（当時）
構造：鉄筋コンクリート造
重文指定：2007（平成19）年

近代建築の巨匠の傑作

国立西洋美術館は、戦後にフランス政府に接収されていた松方幸次郎の美術品のコレクションが寄贈返還されるにあたり、その受け入れ先として1959（昭和34）年に創設された。設計はフランスの建築家ル・コル

写真提供＝国立西洋美術館

戦後の日本人建築家に大きな影響を与えた

1）展示室は人工光を側面から取り入れて明るい空間になっている。天井などの高さは、モデュロールを基準に前川らが実施設計の段階で決定した。2）柱で建物を持ち上げてできたピロティは、ル・コルビュジエが自作に多用した。3）三角形のトップライトが設けられた19世紀ホール。吹き抜けの空間をスロープを巡りつつ上っていく。

ビュジエで、弟子に当たる前川國男、坂倉準三《さかくらじゅんぞう》、吉阪隆正《よしざかたかまさ》が監理を行った。

モダニズム建築の旗手であり、20世紀最大の建築家といわれるル・コルビュジエが探求してきた〝無限成長美術館〟の思想が体現された作品。モデュロールと呼ばれる寸法体系やピロティ、やわらかな自然光を取り入れた19世紀ホールなど、随所にル・コルビュジエ特有の優れた造形を見ることができる。

原則として、重要文化財の建築は建設後50年を経たものから指定される。この本館は世界文化遺産登録を推進するため、例外的に築48年で指定された。その後、2016（平成28）年に「ル・コルビュジエの建築作品―近代建築運動への顕著な貢献―」の構成資産のひとつとして世界文化遺産に登録されている。

上）2階、音楽ホールの隣にあるホワイエ（客だまり）。下）1階、中央家の天井に見られるきわめて細やかな透かし彫りの装飾。

No.
19

日本最初の本格的な
音楽ホール

旧東京音楽学校奏楽堂

きゅうとうきょうおんがくがっこうそうがくどう

DATA

所在地：台東区上野公園8-43
竣工：1890（明治23）年
設計：山口半六、久留正道
構造：木造
重文指定：1988（昭和63）年

瀧廉太郎《たきれんたろう》も利用した音楽ホール

右）車寄を設けた中央家と左右の翼家からなる。創建当時の翼家は現在より長かったが、移築の際に縮小されている。正面の大屋根の切妻にはハープ、笙、火焔太鼓がデザインされる。左）２階の音楽ホールが“奏楽堂”。天井はヴォールト状で、角はアールを描くが、これは音響を意識したもの。音響設計は上原六四郎《うえはらろくしろう》。パイプオルガンはアボット・スミス社製で、パイプの総数は1379本。徳川頼貞《よりさだ》侯爵がイギリスで購入し、1928（昭和3）年に寄贈した。

日本の音楽教育のはじまり

１８９７（明治20）年に開学した東京音楽学校（現在の東京藝術大学音楽学部）の校舎として建設された、日本の音楽教育の記念碑的な建築。設計者は文部省技師として学校建築の建設に従事した山口半六《やまぐちはんろく》と久留正道《くるまさみち》であり、木造2階建、意匠はルネサンス様式で、壁面は下見板張りである。

明治期の学校建築は総じて室内の装飾は簡素である。この建築も多分に漏れず廊下や室内も装飾は少ないが、壁体や床下に藁や大鋸屑《おがくず》を詰めるなど遮音や音響効果を意識した造りだ。音楽ホールは瀧廉太郎や山田耕筰《やまだこうさく》も利用したが、１９８１（昭和56）年に役目を終えた。その後、移築復原を経て、台東区が管理する音楽ホールとなった。

No.
20

東京の衛生状態を
飛躍的に改善した

旧三河島汚水処分場喞筒場施設

きゅうみかわじまおすいしょぶんじょうぽんぷじょうしせつ

DATA

所在地：荒川区荒川8-25-1
竣工：1921（大正10）年
　　量水器室及び喞筒室暗渠は
　　1920（大正9）年～1921（大正10）年
設計：全体の計画は米元晋一
　　喞筒室の設計は土居松市、宮内初太郎
構造：喞筒室は鉄骨及び鉄筋コンクリート造
　　沈砂池及び濾格室はコンクリート造
　　濾格室上屋、阻水扉室、量水器室及び
　　喞筒室暗渠は鉄筋コンクリート造
重文指定：2007（平成19）年

近代的な下水処理施設

明治維新を経て東京の人口が増加すると、コレラを始めとする伝染病が流行するなど、衛生状態に起因する社会問題が起こった。汚水処理の必要性を検討した明治政府は、1900（明治33）年に下水道法・汚物掃除

写真提供：東京都下水道局

右）濾格室上屋の奥に立つのが喞筒室。外壁は煉瓦タイル貼り、もしくは煉瓦積とする。寄棟造で3階建の両翼を南側に張り出し、東側には事務室、西側には変電室などを置く。左）内部の天井の小屋組は下弦材を湾曲させたプラットトラスで、鉄骨は農商務省製鉄所の製造。

日本初の近代的下水処理施設

法を公布。そして、近代上水道の父とされる中島鋭治《ながじまえいじ》の計画案をもとに、東京市技師の米元晋一《よねもとしんいち》を中心として建設が進められたのが、三河島汚水処分場である。これは日本初の近代下水処理場となり、東京市区改正事業の一環として、東京の衛生状態を改善するために計画された。

隅田川中流に位置し、台東区のほぼ全域、千代田区の一部区域の雨水と汚水を処理する目的で1922（大正11）年に運用を開始した。暗渠《あんきょ》を市街地に埋設し、自然流入してきた下水に含まれる不純物を除去して沈殿池に揚水する施設である。一連の作業に要する阻水扉室、沈砂池などの構造物がT字形の土地にまとまって残る。現在、三河島汚水処分場は稼働中だが、喞筒場施設は1999（平成11）年に稼働を停止している。

下水処理場とは思えない
赤煉瓦風の美しい建築

濾格室上屋

下水中の浮遊物を取り除く働きをもつ濾格機を格納・操作するために造られた。屋根は入母屋造スレート葺きで、鉄筋コンクリート造だが、表面には煉瓦タイルを貼る。東側には、取り除かれた浮遊物を運ぶための土運車が出入りした開口部がある。奥に見える喞筒室とともに、施設内の象徴的な建築である。

ここが沈砂池

沈砂池及び濾格室

上）下水を沈砂池の中で流すことによって下水中の土砂などを沈殿させ、除去する働きを備えた施設。沈砂池は全長約19.7m、幅4.5mの鉄筋コンクリート造の構造物。下）沈砂池の出口には、浮遊物を除去する鉄製の濾格がある。

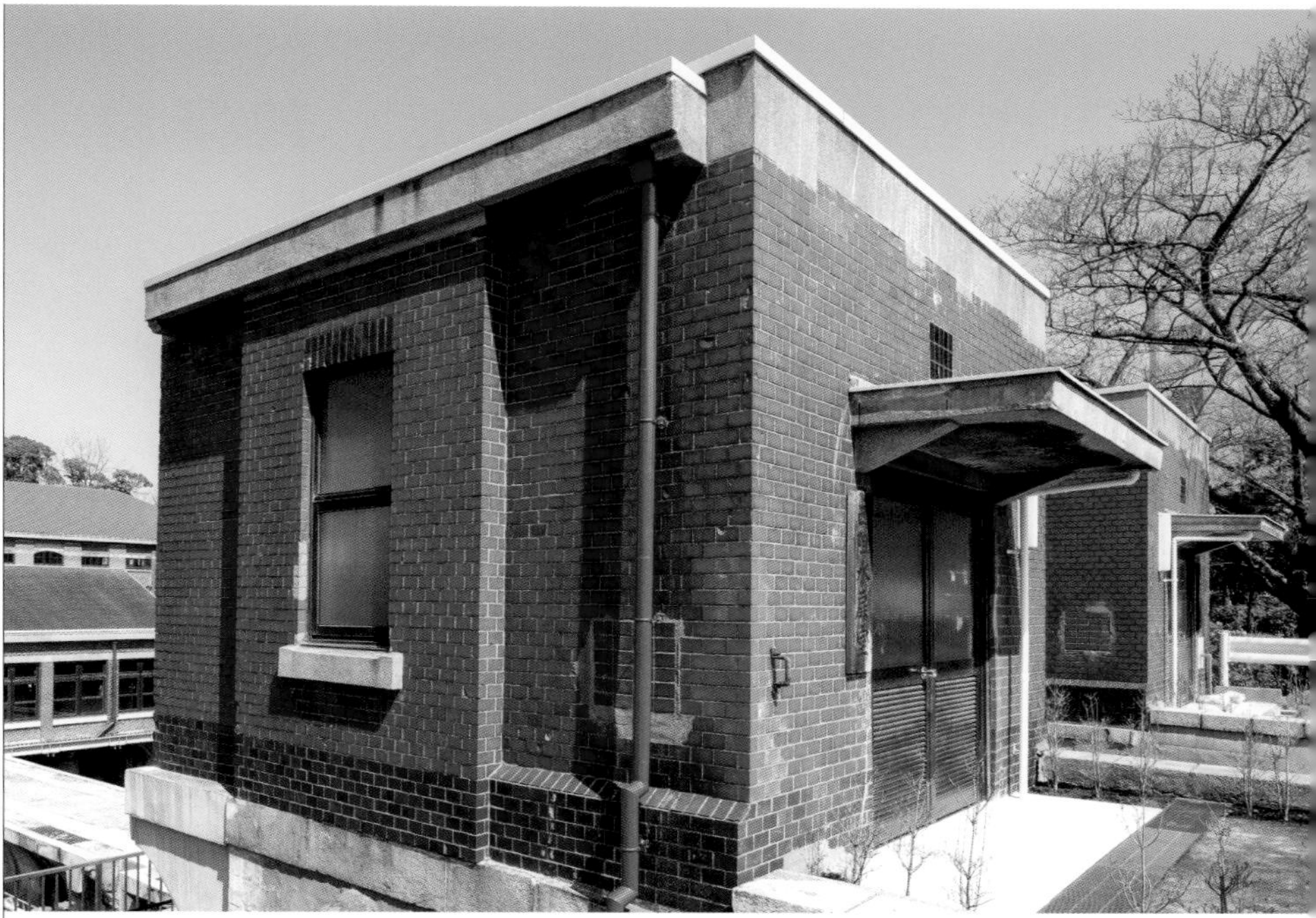

阻水扉室

喞筒場に流れ込む下水を遮断するための構造物。上屋は鉄筋コンクリート造で、換気筒を設ける。地下にある流入渠は全長約10.2m、幅2.1mで、入口の部分は花崗岩の切石を使って装飾する。

量水器室及び喞筒室暗渠

右）量水器室は1920（大正9）年竣工で、下水の量を計測するベンチュリ管という設備を備える。左）喞筒室暗渠は1921（大正10）年の竣工。濾格室と喞筒室を結ぶ鉄筋コンクリート造の構造物で、東西最大約45m、南北約45.2mの規模。写真は喞筒室暗渠の一部である導水渠。

東京の建築史に欠かせない建築家

片山東熊

1854-1917年

現存する代表作品

旧東宮御所（迎賓館赤坂離宮）、表慶館

辰野と同じくコンドルから教えを受けた工部大学校一期生。長州藩士として戊辰戦争を戦った異色の経歴をもつ。宮廷建築家として皇室関係の建築を設計。

辰野金吾

1854-1919年

現存する代表作品

日本銀行本店本館、東京駅丸ノ内本屋

コンドルから教えを受けた工部大学校一期生。工部大学校を首席で卒業後、イギリスに留学。帰国後は教授となるが、後に民間に事務所を開いた。

ジョサイア・コンドル

1852-1920年

現存する代表作品

旧岩崎家住宅洋館

イギリス出身で、新人建築家の登竜門とされるソーン賞を受賞。明治政府の要請に応じてお雇い外国人として来日、工部大学校で日本人建築家を育成した。

佐立七次郎

1857-1922年

現存する代表作品

水準原点 掩蓋《えんがい》

工部大学校の一期生の中ではもっとも寡作な建築家。逓信省で郵政関係の建築を手がけ、後に日本郵船の顧問となった。都内では水準原点の掩蓋が代表作。

曾禰達蔵

1853-1937年

現存する代表作品

慶応義塾図書館

辰野金吾と同じ唐津藩出身で、工部大学校の一期生。師のコンドルとともに丸の内の都市計画に従事。中條精一郎《ちゅうじょうせいいちろう》と共同で曾禰中條建築事務所を開設した。

妻木頼黄

1859-1916年

現存する代表作品

旧醸造試験所第一工場、日本橋

ドイツに留学した経験をもつ建築家で、ドイツ・バロック式の建築を得意とする。大蔵省に入省して官公庁舎などを多く設計し、辰野のライバルと目された。

イラスト＝竹田 匡志

※代表作品は当書に掲載があり、かつ重要文化財に指定されているものを挙げています

フランク・ロイド・ライト

1867-1959年

現存する代表作品

自由学園明日館

アメリカ出身、20世紀最高の建築家とされる一人。帝国ホテルを設計するために来日、その幾何学的な造形で日本人建築家に影響を与えた。弟子に遠藤新。

岡田信一郎

1883-1932年

現存する代表作品

明治生命保険相互会社本社本館

古典主義から和風まであらゆる様式を自在に使いこなした天才建築家であり、教育者としても後進を育成した。妻は“日本一の美人”と謳われた芸妓の萬龍。

伊東忠太

1867-1954年

現存する代表作品

築地本願寺本堂

法隆寺が世界最古の木造建築であることを見出し、日本建築史を創始。神社や寺院の研究で知られ、妖怪を好み、漫画も描いた。建築家初の文化勲章受章者。

丹下健三

1913-2005年

現存する代表作品

代々木競技場第一・第二体育館

代々木競技場を設計して日本の建築を世界水準に押し上げ、“世界のタンゲ”と評された。東京都庁舎やフジテレビ本社ビルなど、東京のシンボルを造った。

ル・コルビュジエ

1887-1965年

現存する代表作品

国立西洋美術館本館

モダニズム建築を牽引したスイス出身の建築家であり、20世紀の建築家でもっとも高名な人物。国立西洋美術館本館の設計のため来日。弟子に前川國男など。

渡辺仁

1887-1973年

現存する代表作品

旧東京帝室博物館本館

岡田信一郎と並び、様々な様式を使いこなした建築家で、帝冠式の旧東京帝室博物館本館や、銀座の和光を筆頭に東京のシンボルを多数設計した。

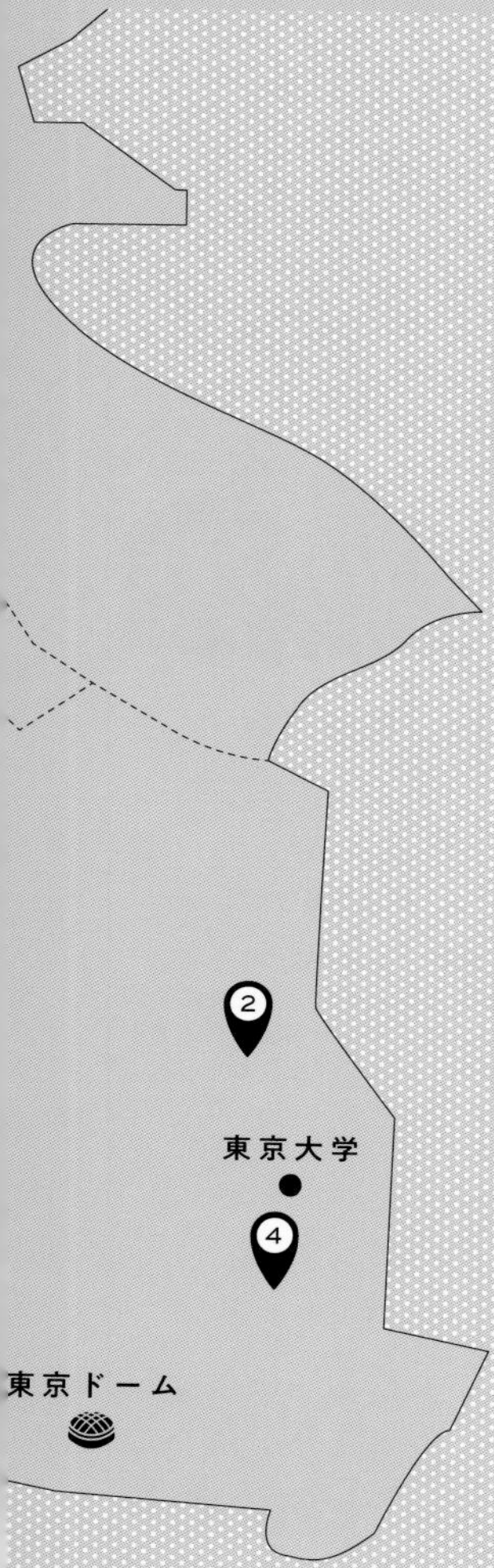

5章

豊島・文京・北・新宿区

物件リスト

1. 自由学園明日館
2. 根津神社
3. 旧東京医学校本館
4. 旧加賀屋敷御守殿門（赤門）
5. 旧醸造試験所第一工場
6. 旧渋沢家飛鳥山邸
7. 聖徳記念絵画館
8. 早稲田大学大隈記念講堂
9. 護国寺
10. 学習院旧正門
11. 新宿御苑旧洋館御休所
12. 雑司ケ谷鬼子母神堂
13. 旧磯野家住宅
14. 旧馬場家牛込邸

東京大学、早稲田大学、学習院大学、自由学園など学校建築の名作が多数。
根津神社は江戸中期の社殿がほぼそのまま現存する珍しい例だ。

No.
01

ライトが手掛けたプレーリーハウスの
流れを汲む学校建築

自由学園明日館

じゆうがくえんみょうにちかん

DATA
所在地：豊島区西池袋2-31-3
竣工：中央棟・西教室棟1921（大正10）年、
東教室棟1925（大正14）年、
講堂1927（昭和2）年
設計：中央棟・西教室棟はフランク・ロイド・ライト、
東教室棟はフランク・ロイド・ライトと遠藤新、講堂は遠藤新
構造：木造
重文指定：1997（平成9）年

中央棟の両側に、翼のように教室棟を設けた左右対称の構成。木造漆喰仕上げの簡素な造りが清楚な雰囲気を演出する。低いながらも深い軒、連続する幾何学形態、大谷石の使用などがライト独特の作風を示す。

STRUCTURE

図解

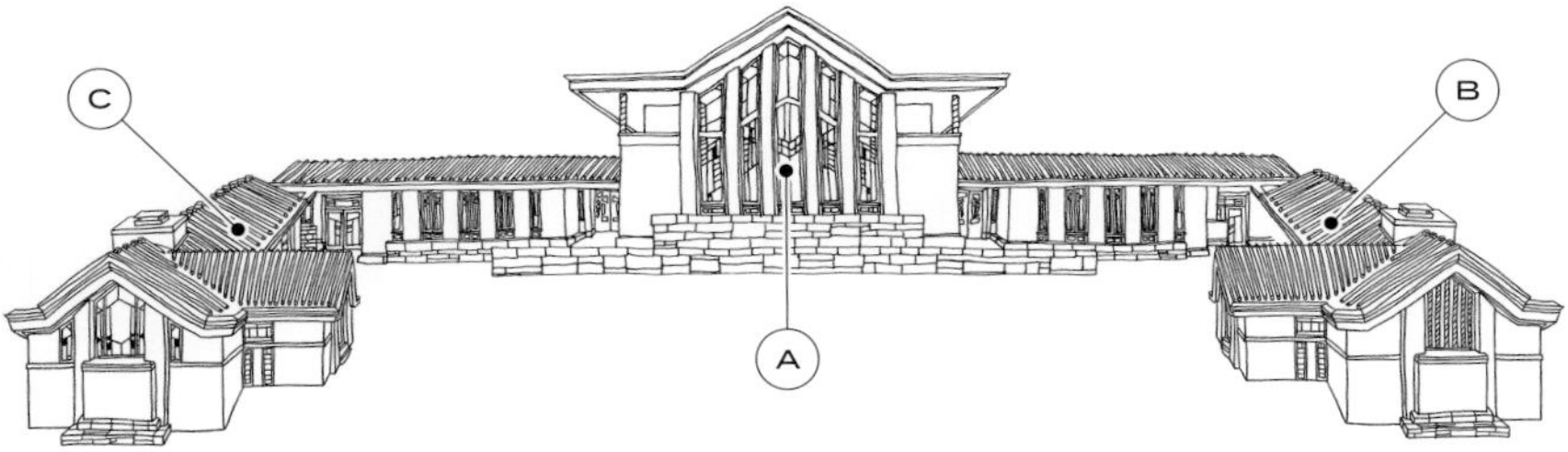

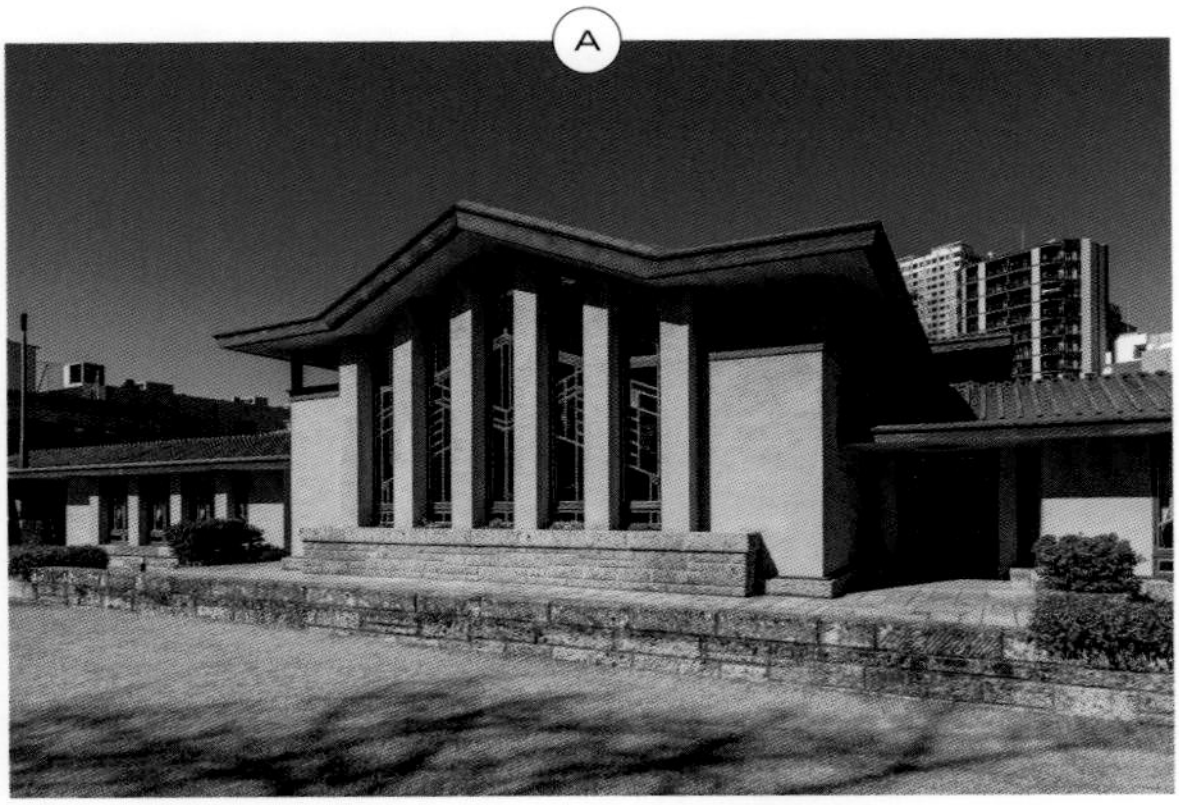

中央棟

中央棟にはライトのデザインエッセンスが凝縮されている。窓やドアなどに多用されている幾何学的デザイン、建物の中に入ったとき、床の高さを少しずつ変えた部屋を連続させた空間構成など、変化に富む空間を創り出している。

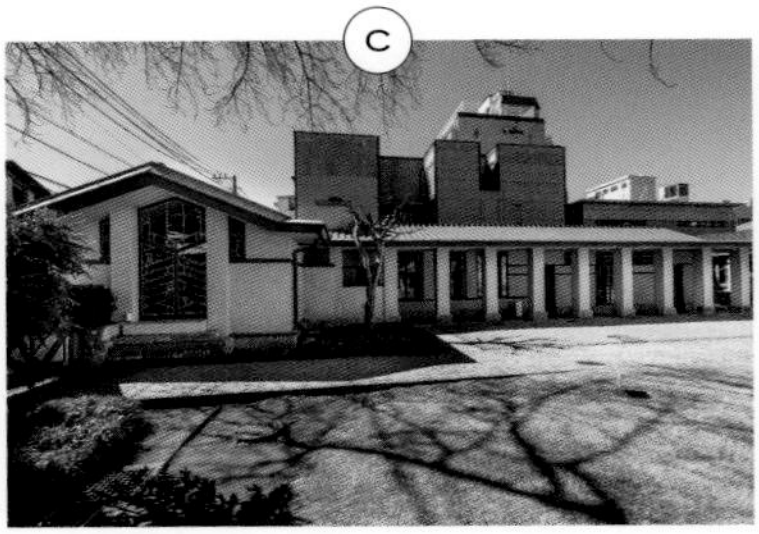

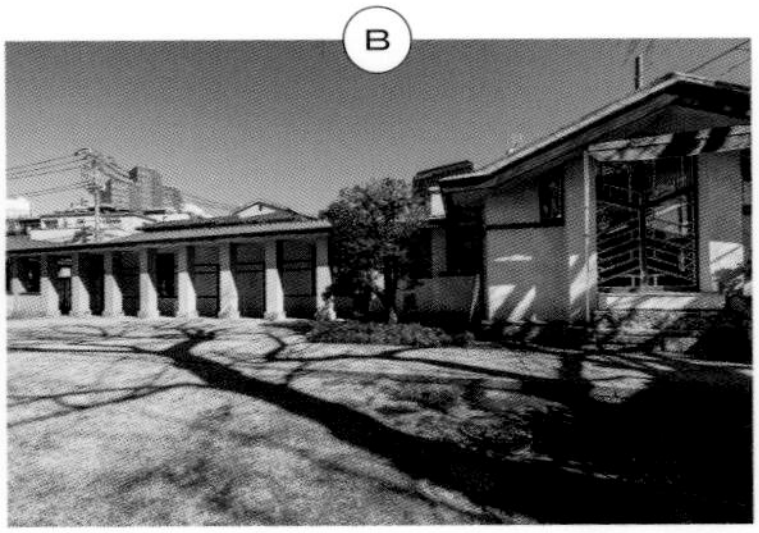

西教室棟

生徒が学んだ教室。窓は幾何学的なデザインであり、屋根は水平さを強調し、高さを抑えて庭の芝生との共存を図っている。

東教室棟

平等院鳳凰堂のように全体が翼を広げた構成で、中央棟の両側に教室棟を接続させる。地を這うような佇まいをみせる。東教室棟は中央棟・西教室棟に遅れて竣工したが、造りは西教室棟と同じ。

POINT
ポイント

1. 都内に残る希少なライト設計の建築
2. 幾何学的なデザインのインテリア
3. 巨匠・ライトと弟子・遠藤新の競作

HISTORY
歴史

1921（大正10）年
自由学園設立

1922（大正11）年
ライトの設計で中央棟、西教室棟竣工

1925（大正14）年
東教室棟竣工

1927（昭和2）年
講堂竣工

1934（昭和9）年
自由学園が東京都東久留米市に移転。移転後、ライト設計の校舎は「明日館」と命名される

1997（平成9）年
重要文化財に指定

1999（平成11）年
建築群の保存修理を開始

2001（平成13）年
動態保存がはじまる

教育に傾ける夫妻の情熱に建築界の巨人が応えた

遠藤《えんどう》新《あらた》がライトに繋ぐ

自由学園は、キリスト教の教えに基づき、1921（大正10）年に羽仁《はに》もと子・吉一夫妻によって創立された女学校である。明日館の設計は20世紀を代表するアメリカ人建築家のフランク・ロイド・ライトである。ライトは当時、帝国ホテルの建設のため来日していたが、設立されたばかりの学校の設計を引き受けたのは異例だった。

当初、夫妻は富士見町教会の教会員で、ライトの弟子だった建築家・遠藤新に設計を相談した。すると、遠藤は自身ではなくライトを設計者に推したのである。ライトはもと子の話す女性のための教育理念に深く共感し、設計を快諾したといわれる。これは奇跡のような出来事であった。

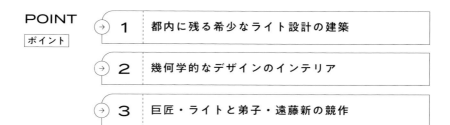

1）中央棟の中心となるホール。南側の中庭を望む大窓は、木枠や桟が幾何学模様となっており、時間帯によって室内に差し込む光の雰囲気が劇的に変化する。2）中央棟に設けられた食堂。ライトの設計だが、生徒の増加で手狭になったため、北・東・西に遠藤新が小部屋を増設した。3）ライトは、建物と家具との調和を重視した建築家。4）教室や食堂に使われている椅子。

ライトと創立者の思いが形になった教育の殿堂

2 1
3
4

ライトと遠藤の競作

明日館の建築群はいずれも高さを抑え、水平線を強調している。このような手法はライトが黄金期に好んで用いたものであり、故郷ウィスコンシン州の大草原から着想を得たことから〝プレーリースタイル（草原様式）〟と呼ばれる。

敷地の南側にある講堂は遠藤新の設計である。明日館が竣工したのち、自由学園の生徒数は次第に増加し、中央棟ホールが手狭になってしまった。問題解決策として建てられたのが講堂である。遠藤は既存の校舎と調和を図るため、天井を舟底天井にしたり、窓枠など随所に幾何学模様を多用するなど、ライトの設計思想をしっかりと継承している。

その後、自由学園は生徒の増

講堂

師匠の意志を継ぐ
弟子・遠藤による講堂

上）卒業生の父母の提案で、テニスコートのあった場所に竣工した講堂。遠藤新の設計で、天井、窓の幾何学模様から照明具に至るまで、明日館と調和する意匠が散りばめられている。下）窓枠に幾何学的な図形が並ぶのは師匠のライト譲りの造形。この空間は現在もコンサートなどに活用されている。

加に伴い、1934（昭和9）年に東京都東久留米市に移転したため、明日館は卒業生の活動の場として使われるようになった。なお、〝明日館〟と命名したのは、創立者の羽仁夫妻であった。

　戦後になると老朽化が進んだため、昭和40年代には取り壊しの計画もあった。しかし、卒業生から建築家まで幅広い人たちの思いが実り、現地での保存が決定した。

　ライトの建築はアメリカと日本にしか現存していない。ライトは日本で12の建物を設計したといわれるが、実現したのは東京では帝国ホテルや自由学園明日館、兵庫県の芦屋《あしや》に立つ旧山《やま》邑《むら》家住宅など6件（現存は4件）のみであり、極めて貴重である。自由学園明日館はライトの造形が良好な状態で残り、海外からも多数の来訪者がある。

No.
02

徳川綱吉が奉献した
江戸中期の権現造の傑作

根津神社

ねづじんじゃ

DATA
所在地:文京区根津1-28-9
竣工:1706(宝永3)年
構造:木造
重文指定:本殿・幣殿・拝殿、
唐門は1931(昭和6)年
西門、透塀、楼門は1956(昭和31)年

拝殿の正面には軒唐破風、その奥には千鳥破風を設ける。“根津神社”の神額は、有《あり》栖《す》川宮《がわのみや》熾仁《たかひと》親王の揮毫《きごう》。屋根は銅板葺き、柱は朱塗りとし、金箔で装飾する。正面の唐破風の内側にある蟇股や、破風の中央につく懸魚も金箔で縁取る。飾り金具にも金箔を貼り、精緻な文様を描く。

POINT

見どころ

1. 江戸時代中期の権現造の筆頭格
2. 華美に走らず抑制の効いた装飾美
3. 都内では希少な江戸時代建立の神社楼門

HISTORY

歴史

古代
日《やま》本《と》武尊《たけるのみこと》によって創建

文明年間
(1469～87)年
太田道灌が社殿を奉建

1706
(宝永3)年
千駄木の旧社地より遷宮。社殿が建てられる

1714
(正徳4)年
例祭の神輿が江戸城に入城、天下祭に挙げられる

明治初期
神仏分離令の影響で、社名変更

1931
(昭和6)年
本殿・幣殿・拝殿、唐門が重要文化財に指定

1945
(昭和20)年
第二次世界大戦の米軍空襲で社殿の一部に損害を受ける

1956
(昭和31)年
西門、透塀、楼門が重要文化財に指定

1959
(昭和34)年
戦災の復旧工事竣工

本殿・幣殿・拝殿

右）拝殿の内部の欄間には牡丹の彫刻をはめ込み、上に蟇股を設け、天井は格天井とする。左）拝殿と本殿を繋ぐ中間部分を幣殿（石の間）と呼び、権現造はこの三殿がひと続きになったもの。

奥に建つのが本殿、手前にあるのが、本殿と拝殿を繋ぐ幣殿。

江戸時代中期の社殿群が完全に残る希少な神社

唐門

屋根が優美に湾曲するが、これは両側に唐破風が設けられた平唐門という形式。正面に唐破風がない点が、上野の東照宮（P194～199）の向唐門とは異なる。現存していないが、かつては天井に墨絵の龍が描かれていたという。

透塀

社殿の周りを囲んでいる3棟の塀で、全長約200m。透塀は菱形に組まれた窓をもち、その間から内部の社殿が透けて見えるためこの名がある。全体を朱塗りにして社殿と一体感を持たせている。

西門

透塀の間に、中心の社殿への出入口として設けられた小規模な門。2本の柱を立てて造られた門で、これを棟門という。門柱の前後に控柱を設ける四脚門に対して、簡素な印象を受ける。

綱吉造営、権現造の傑作

根津神社は都内有数の古社の一つであり、約1900年前、日本武尊が東夷征定の途中に千駄木に創祀したのが始まりと言われる。その後、江戸城を築いた武将の太《おお》田《た》道灌《どうかん》からも崇敬され、室町時代の文明年間（1469～87）に社殿を奉建したとされる。中世は各地の神社で神仏習合の影響が大きく、根津神社も根津権現社と呼ばれていたようである。

根津に社殿が移されたのは、江戸時代半ばのことであった。根津にはもともと、江戸幕府3代将軍・家光の3男で、6代将軍・家宣の父にあたる甲府藩の徳川綱重の山手屋敷が建っていた。家宣はこの根津の地で生まれている。

その後、5代将軍・綱吉が家

楼門

上）都心に立つ江戸時代の神社楼門では現存唯一の遺構。左右に置かれているのは貴人を守護する随身像であるが、右側は水戸黄門の姿だともいわれる。下）楼門は2階建で、下層に屋根がない。極彩色の蟇股の彫刻、2層目の軒先の組物の華やかさが特色の堂々たる門である。

300年前の姿を今に残す、東京を代表する社殿群

宣を養嗣子に定めると、根津権現社に屋敷地を献納するとともに、千駄木の旧社地から遷宮。天下普請といわれる大造営を行い、1706（宝永3）年には現存する権現造の本殿・幣殿・拝殿ほか、楼門などの主要な社殿群が建立された。特に本殿・幣殿・拝殿は傑作で、技術的にも意匠的にも円熟期を迎えた江戸中期の権現造の代表作とされる。

明治時代には神仏分離令によって根津権現の祭祀は廃され、社名が根津神社に改称される。1945（昭和20）年には戦禍により拝殿の一部が焼損するなどの被害を受けている。戦後に入ると復旧工事が進められ、1959（昭和34）年に完了した。根津神社は、江戸時代中期の社殿群が一式揃って現存している例であり、極めて貴重といえるだろう。

No.
03

東京大学医学部黎明期の
歴史を伝える擬洋風校舎

旧東京医学校本館

きゅうとうきょういがっこうほんかん

DATA
所在地：文京区白山3-7-1
小石川植物園内
竣工：1876（明治9）年
設計：工部省営繕局
構造：木造
重文指定：1970（昭和45）年

1
3 | 2
4

1・2）小柄な塔屋が載り、屋根には千鳥破風を設けて換気に用いた。3）半八角形の車寄を設け、その上には社寺風の擬宝珠《ぎぼし》高欄がある。この擬宝珠高欄は1911（明治44）年の移築の際に造られたもの。車寄せには擬洋風建築らしい和洋折衷の意匠が多く、彫刻で装飾した欄間や、フルーティング（縦溝）の施された柱が特徴。4）寄棟造、桟瓦葺きの2階建。小石川植物園のもっとも奥に建ち、正面の池に全景を映し出す。

東京大学のはじまり

東京医学校のルーツは、江戸幕府が1861（文久元）年に江戸の下谷にあった種痘所《しゅとうじょ》を医学所と改め、西洋医学の学習の拠点としたことに始まる。1868（慶応4）年に解散したが、明治政府は復興を図り、その後

東京大学発祥の由緒を物語る校舎

たびたびの再編を経る。そして、1877（明治10）年に東京開成学校と東京医学校が合併し、東京大学が発足した。

旧東京医学校本館は、1876（明治9）年、東京医学校の校舎として竣工し、のちに医学部の本部や病室が置かれた。いわゆる擬洋風建築で、建設当初は中央に時計を設けた塔屋を載せ、〝時計台〟の名で親しまれた。その後、1911（明治44）年に東京大学の赤門の脇に移築されたが、この時に規模を縮める改変を加えている。そして、1969（昭和44）年に理学部附属植物園（小石川植物園）に再移築され、現在に至っている。

なお、設計者については工学部営繕局とされてきたが、近年、文部省及び東京医学校営繕掛が設計に関与したとする研究成果が提示されている。

No.
04

加賀藩主・前田斉泰が
将軍の娘を迎えるために建立

旧加賀屋敷御守殿門（赤門）

きゅうかがやしきごしゅでんもん（あかもん）

DATA
所在地：文京区本郷7-3-1
竣工：1827（文政10）年
構造：木造　重文指定：1931（昭和6）年

溶姫のために建てられた門

正式名称より、東京大学の〝赤門〟の愛称が有名であろう。

東京大学本郷キャンパスの敷地には江戸時代、加賀藩の江戸上屋敷があった。加賀藩第13代藩主・前田斉泰《なりやす》は、江戸幕府第11代将軍・徳川家斉《いえなり》の第21女で

右）薬医門の型式で、切妻造、本瓦葺き。左右には唐破風を掲げた番所を設け、その先にはなまこ壁をもつ繋塀が接続する。左）豪壮な構えの門であり、手前の屋根瓦には前田家の“梅鉢紋”を刻む。1868（明治元）年に火災で御主殿などが焼け落ちたが、赤門は焼失を免れた。

安田講堂と並ぶ東京大学のシンボル

ある溶姫《やすひめ》を正室として迎えることが決まった。当時、三位以上の大名が将軍家から姫君を迎えるときは、朱塗りの門を建てる慣習があった。斉泰は溶姫を迎え入れるために御守殿という屋敷を新たに建設し、その表門として１８２７（文政10）年に建てられたのがこの赤門で、唐破風がつく番所を左右に設けた豪壮な薬医門である。

当時は他の大名家の屋敷にも赤門があり、存在自体は珍しかったわけではないが、赤門と御守殿は姫君が死去すると解体される慣習があった。この赤門は溶姫が明治を迎えるまで存命であったため、奇跡的に残った例である。１８７７（明治10）年、本郷に東京大学のキャンパスが置かれた際は正門となり、関東大震災や第二次世界大戦の戦火も免れて現存している。

No.
05

日本酒研究の拠点となった
妻木頼黄の希少な現存作品

旧醸造試験所第一工場

きゅうじょうぞうしけんじょだいいちこうじょう

DATA
所在地：北区滝野川2-6
竣工：1904（明治37）年
設計：妻木頼黄
構造：煉瓦造
重文指定：2014（平成26）年

煉瓦造の質実剛健な工場建築だが、窓の周囲を花崗岩で飾り、屋根の下の煉瓦の積み方に変化をつけてデザイン性を高めるなど、細部まで行き届いた意匠が見られる。妻木は醸造施設なども多数手掛け、愛知県半田市には明治期に建設された「カブトビール」の工場の一部が現存している。

ドイツに倣った設計

石神《しゃくじ》井川《いがわ》が流れる北区滝野川一帯は良質な地下水に恵まれたことから、明治時代に印刷工場など数多くの工場が進出した。旧醸造試験所第一工場は清酒やワインなどの研究を進めるため、大蔵省醸造試験所の清酒醸造試

日本酒の品質安定に貢献した煉瓦造の工場建築

2	1
4	3

1）壁面は平面的で、凹凸が少なく、工場らしい簡潔な意匠。手前に突き出した部分は階段室。2）内部に設けられたエレベーター。3）酒樽を置く大空間を造るため、天井は赤煉瓦をアーチ状に積む。壁面が黒ずんでいるのは貯蔵酒から揮散する微量のアルコールを餌に増殖する黒カビの影響という。4）地下通路の天井は非常に高く、右側に醗酵室や貯蔵庫が並ぶ。窓を設け、自然光を取り入れている。

験工場として1904（明治37）年に竣工した。効率的に税収を上げるためにも、日本酒の品質の安定は明治政府にとって課題であった。また、各地の酒蔵から研修生を受け入れ、醸造技術の近代化に貢献した点において、明治期の産業育成の視点からも意義深い施設である。

辰野金吾のライバルとされ、ドイツ式の本格的な洋風建築を手掛けた妻木頼黄《つまきよりなか》の現存する数少ない作品としても価値が高い。妻木は大蔵省に勤め、税関や酒造関係の施設を数多く設計している。

建物は半地下構造の2階建（一部3階建）で、醗酵《はっこう》室や貯蔵庫などの設備を設ける。伝統的な酒蔵は土蔵形式が多かったが、妻木は留学経験のあるドイツのビール工場を参考に設計したため、煉瓦造で計画された。

No.

06

飛鳥山にあった
渋沢栄一の邸宅の遺構

旧渋沢家飛鳥山邸

きゅうしぶさわけあすかやまてい

DATA
所在地：北区西ケ原2-16-1
重文指定：2005（平成17）年

渋沢の人生の節目を祝う

1877（明治10）年、実業家の渋沢栄一は別宅を構えるため、桜の名所として知られる飛鳥山の土地を購入。1901（明治34）年には本邸を兜町邸からここに移した。第二次世界大戦の空襲で住居部分の大半が失われたものの、難を逃れて残るのが、田辺《たなべ》淳吉《じゅんきち》が設計した晩香廬《ばんこうろ》と青淵文庫《せいえんぶんこ》の2棟である。明治

青淵文庫

DATA
竣工：1925（大正14）年
設計：中村田辺建築事務所
構造：煉瓦造及び
鉄筋コンクリート造

1）ステンドグラスやタイルに、渋沢家の家紋にも描かれる柏の葉がデザインされている。2・3）閲覧室。内装は腰壁がチーク材額羽目張り、壁と天井は石膏プラスター塗り仕上げで、要所に石膏製の帯飾りを巡らす。渋沢栄一記念財団の前身・竜門社が贈った。

1
3 | 2

期には見られなかった大正期特有の自由な建築表現と、手仕事の魅力が色濃く感じられる建築である。

青淵文庫は渋沢の80歳の傘寿と子爵への昇格祝いとして、竜門社（渋沢栄一記念財団の前身）が贈った記念書庫である。1階にはテラスへと続く閲覧室を配し、2階に書庫を設ける。どっしりとした安定感を有し、窓を二重にして防火構造とする。

晩香廬は渋沢の77歳の喜寿を祝い、清水組（現在の清水建設）が贈ったハーフティンバーの小柄な木造建築。建築の名称は、自作の漢詩の一節〝菊花晩節香〟から〝晩香廬〟と命名したもので、暖炉、窓枠、家具などの細部まできめ細やかな装飾を施す。渋沢自身も気に入り、来客を迎える際にレセプションルームとして活用したという。

工芸品のような美しさを誇る大正建築の傑作

晩香廬

DATA
竣工：1917（大正6）年
設計：田辺淳吉
構造：木造

1・2）暖炉は黒紫色のタイル貼りで、中央の文字は“壽”を図案化したもの。石膏塗りの舟底天井の周囲には、石膏彫刻のボーダーが回る。3）全景。壁土に鉄分を加え、サビを浮き出させた西京錆壁塗りで仕上げる。異なる色の煉瓦タイルを用いて変化に富む壁面を造る。

2 | 1
3

鉄筋コンクリート造の地上1階、地下1階建で、東西に翼を広げた左右対称の建築。全長約112m。には岡山県産万成石（花崗岩）を貼り、中央に掲げられたドームが記念性を演出する。

明治神宮外苑の中心施設

1912（明治45）年に明治天皇が崩御すると、明治天皇と昭憲《しょうけん》皇太后の〝聖徳〟を後世に伝えるべく、それまでの事績を当代一流の画家に描かせた絵画を集め、美術館を建設しようとする気運が高まった。整備が進んでいた明治神宮の境内と、その外苑の造営は並行して進み、美術館の建設予定地には大喪の礼が行われた旧青山練兵場の葬場殿跡地が選ばれた。

聖徳記念絵画館は明治神宮外苑の中心施設として、国民の寄付金によって建てられた。一般公募156点の中から小林正紹の案が選ばれたのち、明治神宮造営局の実施設計で1926（大正15）年に竣工した。

青山通りの銀杏並木から見た聖徳記念絵画館は東京の重要な

No.
07

象徴性を高めたドームと
均整の取れた意匠

聖徳記念絵画館

せいとくきねんかいがかん

DATA
所在地:新宿区霞ヶ丘町1-1
竣工:1926(大正15)年
設計:小林正紹(原案)、
佐野利器(指導)、
高橋貞太郎、小林政一
構造:鉄筋コンクリート造
重文指定:2011(平成23)年

最初期の美術館建築にして、明治神宮外苑の中心的施設

景観となっているが、その象徴性を高めているのが中央に載せられたドーム屋根であろう。外観は岡山県産の万成石(花崗岩)による重厚な仕上げで左右対称の構成とし、屋根は銅板葺き。内部に入ると吹抜の大広間が圧倒的で、要所を大理石やモザイクタイルで壮麗に飾り、その左右に絵画室を配置する。

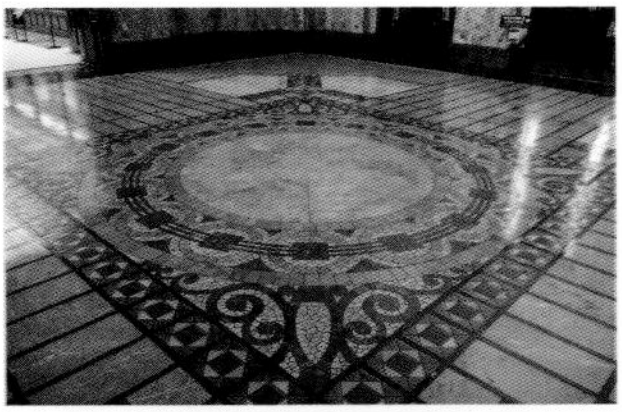

上）ドームの真下にある広間の床には、モザイクタイルで精緻で幾何学的な模様が描かれている。大正期に入ると、建築家の空間構成力とデザイン力も高まりを見せ、内部まで見ごたえのある建築が誕生した。下）ステンドグラスも幾何学的なデザインとなっており、セセッションの影響を見ることができる。

大広間の天井ドームは、最高部で床上約27.1m。鉄筋コンクリートの内側に金網張りモルタルを施し、プラスター塗りを行って、石膏レリーフを取付けている。

天井はかまぼこ状で

抜かりないデザイン

明治天皇の事績を讃える絵画が並ぶ

1
4 | 3 | 2

1）館内には、大政奉還や憲法発布式など、明治天皇の事績を描いた絵画80点が展示されている。なお、絵画の作者は1925（大正14）年には内定していたというが、全80点が揃ったのは、10年余り後の1936（昭和11）年であった。2）照明も幾何学的な造形。3）立体的な漆喰彫刻。4）大理石には化石を見ることもできる。これは左右対称の平巻きの殻を持つ巻貝、ベレロフォンの化石。

象徴性と先進性

竣工した聖徳記念絵画館は、日本では最初期にあたる本格的な美術館建築となった。また、直線を強調することによって、より重厚で記念性の高い意匠を生み出している点も特筆に値する。そして、ドームのシェル構造や絵画室の採光などには先駆的な技術を導入している。昭和初期に相次いで建設されることになる美術館建築の黎明期の作風や構造を知る上で、欠かせない作品となっている。

聖徳記念絵画館に展示されている80枚の絵画は、明治天皇を中心に成し遂げられた明治維新の改革をはじめ、明治時代を象徴する出来事に関わった勇姿を、歴史的光景に基づいて描いている。展示室も当時の面影を残す点が重要である。

No.
08

早稲田大学を象徴する
昭和初期の記念碑的な講堂

早稲田大学 大隈記念講堂

わせだだいがくおおくまきねんこうどう

DATA

所在地：新宿区戸塚町1-104
竣工：1927（昭和2）年
設計：佐藤功一、佐藤武夫
構造：鉄骨鉄筋コンクリート造
重文指定：2007（平成19）年

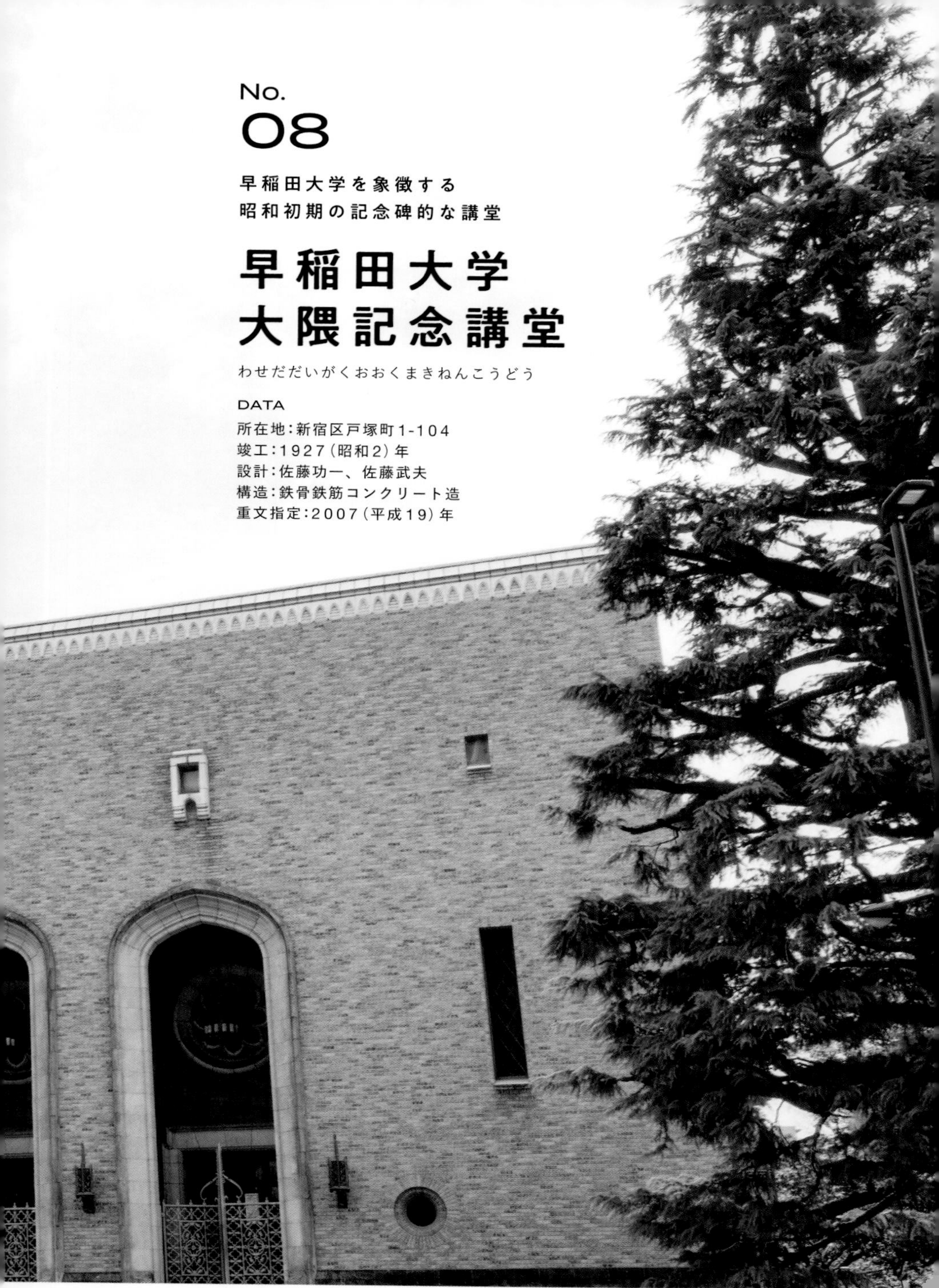

写真提供：早稲田大学

大隈記念講堂は学内では21号館とも呼ばれる。地上3階、地下1階。時計塔は全高約38m（125尺）で、大隈重信が提唱した“人生125歳説”にちなんだ高さ。

ホールは曲線的で有機的な壁面と天井、宇宙をイメージした天窓があしらわれる。

講堂建築の第一人者の作

早稲田大学は1882（明治15）年に大隈重信が設立した東京専門学校を前身とし、1902（明治35）年に発足した。その後順調にキャンパスの整備が進められたが、関東大震災で被災し、大正末から昭和初期にかけて主要な建築が再建された。1927（昭和2）年に竣工した大隈記念講堂は、早稲田大学の創立45周年を記念して建設された大学のシンボルである。

計画に際して設計競技が実施され、1等には前《まえ》田《だ》健《けん》二《じ》郎《ろう》と岡《おか》田《だ》捷《てい》五《ご》郎《ろう》の案が選ばれた。しかし、この計画は実現することがなく、現在見られる建築は選考委員の一人の佐《さ》藤《とう》功《こう》一《いち》の指導のもとで佐藤武《たけ》夫《お》が実施設計を行ったものである。また、東京タワーの設計でも知られる内《ない》藤《とう》多《た》

上）1階の回廊は連続する半円アーチ、窓枠の形状、交差ヴォールト天井などにロマネスク様式の特徴が濃厚に表れる。壁面は昭和初期に流行したスクラッチタイル貼り。下）1932（昭和7）年設置の大隈重信像は朝倉文夫が原型を制作し、像高約2.89m。ガウンと角帽を着用し、大隈記念講堂の時計台を望む位置に立つ。

ゴシック様式とロマネスク様式を折衷

仲《ちゅう》が耐震構造を担当し、ホールの音響面でも黒川兼三郎と佐藤武夫が行った共同実験の成果が生かされるなど、最先端の技術を駆使して建設された。

大学建築に多用されたゴシック様式と、中世ヨーロッパでゴシック様式以前に隆盛したロマネスク様式が折衷されている。正面の尖頭アーチや丸窓、時計塔の小尖塔頂飾りにはゴシック様式が用いられ、軒下に施された小さなアーチが連続するロンバルディア帯や開口部の少ない重厚な壁面などには、ロマネスク様式の特徴が見られる。

象徴性の高い建築であるが、左右対称の造りではないうえ、キャンパスの軸線に沿うのではなく、通りから敢えてずらした位置に計画された。都市の美観を意識した佐藤功一の先見性を見ることができる。

本堂

No.
09

東京に残る江戸時代の
大規模仏堂と桃山期の書院

護国寺

ごこくじ

DATA
所在地：文京区大塚5-40-1
竣工：本堂は1697（元禄10）年
月光殿は桃山時代（1573～1614年）
構造：木造
重文指定：1931（昭和6）年

徳川綱吉も参詣した元禄の大建築

東京に同種の客殿は類例が少なく貴重

月光殿（旧日光院客殿）

1892（明治25）年に原六郎が品川御殿山の自邸に移築していた三井寺の塔頭・日光院の客殿。原が寄進し、1928（昭和3）年に移築された。屋根は檜皮葺き、内部は書院造を基調とする。

幕府の庇護を受けて発展

護国寺は1681（天和元）年、江戸幕府5代将軍・徳川綱吉が、生母・桂昌院《けいしょういん》の発願によって開いた寺院。上野国（現在の群馬県）の碓氷《うすい》八幡宮の別当であった大聖護国寺から亮賢《りょうけん》僧正を招聘し、この時期に幕府の寄進によって多くの伽藍が建立

和様と禅宗様を融合させた折衷様の本堂で、桁行7間、梁間7間の入母屋造の壮大な堂宇である。本尊は桂昌院の念持仏だった唐物天然琥珀の如意輪観世音菩薩だが、絶対秘仏であるため、須弥壇に安置される御前立の六臂如意輪観世音菩薩像の方が有名。

されている。

石段を上った先に建つ本堂は観音堂とも呼ばれ、1697（元禄10）年に建立された都内でも最大級の仏堂のひとつである。落慶供養の際には綱吉や桂昌院も参列したと記録があり、堂内にある〝悉地院〟の扁額は綱吉が揮毫している。

護国寺では明治、大正期に火災が起こり、伽藍の多くを失った。昭和初期に再建が進められ、護国寺の檀家総代を務めた実業家の高橋義雄の指揮のもと、多宝塔や不老門などが整備された。高橋は茶人としても名高く、茶室も寄進したが、護国寺で茶道が盛んなのはその影響である。

重要文化財の月光殿は、実業家の原六郎《はらろくろう》が所有していた日光院の客殿を移築したもので、都内に現存する桃山建築として貴重な遺構である。

再三の移築を繰り返して伝わる

上）鋳鉄製の柱門で脇門と袖塀がつく。本柱間約5.5m、本柱・脇柱間約2.6m。頂部の装飾は宝珠を思わせる。下）側板の唐草文様。

No.
10

明治初期の優れた
鋳造技術を伝える
和洋折衷の門

学習院旧正門

がくしゅういんきゅうせいもん

DATA
所在地：新宿区戸山3-20-1
竣工：1877（明治10）年
設計：未詳
構造：鋳鉄製
重文指定：1973（昭和48）年

和洋折衷の意匠を多用

華族の子弟の教育機関として設立された学習院の正門として、1877（明治10）年に建てられた。鋳物が盛んな埼玉県川口市で製作されたと伝わり、和洋折衷の意匠がみられる。扉は鋳鉄製で、唐草文様のほか、帯に四葉状の文様を入れる。袖塀にも扉と同じ四葉状の文様を入れ、隅の柱は断面が菊花状になる〝胡麻《ご ま》殻決《がらじゃく》り〟の円柱とする。

No.
11

現存唯一、明治時代の
皇室の庭園休憩施設

新宿御苑
旧洋館
御休所

しんじゅくぎょえんきゅうようかん
ごきゅうしょ

DATA
所在地：新宿区内藤町11
竣工：1896（明治29）年
設計：宮内省内匠寮
構造：木造
重文指定：2001（平成13）年

2 | 1
3

新宿御苑を訪れた
天皇・皇族専用の
気品を備えた休憩所

新宿御苑の瀟洒な洋館

信州高遠藩・内藤家の下屋敷跡に設けられた新宿御苑は、1872（明治5）年に内務省が設置した農事試験場がルーツ。その後、宮内省が皇室専用庭園として整備し、1949（昭和24）年に一般開放が始まった。旧洋館御休所は、天皇や皇族が苑内の温室などを見学する際の休憩所として竣工した木造洋風建築で、宮内省内匠《たくみ》寮の設計。

1）軸組みを強調したスティック・スタイルの外観。2）レース状の飾り。3）切妻の破風に施された繊細な装飾も美しい。大正年間には苑内にゴルフコースが整備され、クラブハウスとしても使用されたという。

 写真提供：環境省新宿御苑管理事務所

右）左から拝殿、相の間、本殿が連結して1棟の建築になっている権現造。左）拝殿は華やかさを残しつつも、装飾は比較的簡素。

子育て安産の
神として人の
信仰を集める

No.
12

鬼子母神を祀る
江戸時代中期の複合社殿

雑司ケ谷鬼子母神堂

ぞうしがやきしもじんどう

DATA

所在地：豊島区雑司が谷3-15-20
竣工：本殿は1664（寛文4）年、
　　拝殿は1700（元禄13）年
構造：木造
重文指定：2016（平成28）年

江戸中期の権現造

寺院の名称は法明寺だが、雑司ヶ谷鬼子母神の愛称の方が有名であろう。清土（現在の文京区目白台）で発掘された鬼子母神像を、1578（天正6）年に雑司ヶ谷に堂宇を建立し、安置したのが始まりとされる。鬼子母神は古くから安産・子育ての神として信仰を集め、法華経

の守護神でもあるため、日蓮宗寺院で祀られることが多い。

本殿は1664（寛文4）年の建立であり、加賀藩主・前田利常《としつね》公の息女で広島藩2第藩主・浅野光晟《あさのみつあきら》の正室となった自昌院《じしょういん》（満姫《まんひめ》）の寄進によるもの。その後、1700（元禄13）年には拝殿と相の間が改築され、現在の姿になった。改築を経て権現造の形式になった点が珍しい。

本殿はもともと檜皮葺きだったが、1884（明治17）年に相の間と合わせて銅板葺きとなった。拝殿は栩《とち》葺きだったが、寛政年間（1789〜1801）に桟瓦葺きに改められている。その後、1979（昭和54）年に完了した解体修理の際に銅板葺きとなった。屋根の変更はあるものの、それ以外の改造は少なく、都内に残る江戸時代の社寺建築として貴重。

No.
13

壁面に銅板を貼って
装飾した華美な
“銅御殿”

旧磯野家住宅

きゅういそのけじゅうたく

DATA
所在地：文京区小石川5-19-4
竣工：主屋は1912（大正元）年、
表門は1913（大正2）年
設計：北見米造
構造：木造
重文指定：2005（平成17）年

内外に上質な木材を用いる

実業家の磯野敬《いそのけい》が大正初期に建設した近代和風住宅であり、大正初期に建てられた主屋と表門の2棟からなる。棟梁の北見米造は磯野が自ら指名したといわれる。磯野の嗜好がよく表れた意匠といえ、主屋は屋根と外壁に銅板を張り巡らした特徴的な外観で、〝銅《あかがね》御殿〟と呼ばれる。緑青色になった銅板が美しい。また、複雑な屋根の重なりも見ごたえがあり、入母屋を多く用いた変化に富む意匠である。木材は屋久杉など国産の良材を使用。特に天井や欄間の造作に、明治時代に飛躍的に発展した木造建築の粋が感じられる。

大正初頭の
豪奢な邸宅建築

表門

右）表門は尾州檜の丸太材を用いた四脚門。
左）全体が緑青色の主屋は車寄を備えた書院棟、3階建の応接棟、旧台所棟などからなる。

No.
14

モダニズムの巨匠が
手掛けた和風住宅

旧馬場家牛込邸

きゅうばばけうしごめてい

DATA
所在地：新宿区若宮町39
竣工：1928（昭和3）年
設計：吉田鉄郎　構造：木造
重文指定：2014（平成26）年

吉田鉄郎の近代和風建築

昭和初期はあらゆる建築様式を使いこなす名人のような建築家が活躍した時代であるが、都心に残る希少な近代和風建築の旧馬場家牛込邸は、モダニズム建築「東京中央郵便局」で知られる逓信省営繕技師・吉田鉄郎の設計である。

旧馬場家牛込邸は、富山で海運業を営んだ馬場家の東京における拠点として1928（昭和3）年に建てられた。なお吉田

主屋

写真：萩野矢慶記 / アフロ

写真：朝日新聞社

庭園の眺望を意識して、和洋の客間や居間を雁行形に連ねている。

も富山県出身であり、馬場家と同郷同士の縁があったのかもしれない。装飾を押さえつつも質の高い材料を用い、昭和初期を代表する和風建築として高い価値を有している。

戦後には税として納税され、1947（昭和22）年からは最高裁判所長官公邸となっているものの、一般公開は行われていない。現在は保存修復工事が行われている。

6章

世田谷・杉並区・その他

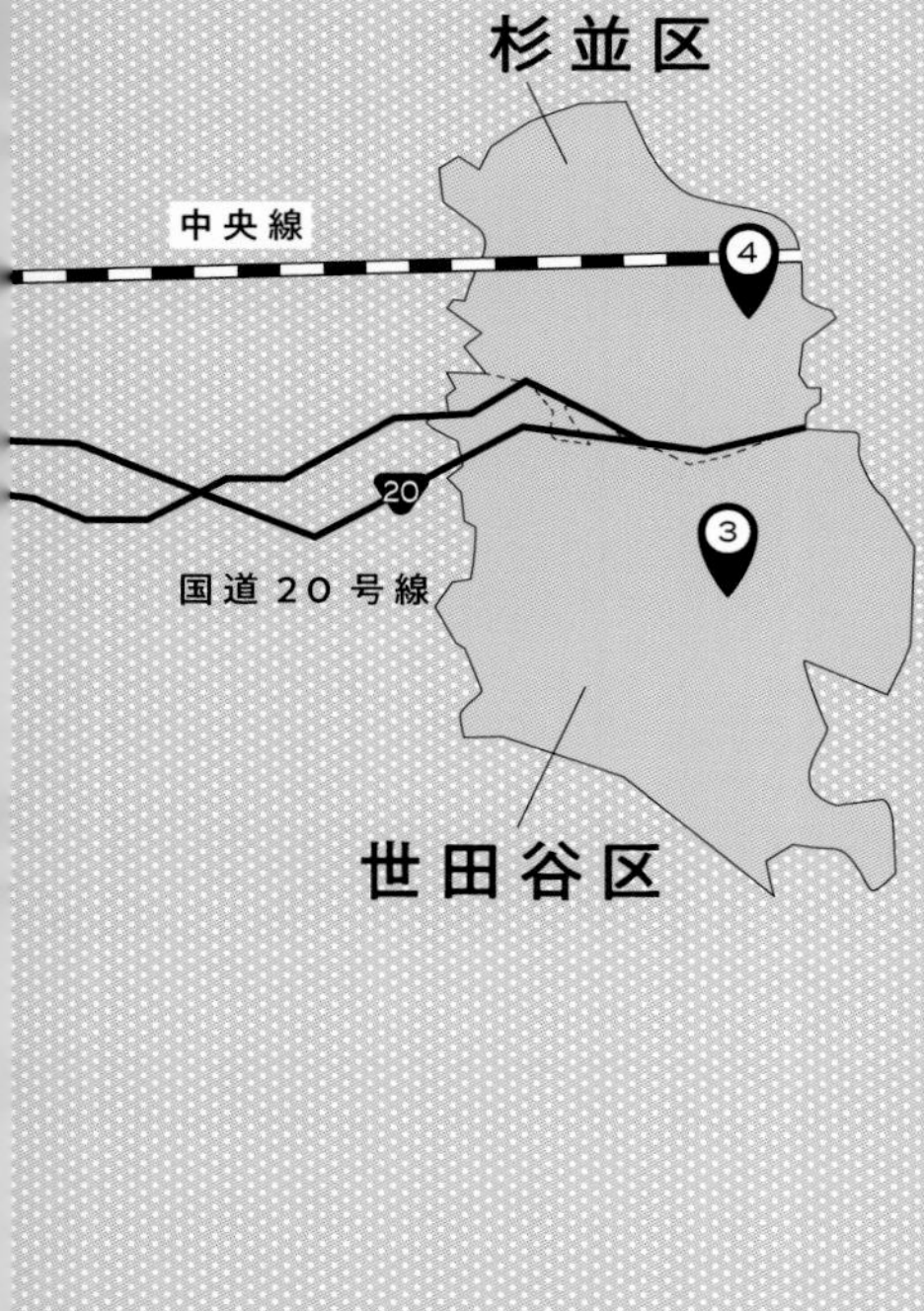

物件リスト

① 小林家住宅
② 観音寺
③ 大場家住宅
④ 妙法寺鉄門
⑤ 正福寺地蔵堂
⑥ 旧宮崎家住宅
⑦ 旧永井家住宅
⑧ 金剛寺

東京の郊外には、江戸時代の農村風景を物語る古民家が残る。
小林家住宅は東京にある文化財の中でも訪問の難易度が高い物件のひとつ。
国宝の正福寺地蔵堂も必見だ。

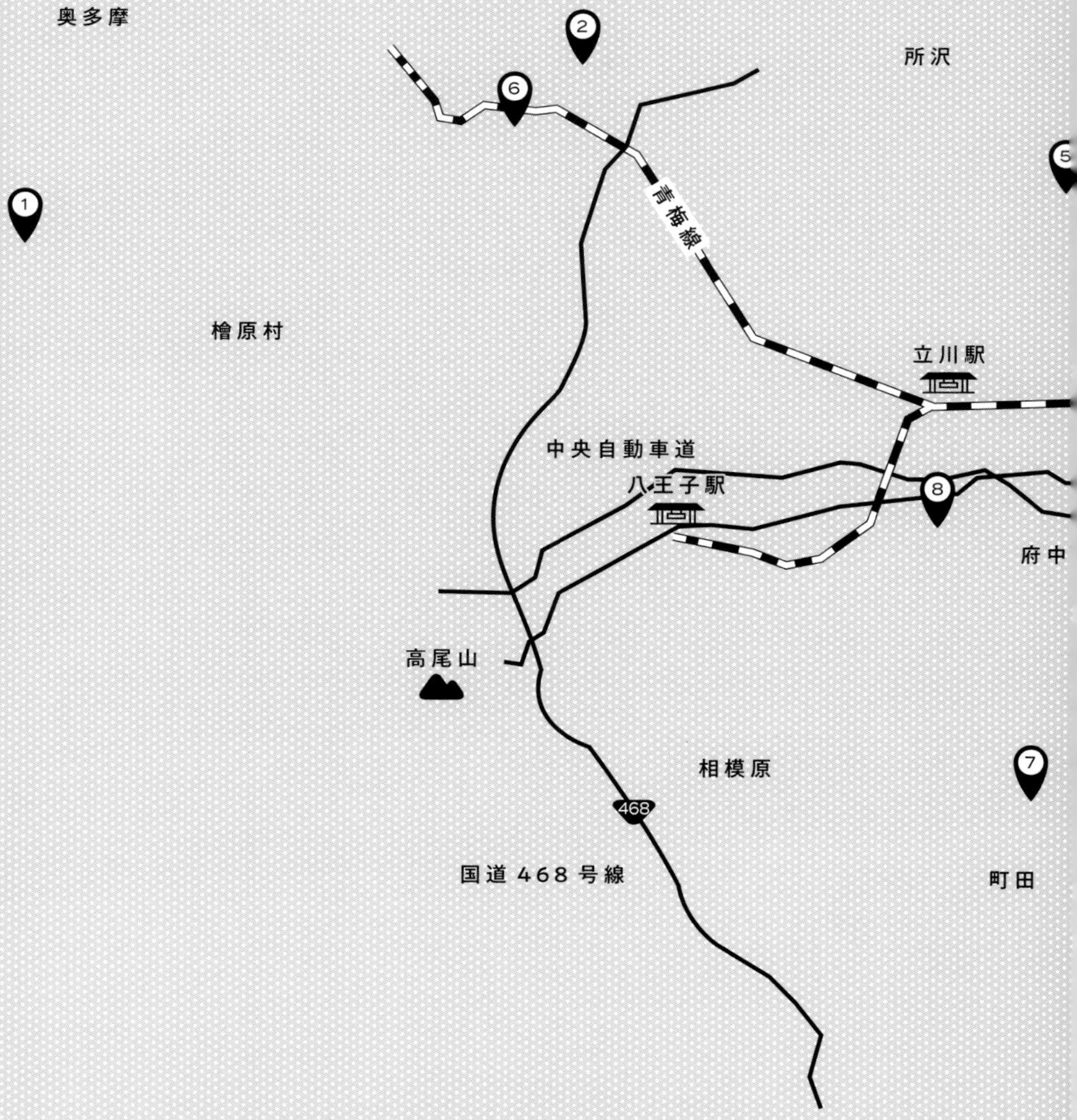

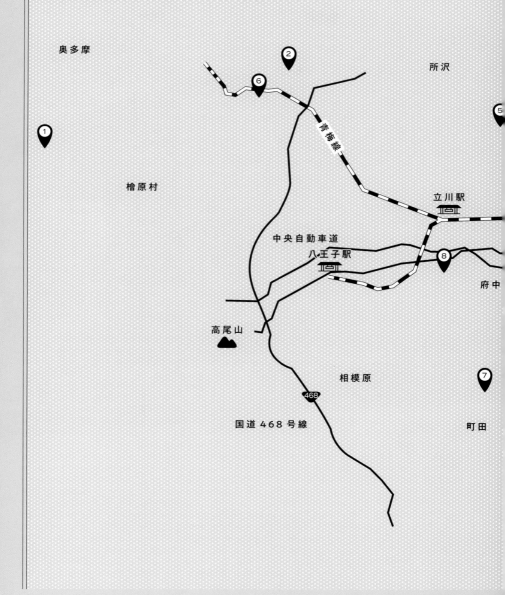

No.
01

山岳民家の形態を伝える建築

小林家住宅

こばやしけじゅうたく

DATA
所在地：西多摩郡檜原村4994
竣工：江戸時代（18世紀前半）
構造：木造
重文指定：1978（昭和53）年

巨大な茅葺き屋根をもつ主屋は石を積んだ基壇の上に建つ。撮影時は秋なので木の緑が寂しいが、春には周辺はツツジが咲き乱れる桃源郷のような風景が広がる。

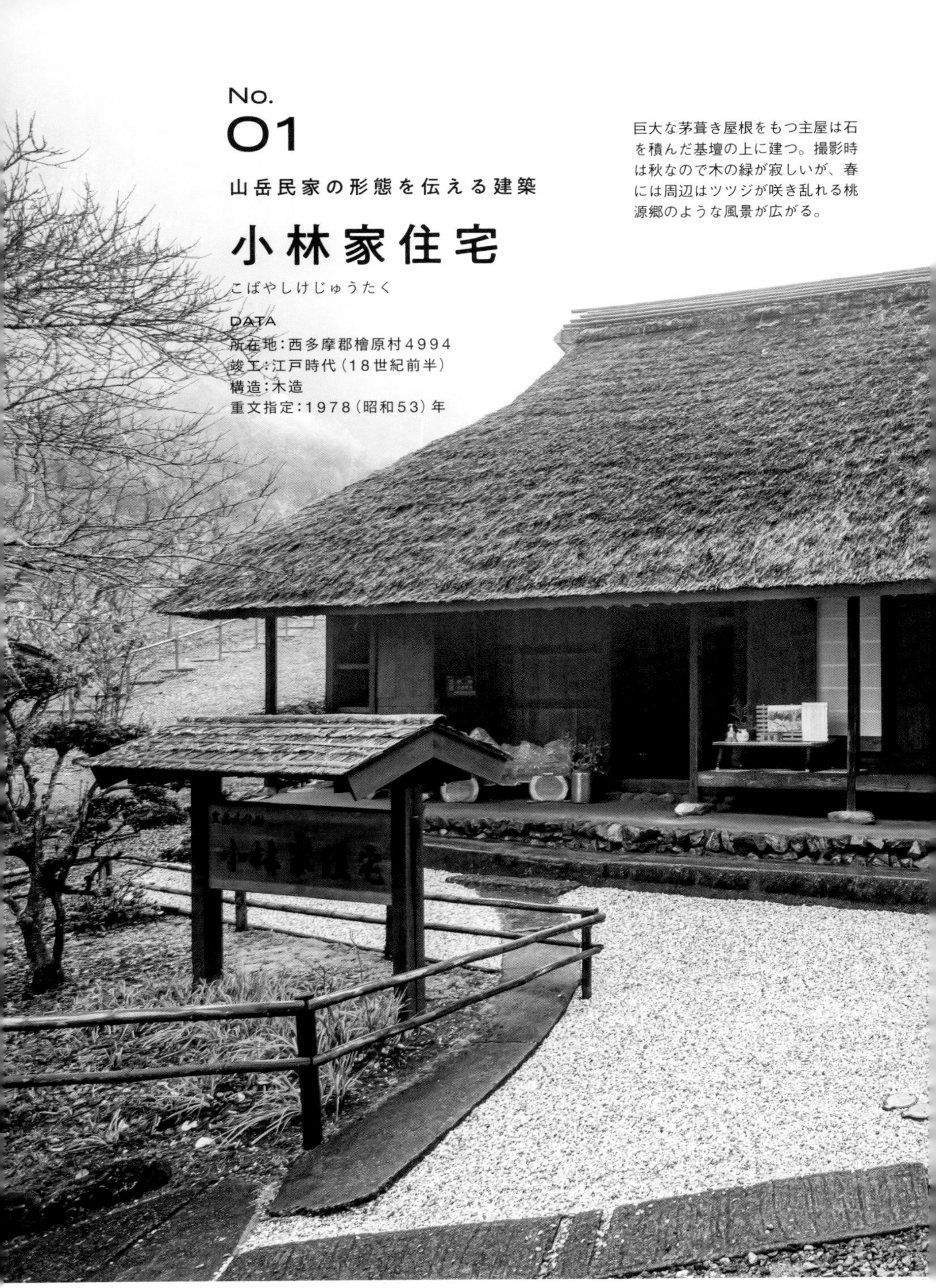

炭を売って暮らした山間部の一軒家

居間はもっとも広い空間で、中心に囲炉裏がある。左奥が土間で、竈などを設ける。柱や梁は屋根の巨大さから比較すると、比較的細めに感じられる。

秘境に建つ重要文化財

東京都内にある重要文化財のなかで、公共交通を使って訪問する難易度がもっとも高いのが小林家住宅である。

東京都西部、檜原村の標高約750mの山間部の尾根に所在し、周囲には斜面を利用した段々畑が造られている。麓からは細い山道を歩くか、事前予約制のモノレールに乗ってアクセスするしかない。現代からすれば不便な立地のように思えるが、道なき道を歩くよりも尾根伝いに歩けば山間部の移動は容易である。小林家やこの地域の人々は山から木材を切り出して炭を作り、販売して生計を立てていたという。麓までは馬を使って運搬したため、主屋の前には馬小屋も残されている。

入母屋造茅葺きの屋根をもつ

檜原村の尾根で見る茅葺き屋根の迫力

1）段々状に造られた畑から主屋を見下ろす。入母屋造、山間部の一軒家である。2）縁側から庭を見た様子。写真右手前は馬小屋。奥は薪を蓄える小屋。付属建物が良好に残り、山間部の暮らしぶりを伝える。3）小林家は地域をまとめる組頭であり、座敷は役人を迎える部屋として用いた。

1
3 | 2

2014（平成26）年に主屋の修復が完了する前は、茅葺き屋根が赤いトタンに覆われていた。改変が加えられているものの、生活感が強く残る雰囲気も味わい深く、好みだった人も少なくないはずだ。

主屋は堂々たる造りで、江戸時代の18世紀前半に建てられたと推定される。屋根の形状は、東京都から山梨県の山間部に見られる、妻側の軒先を切り上げた兜造《かぶとづくり》という独特の形式である。内部には、炊事などを行う台所、家主の居住空間である居間、そしてもっとも奥まった位置に役人の接遇に用いた畳敷きの座敷などを設ける。

なお、幕末ごろから主屋内部で養蚕を行うようになったため、この時期に大規模な改造がなされ、簀子《すのこ》床を設けた空間も造られた。ただ、小林家では養蚕ではそれほど利益を上げることはできなかったようである。2006（平成18）年までは実際に家主が生活を営んでいたが、檜原村が取得したのち、数年がかりの修復によって創建当時の姿に復原された。

No. 02

八百比丘尼が開いた
室町時代の伽藍が残る寺院

観音寺

かんのんじ

DATA
所在地：青梅市塩船194
竣工：室町時代
構造：木造
重文指定：1946（昭和21）年

中世には坊舎を多数擁し、隆盛を極めた青梅市を代表する古刹

仁王門

上）安置される金剛力士像2体も室町時代の作と推定。阿形像（写真）は像高約273.4cm、吽形像が像高約277.6cmで、東京都指定有形文化財。下）切妻造茅葺きの屋根をもつ八脚門。彫刻などをつけない簡素な門で、正面に山号「大悲山」の扁額を掲げる。

阿弥陀堂

もともとは仁王門や本堂などと同様に茅葺きであったが、1961（昭和36）年の修復工事の際に保存の観点から銅板葺きに変更された。単層、寄棟造の仏堂で、内部の天井には板張りがないことから、未完成のまま今日まで伝わったと推定されている。

本堂・厨子

寄棟造で、屋根は茅と杉皮を交ぜ葺きにする虎葺きという手法で葺く。奥多摩地方に見られる葺き方である。内陣の中央にある厨子も含めて重要文化財。厨子には鎌倉時代の作という十一面千手観音菩薩像を安置し、扉の内側には普賢菩薩と文殊菩薩を描く。

中世の仏堂3件が重文

観音寺が建立されている塩船《しおふね》地区は、小さな丘に囲まれた地形で船の形をしていることから、仏が衆生を救う弘誓《ぐぜい》の舟にちなんで塩船と命名されたといわれる。真言宗醍醐派に属する観音寺は地元では〝塩船《しおふね》観音寺〟の愛称で親しまれる古刹で、開山は大化年間(645~650年)まで遡るといわれ、八百比丘尼《やおびくに》が観音像をこの地に安置したのが始まりという伝説がある。

伽藍は山の麓の傾斜を活かして整備されており、室町時代後期から江戸時代にかけて建立された伽藍が建つ。特に室町時代建立の本堂、阿弥陀堂、仁王門が揃って残る例は珍しく、都内では唯一の寺院である。本堂内部の厨子も建物とともに重要文化財に指定されている。

主屋

都内に唯一残る
大名領の代官屋敷

No.
03

世田谷の農村風景を伝える
上層民家の遺構

大場家住宅

おおばけじゅうたく

DATA

所在地：世田谷区世田谷1-29-18
竣工：主屋は1737（元文2）年頃、
1753（宝暦3）年増築
表門は江戸時代後期
構造：木造
重文指定：1978（昭和53）年

役人を接遇する空間

大場家住宅、通称〝大場代官屋敷〟は世田谷に残る数少ない茅葺き民家であり、大名領の代官屋敷としては都内で唯一残る貴重な建築である。

江戸時代中期頃から、大場家は彦根藩が領有する世田谷の20

表門

2 | 1
3
4

1）主屋の巨大な茅葺き屋根は関東地方に多く見られる寄棟造。柱や梁を壁面に表出させる造りを真壁構造といい、日本建築に共通する特徴である。2）土間。自然のままの曲がった梁を豪快に組む。3）主屋は一部2階建で、裏側から見ると2階に窓がある不思議な空間があるが、これは家主の書斎といわれる。4）表門の屋根は主屋同様に寄棟造。表門には部屋があり、番人が控え、格子窓から監視していた。

カ村を束ねる代官を世襲した。江戸時代の世田谷は現在のような住宅街や商業地ではなく、典型的な江戸の郊外の農村だった。しかし、彦根藩にとっては有事の際に食料や人足を供給できる重要な土地であった。大場家は藩の命を受けて小作人から年貢を徴収し、犯罪人を捕縛して治安を維持するなど様々な事業を行っていた。

　現在の主屋は、7代目当主・六兵衛《ろくべえ》盛政《もりまさ》が1737（元文2）年頃に建てたといわれる約70坪に及ぶ巨大な屋敷である。その約2年後、盛政は代官職として登用されたため、役人の接遇のために1753（宝暦3）年に書院座敷を増築した。こうした格式の高さは代官の住まいならであり、通常の農家とは異なる大場家住宅の見どころとなっている。

柱は４枚の側板を組み合わせた角柱に、真鋳で七言を記す。上部に日蓮宗の定紋の井桁橘花紋、下部に唐獅子を刻む。

No.
04

工部省が設計施工した
和洋折衷の門

妙法寺鉄門

みょうほうじてつもん

DATA
所在地：杉並区堀ノ内3-48-8
竣工：1878（明治11）年
設計：工部省
構造：鋳鉄製
重文指定：1973（昭和48）年

寺院なのに洋風の門

元和年間（1615～1624年）に創建された妙法寺は江戸の日蓮宗の中心寺院として繁栄し、人々の間では〝堀之内のおそっさま〟と呼ばれ、除厄けにご利益があるとして参詣者が絶えなかった。

文明開化の風潮が伝統的な寺院にも到来

1）基礎部分には牡丹の花を鋳出す。2）柱頭にはアカンサス紋を刻み、台座の上に青銅製の童子を置く。3）鋳鉄製の柱門で、幅約4.30m、全高約4.96mの規模。楣《まぐさ》を渡して扉を釣り込み、楣《まぐさ》の上には鳳凰の飾りを付ける。柱には「明治十一年　工部省工作分局　東京赤羽」のネームプレートがあり、鋳造の経緯が記録されている。

明治時代に入ると伝統的な寺院や神社に西洋化の流れが伝わり、石川県金沢市の「尾山神社神門」のように擬洋風建築が建てられた事例は意外にも多い。妙法寺鉄門も明治初頭の進取の気風を伝える遺構で、この地にあった長屋門を取り壊したうえで１８７８（明治11）年に建立された。妙法寺が直接、官営の機械製作工場であった工部省赤羽工作分局に依頼して鋳造されたという。日本の工業化を推進した工部省の工場が設計施工を担当した、現存まれな遺構として価値がある。

正面の鳳凰や、柱の上に立つ童子像、基礎部分にあしらう牡丹の花など、全体を極彩色の彫刻で飾り立てている。和風を基調としつつも、一部に洋風の要素を加えたデザインであり、個々の意匠の完成度が高い。

No.
05

建築年代が判明する
中世のまれな禅宗様仏殿

正福寺地蔵堂

しょうふくじじぞうどう

DATA
所在地：東村山市野口町4-6-1
竣工：1407（応永14）年
構造：木造
重文指定：1928（昭和3）年
国宝指定：1952（昭和27）年

禅宗様仏殿の代表作

正福寺は鎌倉幕府の執権・北条時頼もしくは時宗により開かれたといわれるが、創建された年代は不明である。ただし、地蔵堂は修理の際に発見された墨書から1407（応永14）年の建立と判明している。禅宗様の

仏殿は各地に現存しているが、確実な建立年代が特定された例が少ないことから、国宝に指定されている。

平面は正方形に近く、三間の四周に裳階をつける構造や全体のバランス、花頭窓を設ける点などが、鎌倉にある円覚寺舎利殿と非常によく似ている。円覚寺舎利殿の建立年は不明だが、類似点の多さから、概ね同時期の建築と推定される。比較すると、正福寺地蔵堂のほうが規模はやや大きく、木鼻や尾垂木下の持送りなどの造形は迫力があり、軒下の組物も繊細さと力強さを兼ね備えている。

内陣の中央には須弥壇を備え、本尊の地蔵菩薩像を安置する。天井はいわゆる鏡天井とし、細やかな組物と梁で構成している。禅宗様の仏殿の完成形として高い価値が認められる。

都内に2件しかない国宝建造物のひとつ

2 | 1
3

1）江戸時代にたびたび改造が加えられ、屋根の杮葺きを茅葺きに改変したりと、外観が大きく変わったこともあったが、昭和期の修理で建立当初の姿に戻された。2）屋根は入母屋造で、端部が優美に反り上っているのは禅宗様仏殿の特徴。3）組物を細かく、隙間がないほどぎっしりと組み上げる"詰組"も禅宗様の特徴。欄間は弓欄間とし、下部に花頭窓を設ける。

No.
06

17世紀まで遡る
都内屈指の旧家の遺構

旧宮崎家住宅

きゅうみやざきけじゅうたく

DATA
所在地：青梅市駒木町1-684
竣工：江戸時代末期
構造：木造
重文指定：1978（昭和53）年

山間部に建てられた旧家

旧宮崎家住宅は東京都西北部の山間部にあった。建築年代は、構造などから19世紀初め頃と推定される。宮崎家は代々農業を営み、敷地内にあった墓碑から推測すると、17世紀中頃から続く旧家だったようである。1977（昭和52）年に青梅市が所有者から譲渡を受け、青梅市立郷土博物館の構内に移築された。主屋は比較的小規模であるが、江戸時代の状態を良好に残している。

屋根は入母屋造とし、山茅と杉皮を交互に葺いている。南正面には縁側を設ける。

山岳地帯に建てられた農家の典型的遺構

1）台所として活用された土間。民具が展示されている。2）入母屋造の屋根。3）梁はよく製材され、太い材は用いられていない。4）壁面に板を張っている。

1
2
3
4

No.

07

多摩地方を代表する
都内最古級の民家

旧永井家住宅

きゅうながいけじゅうたく

DATA
所在地：町田市野津田町3270
町田市立薬師池公園内
竣工：江戸時代中期
構造：木造
重文指定：1978（昭和53）年

公園に移築され、ひっそりと建つ

多摩地方の生活を偲ぶ

永井家は、もともとは多摩丘陵の農村地帯で農業を営んでいた。高度経済成長期に多摩ニュータウンの建設が進んだ際、住宅が町田市に寄贈され、1975（昭和50）年に町田市立薬師池公園に移築された。

旧永井家住宅は建てられた年代こそはっきりしていないものの、構造手法から17世紀末頃まで遡ると推定される。東京都内では現存最古と考えられる民家である。開口部が少ない閉鎖的な造りで、古風なたたずまいを残す。多摩地方を代表する民家とされるが、平面や構造などには神奈川県に残る民家と類似点が多いようである。

1

4 | 3 | 2

1）小規模な直屋《すごや》の茅葺き民家で、開口部が少ない。2）出入口。柱と柱の間の壁は藁を塗り込んで仕上げる。3）土間から座敷を見る。4）梁も柱も木材が細く、地方の豪農の民家のような大胆な梁の組み方は見られず、古風なたたずまい。

不動堂

金剛寺の中興第1世にあたる儀海が、現在地に移建した堂。組物などは簡潔な造作であるが、屋根が勢いよく反り返り、優美な姿をみせる。

08

"関東三大不動" の
ひとつとして
信仰を集める

金剛寺

こんごうじ

DATA

所在地：日野市高幡733
竣工：本堂は1342（康永元）年
　　　仁王門は室町時代後期
構造：木造
重文指定：1946（昭和21）年

円仁《えんにん》が開いたという不動尊

金剛寺よりも、"高幡《たかはた》不動尊《ふどうそん》"の愛称の方が知られているだろう。都内有数の古刹であり、大宝年間（701~704年）以前、もしくは奈良時代に行基《ぎょうき》が開いたという伝説もあるが、平安時代初期に円仁が清和天皇の勅願を受けて不動明王を安置したのが始まりといわれている。室町時代建立の不動堂と、その

仁王門

室町時代の仁王門は関東地方でも珍しい。安置する仁王像も室町時代の作と推定される。屋根は入母屋造で、現在は銅板葺きである。

室町時代建立の建築が2棟揃って現存する

後に建てられた仁王門がともに重要文化財に指定されている。

円仁が不動明王像を安置して山中に建立した不動堂は、1335（建武2）年に起こった暴風雨で倒壊してしまった。1342（康永元）年、山中から麓に移して建立したのが現在の不動堂である。

仁王門は、寺伝によると、当初は楼門として建立される予定だったという。しかし、途中で計画が変更され、戦後間もない時期まで単層の門であった。1959（昭和34）年に解体復原修理を行った際、楼門形式に改められたものである。

残っていたら重要文化財候補だったかもしれない?建築集

首都・東京の魅力は最先端の建築が建設されることだが、一方で新陳代謝が激しく、再開発で解体の憂き目に遭うケースが多い。そのため、解体されずに残っていれば重要文化財になっていたのでは、と惜しまれる建築が多数ある。

例えば、ジョサイア・コンドルが設計した三菱一号館は日本でも最初期の貸し事務所の建築であり、丸の内の都市計画を語

丹下健三の初期の代表作で、モダニズム建築の名作。新都庁舎建設の際に解体され、跡地に東京国際フォーラムが建つ。

1 旧東京都庁第一庁舎

DATA
所在地:千代田区丸の内3-5-1
竣工:1957(昭和32)年
消失:1991(平成3)年
設計:丹下健三
構造:鉄骨造、鉄筋コンクリート造

2 帝国ホテル二代目本館

DATA
所在地:千代田区内幸町1-1-1
竣工:1923(大正12)年
消失:1968(昭和43)年
設計:フランク・ロイド・ライト
構造:鉄筋コンクリート造ほか

ライトの傑作。幾何学的で大谷石やスクラッチタイルを用いた意匠は、日本人建築家に大きな影響を与えた。自由学園明日館(P226～231)はこのホテルの建設と並行して設計された。

写真提供:帝国ホテル

るうえでも欠かせない存在だった。その重要度から〝明治の法隆寺〟と呼ぶ人もいたといい、1960年代には重要文化財に指定する動きもあったが、惜しまれつつ解体された。

　フランク・ロイド・ライトが設計した帝国ホテルは世界的な文化遺産であり、解体の際には海外からも保存を求める声が上がった。中央玄関の周りが博物館明治村に移築されたが、全体を保存すべきだったと惜しむ声は未だにある。

　中銀カプセルタワービルは黒《くろ》川《かわ》紀《き》章《しょう》の代表作であり、都知事選に出馬した黒川本人が保存を訴えたことでも知られる。このように、近年は戦後建築の保存が議論になっている。

　都市の歴史を物語る建築をどのように後世に伝えていくかが問われている。

3 三菱一号館

DATA
所在地：千代田区丸の内2-6-2
竣工：1894（明治27）年
消失：1968（昭和43）年
設計：ジョサイア・コンドル
構造：煉瓦造

この建築を皮切りに、明治時代の丸の内には赤煉瓦の貸し事務所が建ち並ぶ風景が出現し、“一丁倫《いっちょうろん》敦《どん》”と呼ばれた。現在は同じ場所に「三菱一号館美術館」が復元・建設されている。

4 中銀カプセルタワービル

DATA
所在地：中央区銀座8-16-10
竣工：1972（昭和47）年
消失：2022（令和4）年
設計：黒川紀章
構造：鉄骨鉄筋コンクリート造

日本発の建築運動“メタボリズム”の思想がデザイン面でもっともよく表された名作。住居部となっていたカプセルは取り外されて各地に移設された。

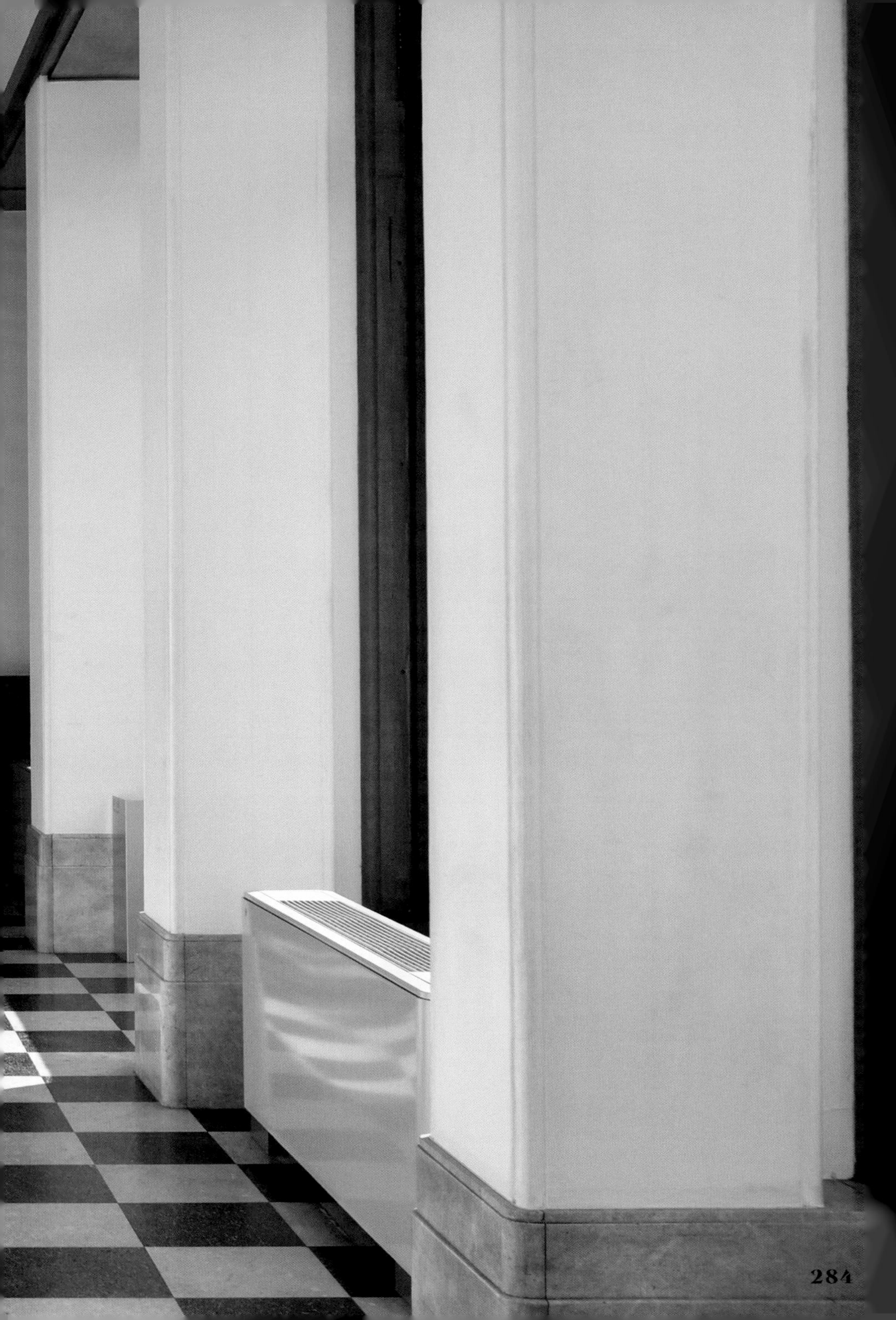

【参考文献】
米山勇『米山勇の名住宅観賞術』（TOTO出版）
米山勇監修『日本近代建築大全〈東日本篇〉』（講談社）
米山勇・伊藤隆之『時代の地図で巡る東京建築マップ』（エクスナレッジ）
石田潤一郎・米山勇監修『写真と歴史でたどる日本近代建築大観〈全3巻〉』（国書刊行会）
丹下健三・藤森照信『丹下健三』（新建築社）
藤森照信『日本の近代建築 上・下』（岩波新書）
藤森照信『歴史遺産 日本の洋館〈第1巻〉明治篇Ⅰ』（講談社）
鈴木博之監修『東京の歴史的邸宅散歩』（JTBパブリッシング）
文化庁監修『国宝・重要文化財大全』（毎日新聞社）
文化庁監修『月刊文化財』（第一法規）
文化遺産オンライン／ https://bunka.nii.ac.jp/

あとがき

国宝・重要文化財に指定された建築を網羅的に扱った本ができないだろうか?

全国は難しくても、東京編だけでもできないだろうか?

……という構想でこの本の企画が始まりました。しかし、執筆を開始してみると前途多難でした。様々な事情で写真が掲載できなかった物件もありますが、こういった本が出せたことには、大きな意味があると思っています。今後、この本が改訂され、本文の不十分だった箇所には加筆修正がなされることを祈念したいと思います。

さて、建築をテーマに歩くと、東京は本当に面白い街だと思います。建築は一部の非公開のものを除けば、基本的に年間を通して見ることができますし、いつでも手軽に訪問できます。

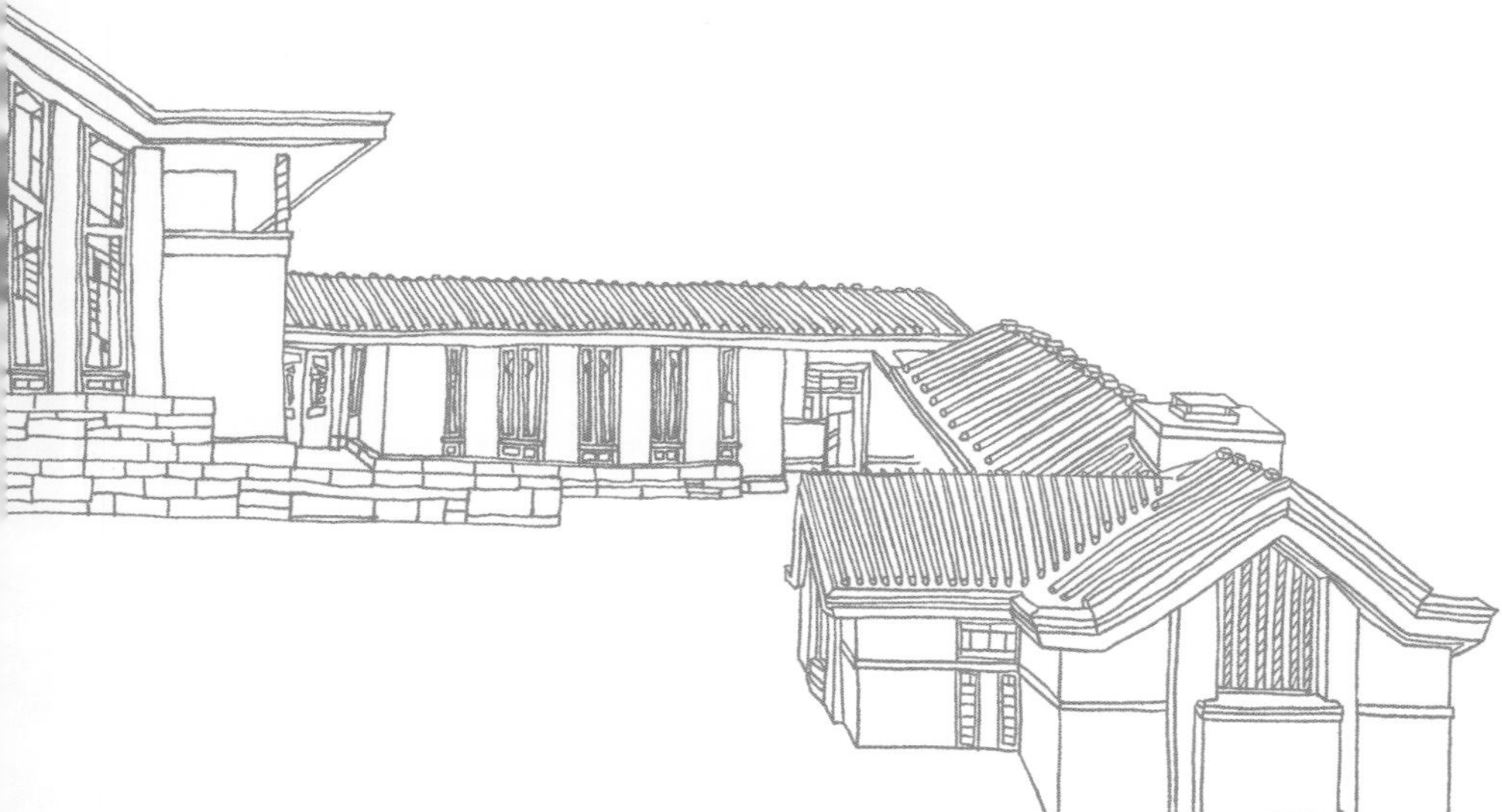

そして、お目当ての建築に辿り着くまでの間に、また別のユニークな建築に出合うこともできるのです。一つの建築の歴史を紐解けば、その街の歴史を知ることもできますし、次々に発見があります。こんなに楽しい趣味はないでしょう。本書を片手に、皆さんが街歩きを楽しんでくだされば幸いです。

最後に、全体を監修していただいた江戸東京博物館の米山勇先生や、編集者の塩澤巧氏と安田彩華氏には制作に根気強く付き合っていただきました。心からお礼を申し上げます。また、藤森照信先生には、帯に素敵な推薦文をいただきました。そして、イラストレーターのコジマユイさんや、写真でご協力いただいた方々にも謝辞を述べさせていただきます。

著者　山内貴範

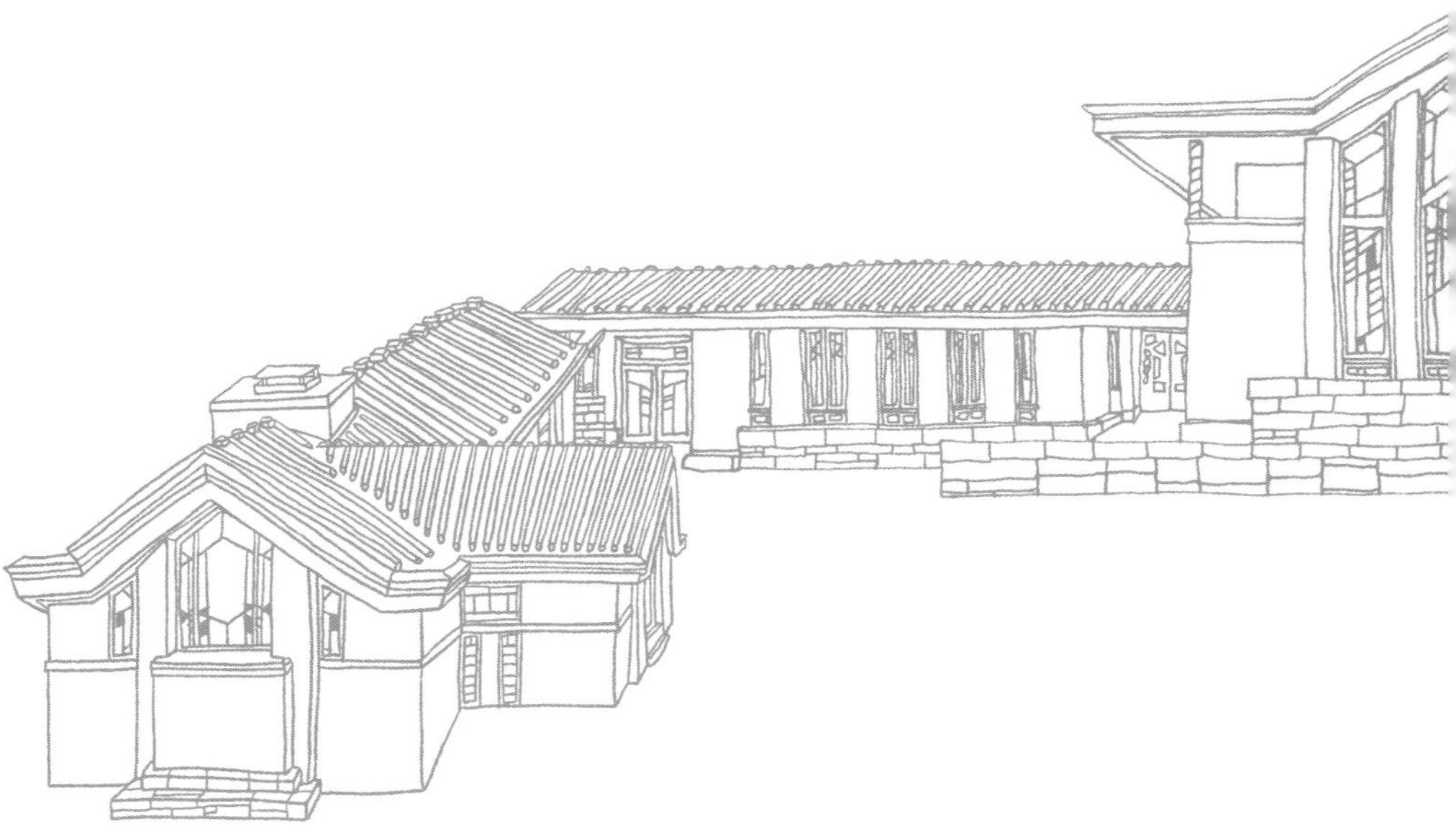

監修
米山勇
Isamu Yoneyama

建築史家。1965年東京都生まれ。早稲田大学大学院理工学研究科博士後期課程修了後、日本学術振興会特別研究員、早稲田大学大学院非常勤講師、日本女子大学非常勤講師を経て、江戸東京博物館研究員。博士（工学）。日本近現代建築史、江戸東京の建築・都市史を専門に活躍している。主な著書に『日本近代建築大全』〈東日本篇〉〈西日本篇〉（監修、講談社）、『米山勇の名住宅鑑賞術』（TOTO出版）、『時代の地図で巡る東京建築マップ』（共著、エクスナレッジ）がある。

著
山内貴範
Takanori Yamauchi

1985年、秋田県生まれ。雑誌、ムック本などを中心に、建築、歴史、地方創生、科学技術などの取材・編集を行う。大学在学中に手掛けた秋田県羽後町のJAうご「美少女イラストあきたこまち」などの町おこし企画が大ヒットし、NHK「クローズアップ現代」ほか様々な番組で紹介された。商品開発やイベントの企画も多数手がけている。

撮影
加藤史人、深澤慎平、藤田修平、伊藤隆之、高野楓菜（朝日新聞出版写真映像部）、山内貴範
写真
朝日新聞社、アフロ
イラスト
コジマユイ、竹田 匡志
校閲
木串かつ子、関根志野、伊藤剛平（初頭五餅校閲事務所）
装丁・デザイン
矢部夕紀子、一柳篤臣
（ROOST Inc.）
DTPオペレーション
狩野蒼
編集協力
安田彩華
企画・編集
塩澤巧（朝日新聞出版）

東京《とうきょう》の国宝《こくほう》・重要文化財建築《じゅうようぶんかざいけんちく》を網羅《もうら》
TOKYO名建築案内《めいけんちくあんない》
2024年6月30日　第1刷発行
2024年8月30日　第2刷発行

監修　米山勇
著　山内貴範
発行者 片桐圭子
発行所 朝日新聞出版
〒104-8011 東京都中央区築地5-3-2
（お問い合わせ）infojitsuyo@asahi.com
印刷所 大日本印刷株式会社

ISBN978-4-02-334748-9

本書は2024年4月末時点での情報を掲載しています。